장애인스포츠지도사와
특수체육교사를 위한

특수
체육론

특수체육론

저자 / 전혜자, 최승오, 조재훈, 김태형

초판 1쇄 발행 / 2015년 3월 2일
초판 3쇄 발행 / 2018년 1월 20일
초판 4쇄 발행 / 2024년 3월 5일

기　획 / 양원석
발행인 / 이광호
발행처 / 도서출판 대한미디어
등록번호 / 제2-4035호
전화 / (02)2267-9731 팩스 / (02)2271-1469
홈페이지 / www.daehanmedia.com
디자인 / 명기원

ISBN 978-89-5654-350-5 93690
정가 17,000원

※ 이 책은 저작권법에 의하여 보호받는 저작물이므로 무단으로 전재하거나 복제하여 사용할 수 없습니다.
※ 교재 구성상 문헌이 인용되는 부분마다 각주를 달지 못하고, 책 말미에 참고문헌으로 일괄 게재하였습니다. 참고문헌 편저자 여러분의 양해를 구합니다.
※ 잘못 만들어진 책은 구입처 및 대한미디어 본사에서 교환해 드립니다.

2급 장애인스포츠지도사

특수 체육론

머리말

국민체육진흥법 시행령에 따라 장애인스포츠지도사라는 새로운 자격 제도가 도입되는 것은 특수체육 분야가 하나의 독립된 전문 분야로서 법적으로 혹은 사회적으로 인정받았다는 의미일 것입니다. 지금까지 장애인을 위한 생활체육에서의 지도자는 자연적으로 발생한 지도자들로 구성되었습니다. 하지만 장애인을 위한 양질의 체육 서비스를 제공하기 위해서는 적합한 자격제도를 통해 필요한 자격을 갖춘 지도자가 필요하다는 인식에서 이 제도가 도입된 것으로 이해합니다. 이 자격제도에 대한 다양한 비판들이 있는 것도 사실이지만, 장애인의 생활체육서비스 제공이라는 관점에서 장애인스포츠지도사 양성을 위한 국가적 차원의 제도적 토대를 마련한 것은 매우 의미 있는 진전이라고 판단합니다. 이 분야의 새로운 출발점이 되었다고 생각합니다.

특수체육은 그동안 학교체육의 틀 안에서 특수교육의 한 분야로서 성장해왔습니다. 장애학생들에게 양질의 학교체육 서비스를 제공하는 것을 목적으로 하는 특수체육교사 양성제도는 어느 정도 궤도에 올라가 있다고 볼 수 있습니다. 하지만 특수체육교육이 학문적으로 특수교육의 큰 울타리를 벗어나지 못했고, 체육학으로부터 멀어지고 있다는 느낌을 받는 것도 사실입니다. 장애인스포츠지도사라는 자격 제도를 통해 특수체육은 체육학의 한 분야로서 견고히 자리 잡고, 장애인을 위한 학교체육을 넘어서 생활체육의 활성화에도 크게 기여할 것으로 기대합니다.

우리에게 주어진 이러한 기회는 장애인스포츠지도사의 질에 관한 논제를 언급하지 않을 수 없게 합니다. 장애인스포츠지도사의 질에 관한 문제는 궁극적으로 전문인 양성제도의 개선 문제로 귀결됩니다. 그러나 전문인 양성제도의 문제는 전문인 양성기관의 외형적인 제도의 개편만으로 해결되지는 않습니다. 내적 제도의 개편이 실질적인 측면에서는 더욱 중요할 수 있습니다. 전문인 양성제도의 내적 제도의 개편은 전문인 양성기관이 예비 장애인스포츠지도사들에게 어떠한 지식을 가르쳐야 하는가라는 질문으로 귀결됩니다.

장애인스포츠지도사가 갖추어야 자질이 무엇인가라는 물음에 답하는 것은 쉽지 않은 과제입니다. 하지만 본 교재의 준비 과정을 통해 우리 집필진은 장애인을 위한 체육의 긍정적 가치에 대한 믿음을 공유하고, 종합적 체육 서비스 전달체계에서 창의적으로 주어진 업무를 수행하고, 심리·운동적 문제의 발견과 해결을 목적으로 하는 특수체육학의 학문적 이해를 갖춘 전문인이 장애인스포츠지도사라는 믿음을 갖게 되었습니다. 이러한 맥락에서 본 교재를 준비하였습니다. 부족한 점이 많이 있으나 보다 완성된 교재가 될 수 있도록 우리 집필진은 꾸준히 노력하겠습니다.

2015년 2월
저자 일동

차 례

| 머리말 5

I부. 특수체육론 개관

1장 _ 특수체육의 개요 10
    1. 특수체육의 의미 10
    2. 특수체육의 목적과 목표 17
    3. 특수체육의 특징 19
    4. 특수체육 및 장애인스포츠와 관련된 주요 관점 24
    5. 특수체육 및 장애인스포츠와 관련된 주요 논쟁 34
    6. 특수체육의 역사적 배경 30
    7. 특수체육과 법 40
    8. 통합스포츠와 관련 서비스 44

2장 _ 특수체육의 사정과 측정도구 47
    1. 사정(assessment)의 의미와 가치 47
    2. 진단과 평가의 이해 53
    3. 장애인 대상 검사도구 57
    4. 비형식적 검사 68

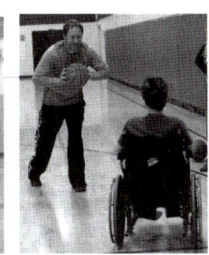

II부. 특수체육 지도전략

1장 _ 특수체육 지도전략 76
　　1. IEP의 적용 76
　　2. 활동 변형 82
　　3. 수업 스타일 및 방식 89
　　4. 특수체육 지도에서의 행동관리 94
　　5. 장애와 운동발달 101
　　6. 장애와 체력 육성 106
　　7. 프로그램의 개발과 적용 115

2장 _ 장애유형별 스포츠 지도전략 126
　　1. 지적장애 127
　　2. 정서 및 행동장애 136
　　3. 자폐성장애 145
　　4. 시각장애 148
　　5. 청각장애 151
　　6. 지체장애 156
　　7. 뇌병변장애 160

| 참고문헌 164
| 찾아보기 169
| 저자소개 175

I부
특수체육론 개관

제1부는 심리·운동적 문제의 발견과 해결을 목적으로 하는 학문적 지식체계이며 개인적 혹은 환경적 문제를 개선시키기 위해 고안된 종합적 서비스 전달체계인 특수체육론을 체육학의 하위 학문 영역으로 규정하고 생활체육의 관점에서 접근하였다. 훌륭한 체육은 학습자의 요구를 충족시켜줄 수 있는 체육이라고 생각할 때, 다양한 변인들을 적응시켜주는 특수체육이 훌륭한 체육이라는 믿음에 근거하여 장애인스포츠지도사가 갖추어야 할 자질을 믿음 요소, 실천 요소, 그리고 지식요소로 구분하여 소개하였다. 또한 특수체육과 장애인스포츠의 주요 관점과 논제에 관한 논의 그리고 역사적 배경과 법률적 배경에 관한 고찰을 통해 특수체육을 소개하였다. 장애인의 운동수행에 관한 측정평가 과정을 통해 특수체육이 종합적 서비스 전달 체계를 갖추고 있음을 강조하였다.

1장 특수체육의 개요

📖 **학습목표**

- 특수체육의 개념을 알아본다.
- 훌륭한 체육 프로그램이 특수체육 서비스 대상자들의 인지적, 정의적 그리고 심동적 영역에 미치는 공헌에 대해 논의할 수 있다.
- 특수체육의 일반적 특징에 대해 알아본다.
- 특수체육과 장애인스포츠에 관한 현재의 주요 관점들을 이해한다.
- 특수체육과 장애인스포츠에 관한 현재의 주요 논제들을 이해한다.

1. 특수체육의 의미

가. 특수체육의 정의

심리·운동적 문제의 발견과 해결을 목적으로 하는 학문적 지식체계이며, 개인적 혹은 환경적 문제를 개선시키기 위해 고안된 서비스 전달체계를 우리는 특수체육이라고 믿고 있다(최승오, 2013). Sherrill(2004)은 자신의 책에서 특수체육(적응체육)을 "운동 참여라는 체육의 기본적인 목표를 성취시켜주기 위해 상호작용적 변인들을 변화시킴으로써 운동 참여의 방해 요소를 최소화하고 운동 참여의 촉진 요소를 최대화시키는 학예(學藝; Science & Art)[p.6]"라고 정의하고 있다. 특수체육은 법적으로 개인들의 독특한 요구를 충족시켜주기 위해 계획된 ① 체력과 운동체력, ② 기본 운동기술과 양식 그리고 ③ 수중활동, 무용, 개인 및 단체 게임, 스포츠에서의 기술들을 포함하는 개별화된 프로그램이라고 정의된다(Winnick, 2005).

나. 적응의 원리와 특수체육

특수체육은 '적응체육'이라고 불리기도 한다. 적응(adaptation)은 전통적으로 '수정', '적응'이라는 사전적 의미를 가지고 있지만, 적응체육이란 용어에서의 '적응'은 환경, 과제 그리고 개인에 대한 형식적·비형식적 평가 결과에 따라 환경이나 과제의 변인들을 수정·조정·변화시켜주는 과정을 의미한다(Kiphard, 1983). 적응이론(adaptation theory)[Kiphard, 1983]은 특수체육 서비스 전달체계의 핵심 이론이다. 적응이론의 원리는 다음과 같은 특징을 갖는다. ① 사람이나 과정을 전체적으로 적응시키는 것이 아니라 개개의 변인들을 적응시킨다. ② 과제, 환경, 사람 변인들과 어떻게 그 변인들이 상호작용하는지를 고려한다(생태학적 과제 분석). ③ 변화가 전체 생태계(ecosystem)에 영향을 미칠 수 있음을 강조하기 위한 심리운동(psychomotor) 체계이며, 그 변화는 전체적인(holistic) 과정이다. ④ 장애인이나 장애인 집단이 변화의 모든 측면에 관여하도록 한다. ⑤ 적응은 능동적이고 협력적 과정이다. 그리고 ⑥ 방해 요소와 가능 요소에 초점을 맞춘다. 이러한 특성을 가지고 있는 적응은 특수체육의 핵심 과정인 개별화교육을 가능하게 해준다.

다. 특수체육의 접근 논리

전통적으로 특수체육은 의학적으로 처방된 치료운동과 프로그램으로 정의되었고, 의학적 모델에 그 뿌리를 두고 있다. 의학적 모델로부터 우리는 장애의 조건, 장애의 발생원인 그리고 증상과 치료방법 등과 관련된 지식을 축적해왔다. 의학적 모델은 범주적 접근(categorical approach)으로 지칭되며, 장애인을 일반적인 병리 현상에 따라 분류하는 데 초점을 맞춘다. 하지만 지금의 세계적 추세는 재활의 도구로서 신체활동을 개념화하는 경향으로부터 멀어지고 있다. 오늘날의 체육은 기본적인 인권으로서 개념화되고 있다(DePauw & Gavron, 1995). 의학적 모델에서 장애인은 서비스의 수동적 수혜자가 되는 경향이 있다. 장애인이 가지고 있는 문제에 대한 검사, 진단 그리고 치료에 초점을 맞춘다. 반면에 사회·심리적 모델에 기초하여 발전한 사회적 혹은 교육적 모델은 장애인들이 그들 자신의 세계를 설계해가는 데 적극적이어야 함을 강조한다. 장애인은 자신의 교육적 혹은 사회적 목표를 설정하고 개인적인 장점과 단점은 물론 환경에서의 가능성을 스스로 평가하게 된다. 즉, 장애인 스스로 장애조건을 변화시키는 주체가 된다. 교육적 모델에서 장애인들의 개인 차이가 존중되기 때문에 '장애인스포츠지도사'는 장애인 개개인의 체육교육적 요구를 충족시켜주기 위한 개별화교육 프로그램을 활용하게 된다. 교육적 모델은 사회과학(심리학, 사회학, 교육학 등)의 발달과 더불어 진화되었지만, 1975년의 미국의 「전장애아교육법(Education for All Handicapped Children Act: PL 94-142)」이 제정되고 나서야 널리 활용되었다(최승오, 1999).

교육적 모델은 장애인스포츠지도사들이 장애인을 지적장애, 학습장애, 지체장애 같은 장애조건에 따라 분류해야 하는 범주적 접근(categorical approach)의 한계를 극복하게 한다. 비록 장애인이 보여주는 특정 행동이 그들이 가지고 있는 장애조건과 밀접한 관련성이 있지만, 지도-학습 현장에서 장애 조건에 따라 장애인들을 분류하는 것은 무의미한 일일 수 있다. 운동학습 과정에서 나타나는 강점과 약점을 중심으로 장애인을 '분류'하는 것이 그 장애인이 지적장애, 지체장애, 시력장애 혹은 천식을 앓고 있는 장애인이라고 말하는 것보다 체육지도의 효율성이라는 측면에서 더욱 적절할 수 있다. 교육적 모델은 비범주적 접근(non-categorical approach)으로 알려져 있다(최승오, 1999; 최승오·최대원·배종진, 2012). 물론 적응체육이라는 개념은 범주적 접근 중심의 치료체육과 비범주적 접근 중심의 특수체육을 모두 포함하는 개념으로 조작화되고 있다(최승오 외, 2012).

특수체육의 서비스 전달체계는 교육적 전달체계와 치료적 전달체계로 구분될 수 있다. 교육은 라틴어 educatus[e(out) + duc(lead) = atus(to)]에서 유래되어 개인을 활동적인 학습으로 이끌고 안내하는 것을 의미한다. 교육은 사람이 스스로를 믿게 도와주는 동기부여 그리고 새로운 기술, 지식, 태도, 실천, 습관을 변화시킬 수 있는 능력이다. 치료(therapy)는 treatment를 의미하는 그리스어 therapeia에서 유래되었다. 치료의 근본 목적은 교육적 지도가 아니라 환자나 장애인의 기능을 정상적으로 회복시키는 치료요법(얼음, 열, 운동, 약)을 적용시키는 것이다. 치료는 사람들에게 혹은 사람들을 위해 행해지는 어떤 것이며, 교육은 사람들이 그들 스스로를 위해 행하는 것을 돕는 것을 의미한다. 특수체육이 교육 혹은 치료여야 하는가? 어떠한 실천이 교육과 치료에 공통적으로 속하는가? 어떠한 실천이 각 분야 고유의 것인가? 특수체육은 모든 사람들, 특히 중증장애인들이 생산적 고용과 여가 선용을 개발할 수 있도록 교육과 치료의 독특한 혼합을 강조하는 개념으로 발전하게 될 것이다(최승오, 1997). 따라서 특수체육론의 지식체계는 개인차와 적응을 존중하는 태도와 심리운동적 문제를 개선시키기 위해 고안된 서비스 전달체계와 연결된다.

라. 특수체육의 구성 요소

특수체육의 정의는 또한 믿음, 실천, 그리고 지식 요소를 포함한다. 이 개념은 Bloom(1956)에 의해서 제시된 교육목적 분류의 정의적 요소, 심리·운동적 요소, 그리고 인지적 요소를 장애인스포츠지도사 양성 체계에 적용하기 위해 만들어진 개념이다(최승오, 2014).

마. 믿음 요소

특수체육의 믿음 요소는 개인의 요구를 충족시키고 최적의 성공을 보장하기 위해 학습경험을 적응시켜주는 지도자의 믿음과 실천으로 나타나는 태도이다. 태도는 한 개인이 어떠한 종류의 행위를 선호하는 감정으로 채워진 영속적인 일련의 믿음이다. 태도는 전형적으로 사람, 특히 다른 조건을 가진 사람과 어떻게 그들이 취급되고 지도받아야 하는지에 대한 감정들을 포함한다. 특수체육의 태도는 개인적 차이를 포용하며, 개인들이 운동과 스포츠를 통해 자기실현을 성취하도록 돕는 것을 의미한다(Sherrill, 2004).

장애인의 삶에 특수체육이 공헌하는 가치에 대한 믿음을 공유할 수 있는 장애인스포츠지도사의 양성이 필요하다. 장애인스포츠지도사는 모든 사람에게 체육 및 스포츠 서비스를 제공하고자 하는 강력한 헌신정신을 갖추어야 한다(Santomier, 1985)

바. 실천 요소

특수체육의 실천 요소는 학습 지도 이상의 의미를 갖는다. 실천 요소는 심리·운동적 영역에서 나타나는 문제를 개선시키기 위해 고안된 종합적 서비스 전달체계이다. 서비스 전달체계는 다양한 요구를 지닌 사람들에게 서비스 제공을 개별화하기 위해 사용되는 모형이다. 이러한 서비스는 전형적으로 다음을 포함한다. ① 계획, ② 사정, ③ 처방-배치, ④ 교수-상담-코칭, ⑤ 프로그램 평가, ⑥ 지지활동(advocacy) ⑦ 재원의 조정(coordination of resources).

이 모델은 모든 장애인을 위한 양질의 체육 서비스를 제공하는 전문인 양성과 서비스 전달을 향상시키기 위해 개발되었다. 이 모델은 신체활동을 통한 자기실현을 위해 다양한 능력을 소유한 사람들에게 동등한 기회를 보장하기 위해 기본적인 서비스 전달체계, 지지활동과 재원의 조정이라는 두 개의 포괄적 서비스 구성요소를 첨가한 것이다. 이러한 특수체육의 모델은 심리·운동적 장애를 지닌 사람들을 가르치고 코칭하는 데 상담기술의 중요성을 강조한다. 코칭은 이 모델의 적용을 스포츠와 레크리에이션 프로그램까지 확장시키기 위해 첨가되었다(Sherrill, 2004).

포괄적인 서비스 전달체계는 두 부류의 대상자들에 대해 설명된다. ① 법이 인정하는 장애인으로 분류된 사람 그리고 ② 그렇게 분류되지 않은 사람. 법에 따르면, 장애인으로 분류된 사람들은 다학문적 팀에 의해 매년 측정 평가되어야 하며, 이들을 위한 개별화교육계획(IEP: Individualized Educational Plan)을 수립하여야 한다. 하지만 많은 사람들은 특수교육을 받을 수 있는 조건을 만족시키지 못하면서 특수체육 서비스를 필요로 하는 건강 및 의학적 문제를 가지고 있다. 그러므로 특수체육은 서비스 제공의 장소를 의미하는 배치와 환경으로서 개념화되지 않아야 하며, 그보다는 모든 사람을 위한 양질의 체육을 보장하기 위해 믿음(태도)과 실천(종합적 서비스 전달체계)으로 개념화되어야 한다.

특수체육 서비스 전달체계는 지지활동과 재원의 조정이 포괄적인 역할을 하는 것으로, 첨가된 것 외에 일반 교육과정과 똑같은 서비스로 간주된다. 상담은 일반 체육에서보다 심리·운동 문제를 가진 장애인을 가르치는 데 더욱 중요한 요소이나, 특수교육을 받고 있는 장애인들에 대한 서비스의 길잡이가 됨과 동시에 법적 서류인 IEP는 어떠한 하나의 서비스와도 동일시될 수 없다. 특수체육의 실천 요소를 구성하는 7가지 서비스에 대한 설명은 다음과 같다(Sherrill, 2004).

1) 계획(planning)

계획은 개인적 요구는 물론 학교와 지역사회의 철학에 따라 적절한 체육의 목적을 설정하는 것을 의미한다. 이용 가능한 지도시간(instructional time)을 계산한 후, 지도자는 각 개인이 일정 기간 동안 달성할 수 있는 목표의 수를 계산하고 나서 구체적인 목표를 정한다. 끝으로 목표를 성취하기 위해 필요한 구체적인 특수체육 서비스를 계획한다. 계획은 시설과 장비에 대한 의사 결정과 양질의 지도를 제공하기 위해 스포츠 집단의 크기가 적절한지를 결정하는 것을 포함한다. 계획은 예산, 고용할 수 있는 직원의 수, 그리고 어떻게 그들의 시간을 가장 효율적으로 이용할 수 있는지에 대한 고려를 포함한다. 계획은 지역, 집단 혹은 개인에 대한 것일 수도 있다.

2) 사정(assessment)

사정은 개인과 환경에 대한 검사(testing), 측정(measuring) 그리고 평가(evaluating)로 구성되는 과정이다. 사정은 지도-학습 과정의 필수적인 부분이며, 지속적으로 이루어진다. 사정은 개인들의 가장 이상적인 체육 프로그램으로의 배치(통합, 분리 혹은 복합형의 배치)를 결정하기 위해 필요하다. 일단 개인들이 스포츠 집단에 배정되면 심리·운동적 수행의 현재 수준을 결정하기 위한 사정이 필요하다. 이것은 체육 프로그램 계획에 기초가 된다. 또한 체육 프로그램의 효과를 시간에 따라 결정하기 위해 평가 절차를 수립해야 한다.

3) 처방/배치(prescription-placement)

처방은 참여자들의 사정 자료에 기초하여 운동 및 지도 활동에 관해 기술된 일종의 조언이다. 처방은 참여자들이 배울 내용을 기술하고, 의사가 하루 중 어느 때 얼마나 많은 양의 약을 복용해야 하는지를 처방하는 것과 같이 얼마나 많이, 언제 그리고 어디서 운동을 해야 하는지를 기술하는 것을 원칙으로 한다. 또한 처방은 적절한 발달과 학습을 도모할 수 있는 지도적 환경을 명확히 기술해야 한다. 서비스 전달자가 제공할 수 있는 배치의 선택이 많으면 많을수록 더 많은 개인적 요구들을 만족시킬 수 있다.

4) 교수/상담/지도(teaching/counseling/coaching)

교수/상담/지도는 최적의 운동 수행을 도모하기 위해 심리·운동적 요소들을 변화시키는 과정이다. 특수체육에서 교수는 '중재(intervention)'로 불린다. 중재는 특정한 긍정적 변화를 일으키기 위해 바람직하지 못한 신체적, 정의적 그리고 사회적 행위를 중재하는 것을 의미한다. 행위를 변화시키기 위한 지도자의 접촉을 중재로 간주한다. 특수체육은 개인들의 운동발달, 건강 혹은 놀이 수준에 맞게 학습활동이나 중재를 적응시키기 때문에 발달적 교수(developmental teaching)로 간주된다. 발달적 교수는 일반적으로 과제와 환경 변수를 찾아내기 위한 문제 해결로 정의되는 생태학적 과제분석(ecological task analysis)을 통해 이루어진다.

특수체육에서 교수와 상담은 불가분의 관계이다. 건강, 스포츠 그리고 레크리에이션과 관계된 문제를 해결하기 위해 지도자는 개인들에게 귀를 기울이고 문제를 해결할 수 있는 능력과 개인들이 지도자를 믿도록 도울 수 있는 기술이 있어야 한다. 지도자는 개인들이 변화를 추구할 때 지속적인 피드백을 제공하기 위해 지원 조직망을 만드는 방법을 알아야 한다. 또한 지도자는 가치를 명확히 하고, 대체 방안에 대한 정보를 제공하며, 개인들이 스스로를 도울 수 있도록 돕는 방법에 대해 잘 알고 있어야 한다. 그래서 상담은 건강, 스포츠, 레크리에이션과 관계가 있는 자아실현을 촉진시키기 위해 지도자가 개인적·집단적 대화, 상호작용 그리고 운동을 이용하여 도움을 주는 과정이다. 이러한 방법을 이용하기 위해 동료 상담원을 트레이닝 시킬 수도 있다. 지도자는 적절한 수준의 상담기술을 가져야 한다. 개인의 문제가 지도자의 개인적 상담 능력을 넘어설 때 자격증이 있는 지역사회의 상담원에게 조언을 구하는 절차를 알아야 한다.

지도는 자원봉사자 혹은 급료가 지급되는 스포츠지도사들에 의해 행해질 수 있다. 만약 장애인에게 여가 시간 동안 스포츠 활동에 참여할 기회가 일반인과 똑같이 주어져야 한다면 장애인스포츠지도사가 지도할 수 있어야 하며 일반인, 형제, 동료 자원봉사자를 트레이닝 시킬 수 있어야 한다. 스포츠지도사는 장애인을 학교와 지역사회 프로그램으로 통합시킬 수 있도록 일반인의 태도를 변화시킬 수 있는 방법을 알아야 한다. 스포츠 참여는 일반적으로 가족 활동이며, 장애인에게 장애인을 위한 스포츠 단체에 가입하는 것에서부터 일반 프로그램에 완전히 통합될 수 있는 정도까지 다양한 선택의 기회가 주어져야 한다. 스포츠지도사는 사람들에게 발달 스포츠, 레크리에이션 스포츠, 그리고 경기 스포츠를 구분할 수 있도록 하면서 장애인의 의사 결정을 돕는다. 지도의 목적은 발달 스포츠를 통해 장애인을 활동적인 생활양식으로 사회화시키는 데서부터 높은 수준의 격렬한 경기에서 그들이 승리하고 최선을 다할 수 있도록 돕는 데 이르기까지 다양하다.

5) 평가(evaluation)

평가는 장애인들의 학습 정도와 프로그램의 효과를 결정하는 연속적인 과정이다. 또한 평가는 설정된 목적에 비추어 일관성이 있어야 하며, 평가의 결과는 목적이 성취되었는지를 결정하는 데 이용되어야 한다. 역으로 평가과정은 서비스 전달체계가 새롭게 순환되기 전에 지도체계를 수정하는 데 도움을 준다.

6) 재원의 조정(coordination of resources)

체육이 장애인의 삶의 질을 향상시키기 위해서는 일상적인 생활과 여가에 이용되어야 한다. 그러므로 장애인스포츠지도사는 장애인들이 이용할 수 있는 지역사회, 가정, 기관 같은 재원들을 찾아내고 그 재원의 이용을 촉진시키고 조정한다.

7) 지지활동(advocacy)

지지활동은 양질의 신체활동과 지역사회의 재원을 이용하는 것과 관련하여 인권을 정당화하고,

유지하고, 증진시키는 것을 수반한다. 지지활동은 일반인을 교육시켜 인권을 보호하는 법을 준수하게 하는 것을 포함한다. 가장 중요한 것으로, 지지는 장애인에 대한 사회의 태도와 기대를 변화시키는 것을 포함한다.

다. 지식 요소

특수체육의 지식 요소는 평균 이하의 운동 수행력을 나타내며, 다양한 장애를 극복하는 데 있어서 도움을 필요로 하는 장애인의 심리·운동적 영역에서의 문제점에 대한 진단과 치료에 중심을 둔다(학문적 지식체계). 문제해결 기술을 강조하는 것이 이 지식을 얻는 데 중심이 된다. 지도자가 서비스를 전달하고 개인적 차이를 이해할 수 있게 해주는 특수체육의 주요 지식은 다음과 같다. ① 인간의 발달, ② 운동 행동, ③ 운동 과학, ④ 측정평가, ⑤ 역사와 철학, ⑥ 학습자들의 독특한 특성, ⑦ 교육과정 이론 및 개발, ⑧ 사정평가, ⑨ 지도 설계 및 계획, ⑩ 교수법, ⑪ 자문, ⑫ 프로그램 평가, ⑬ 평생교육, ⑭ 윤리, ⑮ 의사소통(The National Consortium for Physical Education and Recreation for Individuals with Disabilities: NCPERID, 1995).

국민체육진흥법 시행령(2014)은 "장애인스포츠지도사란 장애 유형에 따른 운동 방법 등에 대한 지식을 갖추고 해당 자격 종목에 대하여 장애인을 대상으로 전문체육이나 생활체육을 지도하는 사람을 말한다"고 기술하고 있다. 2급 장애인스포츠지도사는 다음과 같은 지식 요소를 이해해야 함을 요구하고 있다. (a) 스포츠 윤리. 신수, 지도자, 심판 윤리, 선수와 인권, (성)폭력 방지, 공정경쟁, 스포츠와 법; (b) 장애특성 이해: 인지, 정서장애인 특성에 따른 스포츠지도, 지체장애인 특성에 따른 스포츠지도, 시·청각장애인 특성에 따른 스포츠지도; (c) 지도역량: 장애 특성별 운동프로그램, 운동기술과 체력의 진단 및 평가, 통합체육 이해와 적용 방안, 스포츠 심리 및 트레이닝 실무, 체육지도 방법; (d) 스포츠 매니지먼트: 스포츠 지도를 위한 수화, 스포츠시설 및 용품 관리, 생활체육 프로그램 운영 및 관리, 의사소통 및 상담기법, 스포츠 행정 실무; (e) 현장실습; 그리고 (g) 그 밖에 문화체육관광부장관이 필요하다고 인정하여 고시하는 사항(국민체육진흥법 시행령 일부 개정령안, 2014).

추가로 1급 장애인스포츠지도사는 다음과 같은 지식 요소를 이해해야 함을 요구하고 있다. (a) 스포츠 윤리: 선수, 지도자, 심판 윤리, 선수와 인권, (성)폭력 방지, 차별 방지, 공정경쟁, 반도핑, 스포츠와 법; (b) 선수 관리: 건강 및 부상 관리, 컨디션 관리, 영양 관리, 안전사고 예방; (c) 지도역량: 선수선발 및 스카우팅, 운동능력 평가 및 운동수행, 스포츠심리 및 트레이닝 실무, 연습 및 경기 프로그램 기획·운영, 스포츠 의학지식; (d) 코칭실무: 코칭철학, 경기상황에서의 전략, 훈련 및 경기 관련 계획 수립·관리, (e) 스포츠 매니지먼트: 국제대회 참가, 선수 경력 관리, 선수단 관리, 미디어 관리, 의사소통 및 상담기법, 스포츠 행정 실무; (f) 현장실습 및 사례발표; 그리고 (g)

그 밖에 문화체육관광부장관이 필요하다고 인정하여 고시하는 사항(국민체육진흥법 시행령 일부 개정령안, 2014).

2. 특수체육의 목적과 목표

자아개념은 한 사람이 자신에 대해 가지고 있는 모든 의견, 느낌 그리고 믿음을 의미한다. 자아는 여러 가지 차원(학문적, 행동적, 외모적, 운동능력적, 사회적, 전반적)으로 나타날 수 있으며 사람들은 스스로를 어떤 차원에서는 좋게 느끼고, 어떤 차원에서는 좋지 않게 느낄 수 있다(Sherrill, 1998). 신체상(body image)은 신체 각 부분에 대한 의견, 느낌 그리고 믿음을 의미하는 것으로 자아개념과 유사한 구조이다. 특수체육 프로그램이 참여자들에게 제공할 수 있는 가장 큰 교육적 공헌은 신체활동을 통해 장애인들의 자아개념과 신체상을 긍정적으로 변화시키는 것이다(Graft & Hogan, 1985; Gruber, 1986; Sherrill, 1998). 그런데 중요한 경기에서 큰 실수를 한 선수, '운동신경이 없다'고 표현되는 사람 혹은 장애학생들은 지속적으로 반복되는 실패의 경험으로 인해 자신에 대한 자아개념이나 신체상에 큰 상처를 받게 된다. 따라서 훌륭한 체육이란 체육의 지도 내용을 개인의 요구에 맞게 적응시켜 실패의 경험을 최소화하고 자아개념과 신체상을 긍정적이고 지속적으로 강화시키는 것을 의미한다. 따라서 모든 훌륭한 체육은 적응체육 혹은 특수체육이어야 한다.

체육의 기본적 목적은 심리·운동적 행위를 변화시켜 자아실현을 촉진시키는 것이다. 체육은 격렬한 신체활동에만 국한되지 않고 이완에 대한 지도, 창의적 표현의 기회, 여가 선용을 향상시키기 위한 스포츠 활동, 그리고 협동과 사회기술의 습득을 위한 대근운동에 참여하는 것을 포괄한다. 자아실현은 모든 개인의 심리·운동적 잠재성을 실현하고 인식하는 것으로 정의된다(Maslow, 1968, 1970). 이러한 일생 동안의 과정은 유년기의 의존성과 외적 지도성(other-directedness)으로부터 시작하여 독립성과 내적 지도성(innter-directedness)의 성향으로 발전한다. 자아실현의 철학은 외적 동기보다는 내적 동기를 강조하며, 활동적이고 건강한 생활양식과 의미 있는 여가 선용에 대한 개인적 책임을 중요시한다. ① 자아실현은 인간이 자아에 대해 긍정적으로 느끼며 운동능력에 대한 확신을 갖게 하여 긍정적 자아를 형성케 한다. ② 운동과 신체활동에 대해 긍정적 태도를 갖게 한다. ③ 바람직한 활동에 참여할 수 있는 지식, 기술 그리고 체력을 갖게 한다. ④ 운동과 신체활동을 함께할 친구를 갖게 한다. ⑤ 심리·운동적 문제를 해결하고 목적에 도달할 수 있는 창의력과 지각-운동기능을 갖게 한다. 어떠한 체육 프로그램이 이러한 결과에 공헌할 수 있는가? 특수체육의 영역별 장기 목표를 〈표 1-1〉에 제시하였다.

특수체육에서는 목적(purpose), 장기목표(goal) 그리고 단기목표(objectives)라는 개념들을 구

표 1-1. 특수체육의 목표

상위 영역	하위 영역	장기목표
정의적 영역	긍정적 자아	• 신체활동 참여를 통해 자아개념과 신체상을 강화한다. • 신체에 대한 이해와 존중 그리고 움직임을 위한 신체 능력을 향상시킨다. • 변화될 수 없는 한계를 수용하고, 환경에 적응하는 것을 배운다(예: 자아실현을 위한 노력).
	사회적 능력	• 사회적 고립을 감소시킨다. • 우정을 발전시키고 유지하는 방법, 스포츠맨십과 승패에서의 자제력을 배운다. • 적절한 사회적 행동을 포함하여 정상인들과 생활하기 위해 필요한 기술을 배운다(예: 나눔, 차례 지키기, 순종하기, 지도하기 등과 같이 다른 사람과 상호작용하기 위해 필요한 것들).
	즐거움과 긴장 이완	• 운동, 신체활동, 스포츠, 댄스 그리고 수상경기에 대한 태도를 향상시켜 그러한 활동에 참여하는 것이 즐겁고 행복하다는 것을 안다. • 신체활동 참여를 통해 정신건강을 향상시킨다. • 건강하고 사회적으로 받아들여지는 방법으로 긴장을 이완시키는 것을 배운다. • 활동의 과민성을 감소시키고 이완하는 것을 배운다.
심리·운동적 영역	운동기술과 양식	• 기본적인 운동기술과 패턴을 배운다. • 게임, 스포츠, 댄스, 수상경기 참여에 필요한 운동기술에 숙달한다. • 자조, 학교생활, 직장생활 그리고 놀이와 소근운동 및 대근운동에 필요한 협응력을 향상시킨다.
	체력	• 심혈관계를 향상시킨다. • 최적 체중을 도모한다. • 근력, 근지구력 그리고 유연성을 향상시킨다. • 올바른 자세를 유지한다.
	여가활동에 필요한 기술	• 체육시간에 학습한 것을 평생 스포츠, 댄스 그리고 수상경기를 즐기는 습관으로 전이시키는 것을 배운다. • 레크리에이션을 위한 지역사회의 재원과 익숙해진다. • 개인 및 단체 경기와 스포츠, 댄스 그리고 수상경기의 기술의 폭을 넓히고 능숙해진다.
인지적 영역	놀이와 게임 행동	• 자연스럽게 노는 것을 배운다. • 독자적 그리고 평형적 놀이 행동에 적절한 협동적 그리고 경쟁적 게임 행동에 이르는 놀이의 발달단계에 따라 진보한다. • 장난감, 놀이기구 그리고 다른 사람과 접촉 및 상호작용 행동을 도모한다. • 기본적인 게임의 형식과 놀이를 위해 필요한 정신조작 능력을 학습한다. • 간단한 게임의 규칙과 전략에 능숙해진다.
	인지-운동 기능과 감각통합	• 시각, 청각, 촉각, 전정기관 감각 그리고 운동감각의 기능을 향상시킨다. • 게임과 인지-운동학습을 통해 교과학습을 강화한다. • 감각통합 향상을 통해 인지기능, 언어기능 그리고 운동기능을 향상시킨다.
	창조적 표현	• 움직임과 사고에서의 창조성을 향상시킨다. • 움직임과 관련된 문제에 노출될 때, 많은 반응, 다양한 반응 그리고 독창적인 반응을 생성한다. • 상상하는 것을 학습하고 꾸미고 첨가한다. • 새로운 것을 시도하고 적절한 게임 전략을 고안한다. • 새로운 게임, 댄스 그리고 일련의 움직임을 창조한다.

분하여 사용한다. 목적은 전체적인 의도이다. 특수체육의 목적은 심리·운동적 행위의 변화와 자아실현의 촉진이라는 일반체육의 목적과 같다. 장기목표는 본질적으로 장기적인 광의의 개념인 반면, 단기목표는 단기적이며 행위형태로 진술된다. 이러한 개념 정의는 IEP의 작성을 요구하는 미국 연방정부 법안에서 나왔다. 장기목표란 지도의 길잡이가 되는 연간, 반년 혹은 분기의 목적 진술이다. 앞의 〈표 1-1〉에서는 9개의 장기목표를 제시하였다. 보통 서너 개의 장기목표에 대해서만 시간이 허락되기 때문에 지도자는 각 개인에 대해 가장 적절한 장기목표를 선택하기 위해 평가자료를 이용해야 한다.

각각의 장기목표는 성취하는 데 3~5시간 걸리는 특정한 단기목표들로 나눈다. 지도계획은 하나의 단기목표에 대해 각 수업시간마다 5분 내지 10분 정도의 시간만 허락하기 때문에 하나의 단기목표에 대해 몇 주간 지도를 하게 된다. 예를 들어 운동 영역에서 자아개념을 발달시킨다는 장기목표를 생각해보자. "30분 동안 스키 같은 여가활동에 참여할 기회를 제공한 후 개인이 적어도 한 번은 자아에 대해 좋은 것을 말하면 성공이라고 평가한다."는 것이 하나의 단기목표가 될 수 있을 것이다. 만약 장기목표가 체력을 증진시키는 것이라면 단기목표는 다음과 같을 것이다. "30초 동안에 가능한 많은 윗몸일으키기를 하도록 지도한다면 개인은 25회를 할 것이다." 목적과 장기목표는 철학의 통합 부분들이다. 목적과 장기목표는 실시되는 평가의 종류를 결정하고 기회의 골격을 성립하게 한다. 단기목표는 철학의 요소가 아니며 장기목표를 달성하기 위한 도구 혹은 수단이다.

3. 특수체육의 특징

특수체육과 일반체육 사이의 유사성과 차이점은 다양하다. 그러나 일반적으로 특수체육은 다음과 같은 중요한 특징을 가지고 있다(최승오, 2014; Sherrill, 2004).

가. 법률적 요구와 사정에 기초하여 제공되는 서비스

장애인교육법 혹은 특수교육진흥법은 특수교육을 받아야 하는 장애인들을 위한 특수체육 서비스 전달의 당위성을 제공한다. 미국에서 제정되어 전 세계 장애인 교육 관련 법률에 크게 영향을 미친 장애인교육법의 규정과 법규는 특수교육의 일환으로서 체육을 포함하고 있다. 특수체육은 장애인의 요구에 관한 사정과 문제의 확인으로 시작된다. 이러한 절차 없이는 과학적 기초의 개별화 지도나 적응이 있을 수 없다. 사정은 일반체육에서도 중요하지만, 특수체육에서는 결정적인 요소이다. 특수체육의 3가지 요소(믿음, 실천, 지식)가 개인의 요구, 즉 문제에 대한 사정에 의존한다는 것에 주목해야 한다.

나. 다학문적으로 유아 및 청년기 연령층을 포함하는 서비스

미국 연방정부에 의해 제정된 전장애아교육법은 평가와 프로그래밍에 여러 전문 분야의 협력의 필요성을 강조하기 위해 '다분야'라는 용어를 사용한다. Sherrill(1993)의 책은 특수체육의 지식 기저가 여러 학문 분야의 내용을 종합하는 것임을 강조하기 위해 제목에 '학문-교호적 접근'이라는 용어를 포함시켰다. 유사한 개념으로 crossdisciplinary(심리·운동적 문제의 확인과 해결에 초점을 맞추어 독특하고 고유한 지식의 창출과정에서 수많은 학문 분야들로부터의 지식을 통합하는 것), multidisciplinary(다양한 학문 분야의 전문인들이 서비스 전달에 참여하는 것), 그리고 interdisciplinary(다양한 학문 분야의 전문인들이 서비스 전달에서 상호작용적으로 일하고 지식과 기술을 공유하는 것)가 사용되고 있다(최승오 등, 2013). 많은 장애인스포츠지도사들은 유아와 아동을 위한 교육기관에서도 일하게 될 것이다. 또한 전환교육의 일환으로 이루어지고 있는 직업교육을 위해 18~21세의 청년을 위해 서비스를 제공하게 될 수도 있다. 지도자는 21세 이상의 사람들에게 신체활동, 체력 그리고 여가 서비스를 제공하는 지역사회 중심의 프로그램에서도 일할 수 있다. 따라서 특수체육은 평생교육을 강조하게 된다.

다. 낮은 수준의 다양한 심리·운동적 수행을 고려한 서비스

특수체육은 평균 이하 혹은 정상과 차이가 있는 심리·운동적 수행을 주로 다루게 된다. 낮은 수준의 수행은 장애를 가지고 있다는 것과는 다른 의미이다. 장애를 가진 많은 사람들은 적절한 스포츠에 참여한다면 훌륭한 운동선수가 될 수 있는 잠재력을 지니고 있다. 만약 개인의 선천적 기능 능력이 안전하고 성공적인 참여를 유도하기 위해 스포츠를 적응시키는 것이 필요하다면 장애인스포츠지도사는 적절하게 변형된 스포츠의 기술, 규칙 그리고 전략을 가르쳐야 한다.

Thorndike에 의해 효과(보상)의 법칙(law of effect, reward), 반복 연습의 법칙(law of exercise, repetition), 그리고 준비성의 법칙(law of readiness)을 포함하는 학습의 3대 법칙이 제시되었다. 위에 제시된 학습의 3대 법칙 외에 체육지도자가 학습자들의 학습을 위해 실행할 수 있는 행위가 있는가? 학습을 위한 준비가 부족한 장애학생들을 위해 장애인스포츠지도사는 무엇을 할 수 있는가?

앞에서 설명했듯이, 특수체육을 심리·운동적(psychomotor) 문제의 발견과 해결을 목적으로 하는 학문적 지식체계라고 정의할 수 있다. 지금까지 특수체육 연구의 가장 중요한 주제들 중 하나는 장애학생들의 심리·운동적 문제의 원인을 찾고, 이러한 문제를 해결하기 위해 어떠한 체육의 중재전략을 장애인들에게 적용해야 하는지에 대한 문제였을 것이다. 심리·운동적 문제의 원인을 찾고자 하는 연구의 기본 프레임을 〈그림 1-1〉에 제시하였다. 인간이 기술적인 움직임을 수행하기 위해서는 〈그림 1-1〉에서 제시된 것과 같이 다양한 기본 능력들이 필요하다. 이러한 구성요소

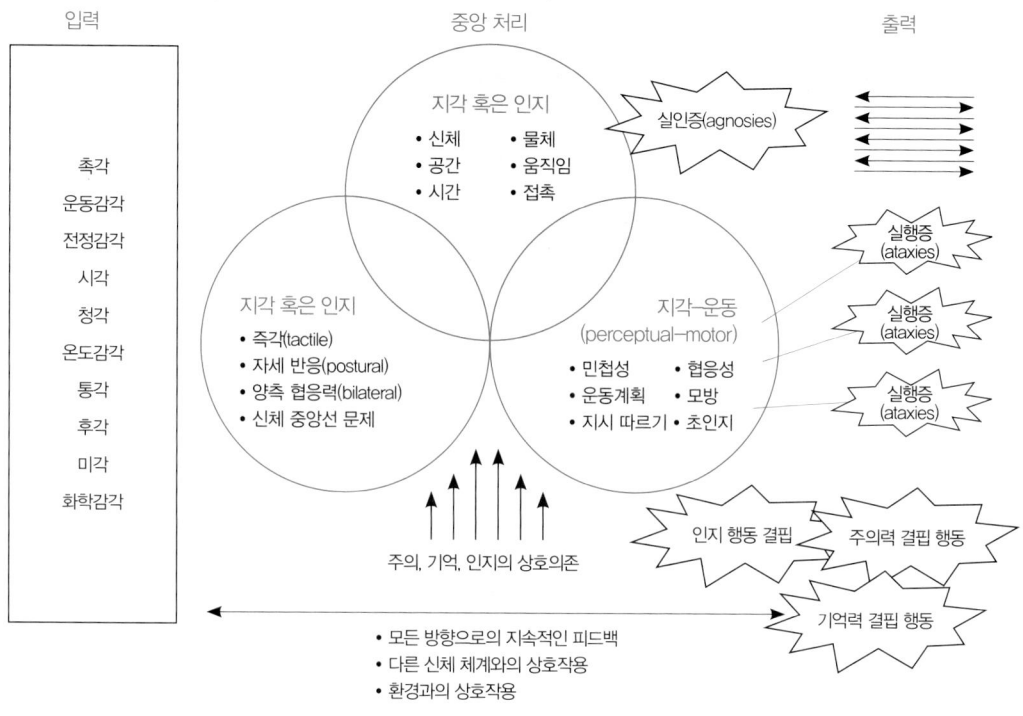

그림 1-1. 심동적 문제의 영역

들 중 단 하나라도 문제가 있다면 기술적인 움직임을 수행하는 것이 불가능할 수 있다.

    Seaman과 DePauw(1989)는 장애인의 운동기술 지도를 위한 하나의 효과적인 방법으로서 발달론적 접근법을 제시하였다. 이들이 제시한 발달모형의 기본 가정은 모든 사람들은 움직임 기술을 습득하고 운동기술을 발달시키는 데 있어 기본적으로 같은 순서를 따른다는 것이다. 적절한 지도와 연습 기회가 주어진다면 아동의 운동발달은 제시된 모델의 바닥에서 시작하여 위로 향한다는 것이다(그림 1-2 참조). 이 모델은 원시반사와 자세반응이 인간의 움직임에서 가장 초기의 형태이며, 그 뒤로 감각운동 기술과 초기 수의적 움직임이 이어진다는 것을 나타낸다. 이 모델을 선호하는 지도자는 장애인의 발달수준을 평가하고 나서 보다 향상된 형태의 운동발달과 움직임을 촉진시키기 위해 고안된 지도계획을 개발하게 된다.

    특수체육과 일반체육 프로그램의 목적은 체육경험을 통해 장애인들이 심리·운동적 영역에서 최대의 잠재력을 성취하게 하는 것이다. 이 모델의 첫 단계만 유아 자극 프로그램에서 적절하다. 유아는 발달의 감각운동기에서만 기능한다(Piaget, 1952). 이 시기에는 감각 입력에 주로 의존하며, 운동발달은 반사행동과 운동-감각 반응에 의해 주도된다. 유아 자극 프로그램의 목표는 감각 입력의 처리와 운동 발현과의 통합을 향상시키는 데 초점을 맞추어야 한다. 아동교육 프로그램은 일반적으로 자유놀이를 포함하게 된다. 형식적으로 구조화된 체육 지도가 이 시기의 아동들에

```
        문화적으로 결정된
          움직임의 형태

         운동기술
       (motor skills)

        운동양식
      (motor patterns)

        운동기술
   (sensory-motor response)

        시각, 청각

    촉각, 전정기관, 자기감수체

       반사 및 생존 행동
   (reflex & survival behavior)

       선천성 신경 능력
    (innate neural capacity)
```

그림 1-2. 운동발달 모델

게 부자연스러울 수 있기 때문이다. 이 시기의 아동들에게 적합한 프로그램은 감각자극, 운동감각 반응 그리고 운동양식의 발달과 활용을 위해 고안되어야 한다. 초등학교 체육 프로그램은 감각자극 활동에서부터 '문화적으로 결정된 움직임의 형태(예: 스포츠기술)'를 발달시킬 수 있는 활동까지 폭넓게 구성되는 경향이 있다. 기본적으로 운동-감각 반응, 운동양식 그리고 기본적인 움직임 기술을 포함하는 프로그램이 바람직하다. 중등학교 학생들에게 적합한 프로그램은 운동기술의 학습과 문화적으로 결정된 움직임의 형태를 극대화시킬 수 있는 프로그램이다.

라. 스포츠 트레이닝과 경기(sport training and competition)

스포츠는 문화의 일부이다. 스포츠는 여가 활용의 중요한 한 형태로서 장애인의 활동적인 생활양식, 바람직한 정신건강 그리고 풍요로움에 공헌한다. 따라서 뇌성마비운동협회, 시각장애인운동협회, 휠체어운동협회 그리고 패럴림픽 등과 같은 다양한 스포츠단체들이 장애인들의 신체적 요구를 충족시켜주기 위해 발전되었다. 특수체육의 중요한 목표는 일생 동안 스포츠에 참여할 수 있도록 여가 선용 기술을 발달시키는 것이다. 이 목표를 성취하기 위해 지도자는 장애인들의 능력에 적합한 스포츠단체를 소개해주어 그들이 가능한 한 일찍 스포츠로 사회화될 수 있도록 도와야 한다.

마. 서비스의 강조(services emphasis)

특수체육에서 강조하는 것은 단순한 적응교육보다는 연속적인 서비스를 제공하는 것이다. 어떤 사람은 많은 서비스를 요구하는 반면, 어떤 사람은 단지 약간의 서비스만을 필요로 할 수 있다. 예를 들어 한 장애인은 직접 서비스(특수교육이나 체육 같은 직접교육)만 요구하며, 다른 장애인에게는 관련 서비스가 중요할 수도 있다. 관련 서비스는 장애인이 직접 서비스의 혜택을 받도록 도움을 주는 물리치료 같은 서비스를 의미한다. 관련 서비스는 직접교육과 대체될 수 없다. 관련 서비스는 항상 보완적인 것이다. 체육은 직접 서비스이다.

바. 생태적 지향(ecological orientation)

사회적 통합이라는 환경에서 많은 장애인들이 성공하는 것은 건축, 태도 등과 같은 사회의 장벽들을 제거하는 지도자의 기술에 달려 있다(예를 들어 사회적 수용, 좋은 자아개념, 그리고 그에 따르는 효과적 학습에 공헌하는 바람직한 상호관계를 촉진시키는 것). 그러므로 특수체육은 유기체와 환경과의 관계를 연구하는 과학인 생태학과 밀접한 관련성이 있다(그림 1-3 참조). 생태계는 전체 환경 혹은 개인의 생활환경이다. 이것은 장애인들이 접촉하는 모든 사람들(가족, 이웃, 학교, 지역사회)의 태도와 행동을 포함한다. 장애인스포츠지도사는 장애인의 행동만 변화시키는 것으로 충분하지 않으며 전체 생태계를 변화시켜야 한다는 것을 인식해야 한다.

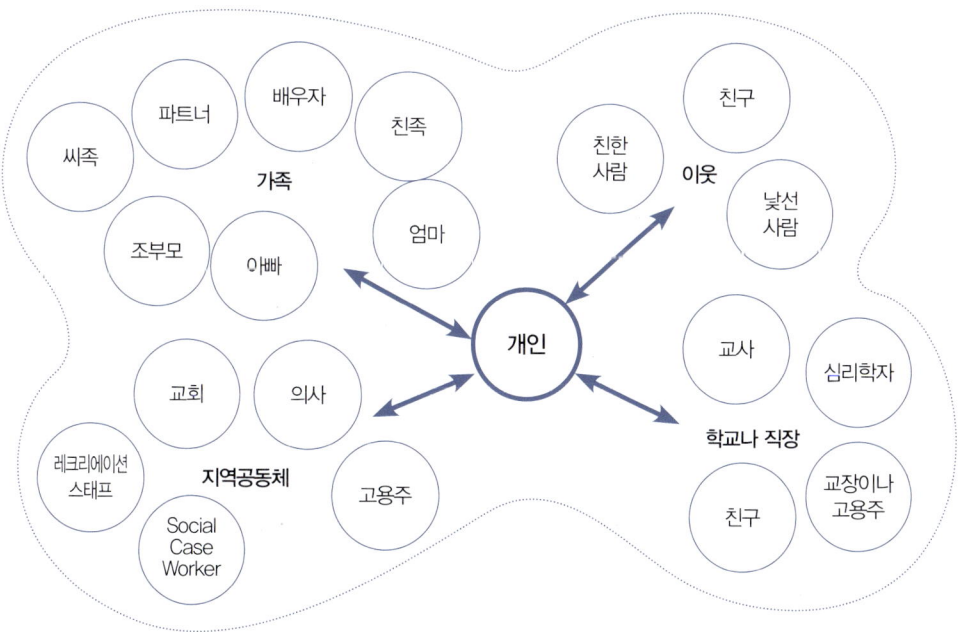

그림 1-3. 장애인과 생태계

사. 설명성(accountability)

교육과정(process)에 적용될 때의 '설명성'이란 개념은 어떤 특정한 프로그램, 모델 혹은 중재(intervention)가 하나 혹은 그 이상의 행동에 유의한 긍정적 변화를 일으킬 수 있다고 설명되는 것을 의미한다. 모든 장애인스포츠지도사는 행정가와 부모에게 자신들이 장애인에게 제공한 서비스의 효과에 대해 문서화된 기록을 통해 설명할 수 있어야 한다(Turnbull, 1975, 1990). 체육교육론에서는 이 말을 주로 '책무성'이라고 번역하고 있다. 하지만 이 책에서는 '설명성'으로 해석한다.

4. 특수체육 및 장애인스포츠와 관련된 주요 관점

장애라는 현상은 시대, 장소, 사람 그리고 사회적 가치의 패러다임에 따라 각기 다르게 개념화된다. 이러한 다양한 개념화는 선수와 지도자 그리고 행정담당자 등이 장애인스포츠 현장에서 직면하게 되는 다양한 문제들의 해결과정에 직접 또는 간접적인 영향을 미친다. 예를 들어, 오늘날 장애인들은 스스로 자신들을 정상적인 사람이라고 인식하고 있으며 동정과 박애 대신 권리와 평등한 기회를 필요로 한다. 특수체육과 장애인스포츠는 이러한 사고의 전환으로부터 영향을 받으며, 더 나아가 이러한 사고의 전환에 중요한 역할을 한다(최승오, 2013).

가. 장애 모델(disability models)

장애 모델은 특수체육 전문가들에게 장애의 원인과 맥락을 이해하는 데 하나의 체계적 접근방법을 제공해줄 수 있다(Bricout, Porterfield, Tracey & Howard, 2004). 장애인스포츠에 직·간접적으로 영향을 미친 장애의 모델을 크게 6가지로 나눌 수 있으며, 새로운 모델이 그 이전의 모델을 배제하는 구조가 아니기 때문에 패러다임적 성격이 있다고 할 수 있다(표 1-2 참조). 이것은 특수체육과 장애인스포츠에서 나타나고 있는 여러 가지 현상들을 하나의 모델에 기초하여 설명하는 것이 아니라 두 개 이상의 모델로 설명하거나 같은 현상이 서로 다른 두 개 이상의 모델로 설명이 가능하다는 의미이다.

1) 도덕 모델(moral model)과 자비 모델(charity model)

도덕 모델은 역사 속에서 장애인에 대한 부정적인 사회적 태도를 잘 나타내주는 모델이다. 장애에 대한 가장 오래된 모델인 도덕 모델은 장애인을 죄인으로 인식하였다. 장애는 신이 내린 벌로

> 최승오 등(2012)의 글을 본 교재에 맞게 재편집한 내용이다.

표 1-2. 장애 모델과 주요 관점 및 논제와의 비교

	도덕 모델	자비 모델	의학 모델	사회 모델	경제 모델	인권 모델
기본 내용	• 자신의 장애에 대해 도덕적 책임이 있다. • 장애를 부모의 나쁜 행동의 결과로 해석한다.	• 장애인을 환경적 요인의 피해자로서 정의한다.	• 장애는 결함이 있거나 열등하거나 상대적으로 못하다는 것을 의미한다. • 문제를 '개인'에게서 찾으려는 경향이 있다.	• 장애는 다르다는 의미를 가진다. 다르다는 것이 상대적으로 못하다는 의미는 아니며, 단순히 다르다는 의미이다. • 문제를 '사회' 혹은 '환경'에서 찾으려는 경향이 있다.	• 장애를 생산적 활동에 참여하지 못하는 능력으로 정의한다.	• 장애는 인권에 의해 인간문화의 하나의 중요한 차원으로 자리매김한다.
장애에 대한 정의		• 가족이나 개인이 장애에 대한 책임이 있다.		• 넓은 스펙트럼의 생물학적 혹은 심리학적 비정상과 결함이 존재한다.	• 하나의 공유된 경험만이 존재한다. • 사회적 낙인은 없어져야 하는 것이다.	• 경제적 독립이 불가능하다.	• 권리를 가진 인격체이다.
사용되는 용어의 성격		• 동정심, 기도, 벌/비난, 용서 등이 주요 용어들이다.		• 용어가 부정적인 경향이 있다(결함, 질병, 부족).	• 용어가 긍정적인 경향이 있다. • 사람을 먼저 강조하는 중립적인 경향이 있다.	• 직업, 소득창출 등의 경제적 용어가 사용된다.	• 장애인을 목적어가 아니라 주어로서 해석한다.
중재의 논의 중심		• 치료는 믿음에 달려 있다.		• 중재 논의의 중심은 결함, 문제 혹은 특성 등이다.	• 논의의 중심은 개인적 평가 자료, 개인적 강점과 약점 등이다.	• 직업재활이나 소득창출 프로그램이 주를 이룬다.	• 인간으로서 자기 결정권을 갖는 프로그램이 주를 이룬다.
중재의 목표		• 국가나 사회는 이들이 직면하고 있는 문제에 관심을 갖지 않는다.	• 공공적인 영역에서 사회적 배려나 서비스에서 제외된다. • 국가가 기금을 조성하여 직접 도움을 주거나 자원봉사기구를 지원한다.	• 목표는 환자에게 조언이나 처방 혹은 치료를 제공하는 것이다.	• 목표는 자아실현과정에서 적극적인 역할을 할 수 있도록 개인에게 권한을 위임하는 것이다.	• 환경의 개선보다는 교육, 훈련, 고용성의 형태로 장애인을 개선시키는 것을 목표로 한다.	• 장애와 관계없이 모든 인간은 불변의 권리를 가진다.
주요 논제들과의 관련성			• 스포츠의 의학적 분류체계 • 장애조건에 따른 행정 • 약물규제	• 장애 국제 분류 • 교육적 접근 • 참여대상 • 서비스 제공 형태 • 전문인 양성 • 스포츠에 의한 행정	• 장애인스포츠의 경제적 근저 • 대중매체 • 스포츠마케팅	• 임파워먼트 • 스포츠의 기능적 분류체계 • 적응이론 • 장애인스포츠와 인권 • 대중매체 • 스포츠마케팅 • 서비스 제공의 형태

고려되었다. 이들에게 주류사회에서 살 권리는 인정되지 않았다. 자비 모델은 주로 감성적인 자비에 대한 호소에 의해 형성되었다. 이 모델은 장애인을 보호와 보살핌을 필요로 하는 존재로, 스스로의 힘으로 어떻게 할 수 없는 피해자로 취급한다(Bricout et al., 2004). 이 모델은 정의나 평등이라는 개념보다는 자비심이나 박애정신에 의존한다. 공공적인 부분에서 사회적 배려나 서비스로부터 장애인을 배제하려는 움직임의 근거가 되기도 한다. 이 모델에서는 정부나 정부 주도의 사회단체들이 기금을 마련하여 자원봉사조직을 지원해주거나 직접적인 혜택을 제공하게 된다. 기금은 주로 기부나 정부의 지원금으로 이루어지게 된다. 현재의 특수체육이나 장애인스포츠 운영의 특성은 이러한 모델의 특성과 부합하는 측면이 큰 것으로 판단된다.

2) 의학적 모델(medical model)과 사회적 모델(social model)

장애에 대한 의학적 모델은 장애인들이 경험하는 문제와 어려움들이 신체적, 감각적 혹은 지적 장애와 직접적인 관련성이 있다는 가정에 기초한다. 이 모델에서 장애는 임상적 틀에서 해석된다. 가능한 한 정상에 가깝게 해주기 위해 장애의 조건을 치료하고자 하는 의학적 전문인들의 역할이 매우 크다. 장애인은 일반인들에 비해 생물학적으로 그리고 심리학적으로 열등하다는 관념이 밑바탕에 깔려 있기 때문에 비판을 받고 있기도 하다. 반대로 사회적 모델은 건축적, 태도적 그리고 사회적 장벽으로 인해 장애인이 된다는 가정에서 출발한다. 장애인에 대한 사회의 압력, 편견 그리고 차별이 문제가 된다. 이 모델은 장애인의 문제를 개인의 문제가 아니라 사회의 문제로 해석했다는 데 그 의미가 있다(Bricout et al., 2004). 이 모델은 장애 문제에 대한 해결책은 모든 필요한 환경적 변화의 사회적 관리에 의해 가능하다고 주장한다.

3) 경제 모델(economic model)과 인권 모델(human right model)

경제 모델은 사회의 생산적 능력에 대한 공헌이라는 개념에서 개인과 사회 사이의 관계를 정립하고자 한다. 장애인에 의해 수행되는 일의 양과 종류에서 건강과 관련된 제한점을 강조한다. 이 접근방법은 장애인의 고용 문제는 잘못된 경제적 체계와 장애인의 결함으로부터 기인한다고 판단한다. 직업적 재활 프로그램이나 소득창출 프로그램이 장애인들이 직면하고 있는 문제들의 주요 해결책이라고 주장한다. 환경적 변화나 일반인의 인식 변화보다는 교육이나 트레이닝 그리고 고용성의 형태로 장애인의 변화를 주도해야 한다고 주장하는 모델이다. 지난 20여 년간 장애인에 대한 자비에 의해 주도된 접근방법은 인권에 기초한 접근방법으로 대체되어왔다. 장애는 인류문화의 하나의 중요한 차원으로 고려된다(표 1-2 참조).

나. 장애인의 임파워먼트(empowerment : 권리신장, 권한부여)

누가, 누구를 위해, 어떻게 임파워먼트를 결정하는가? 장애학생이 스포츠 활동을 그만두고자 한다면, 팀의 감독은 그 선수에게 계속 운동할 것을 요구해야 하는가? 혹은 그 선수의 부모와 이야기를 해야 하는가? 운동을 그만두도록 허락해야 하는가? 약 3개월 후 그 선수가 다시 운동을 하겠다고 찾아온다면 팀의 감독은 어떻게 해야 하는가? 통합체육 수업시간에 축구경기를 하였다. 경기가 끝난 후 한 장애학생이 파울을 했다고 고백하였다. 두렵고 정확히 상황을 인식하지 못해 심판에게 말하지 못했다고 한다. 통합체육이 장애학생의 임파워먼트를 인정하고 있는 것인가? 이 경우 체육교사는 임파워먼트에 기초한 결과를 염두에 두고 어떠한 조치를 할 수 있는가?

장애인스포츠의 중요한 목적 중 하나는 장애인의 사회적 참여와 삶의 질을 최적화시키는 것이다(Sainsbury, 2004). 이러한 최적화 과정은 장애인의 임파워먼트를 필요로 한다. 장애인의 주도성·혁신성·창의성 배양, 능력 신장 등을 위한 하나의 핵심 개념으로 포함하고 있는 '임파워먼트'란 개념에 대한 사회적 그리고 학문적 관심이 커지고 있다. 그러나 임파워먼트에 대한 관심과 연구가 점차 확대되고 있음에도 불구하고 각 분야에서 활용되고 있는 의미가 각기 다양하게 제시됨에 따라 특수체육 전문가들에게는 그 개념에 대한 의미의 혼동이 초래되었다. 또한 임파워먼트를 구현하는 실제적 측면은 아직까지도 시행착오를 경험하는 중에 있다. 이러한 현상은 특수체육 현장 지도자나 장애인들의 관심도에 비해 학계에서조차 임파워먼트라는 개념에 대한 공통된 명확한 정의를 마련하지 못한 것에도 그 이유가 있을 수 있다.

임파워먼트는 장애인을 위한 서비스 전달 시스템에서 시스템의 작동이 원활하지 않다는 판단에 대한 반향으로 발생하게 된 이념이라고 볼 수 있다. 임파워먼트 이념은 장애인은 자신의 삶에 대한 통제권을 가질 수 있고, 전문적인 서비스에 대한 자신들의 의존성을 줄일 수 있으며, 자신들을 위해 행동을 취할 수 있다는 원칙에 기초한다. 임파워먼트는 일반적으로 3가지 속성을 가진다. 즉, 자기-결정(self-determination), 사회적 참여(social engagement), 개인적인 효능감(a sense of personal competence)[Dickerson, 1998]. 임파워먼트를 평가하기 위해 개발된 척도들은 직접적으로 행동을 측정하는 것이 아니라 태도에 대한 측정이었기 때문에 임파워먼트라는 개념에 대한 실험적 정의와 타당도 검증 작업이 요구된다. 지금까지 장애인에 대한 임파워먼트 연구는 개인의 임파워먼트를 향상시키고자 하는 데 초점을 두었다. 장애인을 위한 서비스 제공자들은 장애인의 삶의 사회적 맥락에서 '낙인'과 '특권박탈(disenfranchisement)' 같은 논제에 관심을 기울일 필요성이 있다. 장애인의 임파워먼트는 장애인의 강점과 능력을 강조하고, 서비스의 계획과 전달에 장애인을 참여하게 함으로써 증진될 수 있을 것이다.

심리적 구조(psychological construct)로서 임파워먼트의 기원은 모호하다. 하지만 많은 학자들은 임파워먼트가 인권운동, 인종차별반대운동, 여성해방운동 등과 같은 사회적 약자와 관련이 있는 사회적 운동으로부터 발전하였다는 데 이견이 없는 것으로 보인다(Dickerson, 1988). 특수체육 같은 서비스 전달체계도 다양한 모습으로 발전되어왔다. 평등의 교육론(pedagogy of liberation) 같은 교육적 노력이나 권력에 대한 심리이론들을 포함한 초기 심리-교육적 노력으로부터 발전한 측면도 있다(Freire, 1970). Rappaport(1981)는 임파워먼트가 심리학과 다양한 사회적 서비스에서 사용되고 있는 결핍-기저의 접근방법(deficit-based approach)[예: 의학적 모델]에 대한 대안임을 강조하면서 1980년대 임파워먼트의 프로파일을 확립하였다. Dunst 등(1989)은 장애인과 그 가족과 함께 일하면서 임파워먼트의 과정에서 공식적인 사회적 지지와 가족의 기본적 욕구를 충족시킬 수 있는 능력의 중요성을 강조하였다(Dunst, Trivette, Gordon & Pietcher, 1989).

임파워먼트의 첫 번째 속성은 '개인적 유능감'이다. 자기존중감(self-esteem)은 자기유능감의 하나의 구성요소이며, 자기 자신에 대해 긍정적인 태도를 가지고 있고 자기 자신이 가치 있다고 느끼는 것을 의미한다(Rosenberg, 1965). 사회적 피드백과 자기 평가의 산물인 자기존중감은 개인적 경험과 교육적·치료적 중재에 의해 영향을 받을 수 있다. 자기존중감은 임파워먼트 개념의 핵심이라고 볼 수 있다. 장애조건에 대한 인정 혹은 수용은 장애인들의 자기존중감과 관련이 있다. 많은 장애인들은 최적의 교육적 혹은 치료적 중재가 제공된다 해도 다양한 교육적 문제들과 병리적 증상들을 나타낸다. 자신들의 이러한 교육적 문제들과 임상적 증상들을 인식하고 인정하는 것이 자신에 대한 긍정적 태도를 형성하게 하고 새활이나 교육적 성취에 도움을 준다(Doogan, 1988). 장애를 수용하는 것은 자기 낙인(self-stigma)의 반대되는 개념이며, 장애인 임파워먼트의 초석이 된다고 볼 수 있다.

통제의 내부적 소재(internal locus of control)는 개인적 유능감을 결정짓는 데 있어 매우 중요한 또 다른 요소이다. 통제의 내부적 소재는 사건이나 상황에 대한 개인적 통제력에 대한 개인 인지를 의미한다(Rotter, 1966). 통제의 내부적 소재를 가진 사람들은 벌과 실패는 물론 보상과 성공도 운, 우연 혹은 외부적 힘보다는 자신의 행동에 기초한다고 느끼는 경향이 있다. 이러한 사람들은 자신들의 행동에 대한 책임을 보다 잘 수용하고, 자신들의 운명을 통제할 수 있다고 느끼는 경향이 있다. 또한 자신들을 위한 행동을 스스로 결정하여 취할 수 있다고 느낀다. 이러한 사고방식 또한 임파워먼트의 중요한 측면이다.

임파워먼트의 두 번째 속성은 장애인이 자신들의 삶에 영향을 미치는 의사결정에 직접 참여하는 과정을 의미하는 '자결성(self-determination)'이다. 가장 기본적으로 장애인들이 대인관계와 치료적 활동에 대한 선택은 물론 스포츠 활동이나 신체활동에 대한 선택을 스스로 하는 것이다. 임파워먼트라는 개념 하에서 장애인은 자신들이 받는 서비스의 종류를 선택하고 이러한 서비스에 어떻게 그리고 언제 참여하는지에 대한 결정도 하게 된다. 서비스를 계획하는 단계에서 장애인의 역할 또한 임파워먼트의 또 다른 중요한 측면이다. 장애인은 특정 프로그램의 실질적인 운영과 그 서비스를 제공하는 기관이나 전문가에 대한 감독에도 영향을 미친다. 예를 들면 장애인들은 그들이 서비스를 제공받는 프로그램에서 의사결정 과정에 참여할 수 있다.

임파워먼트의 세 번째 속성은 '장애인의 사회적 참여'이다. 이 속성에서 가장 기본이 되는 것은 장애인들이 서로를 확인하고 인정하는 과정이다. 동료와의 상호작용과 동료로부터의 지원이 필연적으로 사회적 행동으로 연결되지 않을 수 있다고 해도 지원(advocacy)을 얻어내는 과정에서 가장 필요한 요소임에는 틀림없을 것이다. 장애인들은 자신들에 대한 낙인과 불공평에 대해 인식하고 지원활동에 참여를 유발하는 '정당한 분노감'을 경험할 수도 있다(Deegan, 1988). 이러한 맥락에서 임파워먼트는 포괄적으로는 장애인 전체를 위한 개선을 지향하는 행동을 취하게 하는 하나의 정치적 움직임이다. 정치적 행동을 통해 장애인들은 낙인과 차별을 감소시키기 위해 정치와 법을 변화시키고자 하고 장애인의 지위를 향상시키고자 한다.

표 1-3. 장애인의 임파워먼트에 대한 정의

일반적 특징	심리적·행동적 요소들
자결성	• 적극적으로 개인적 삶의 의사결정을 한다. • 운동과 재활 참여에 대한 선택을 한다. • 서비스의 계획과 조직에 영향을 준다.
사회적 참여	• 다른 장애인을 확인하고 지지한다. • 낙인이나 불공정에 대해 정당한 분노를 경험한다. • 지지(advocacy) 활동에 참여한다.
개인적 유능감	• 긍정적인 자기존중감을 보여준다. • 심동적 장애를 수용한다. • 통제의 내재적 소재를 확인 및 승인한다.

Falvo(1999)는 장애로 인한 개인적 파워의 위협 요인들을 다음과 같이 제시하였다. ① 장애, 진단 절차 혹은 중재로 인한 신체적 완전 상태와 편안함에 대한 위협, ② 독립성, 프라이버시, 자율성, 통제성에 대한 위협, ③ 자아개념과 통상적 역할의 충만에 대한 위협, ④ 삶의 목표와 장래 계획에 대한 위협, ⑤ 가족, 친구, 동료와의 관계에 대한 위협, ⑥ 익숙한 환경에 남아 있는 능력에 대한 위협 그리고 ⑦ 경제적 안녕에 대한 위협. 이러한 위협 요소들을 제거하기 위해 장애인스포츠에서 장애인의 선택, 장애인의 임파워먼트, 서비스 제공자들의 책임 있는 의사결정을 증대시킬 필요성이 있다. 임파워먼트는 누군가에게 권력과 권위를 주는 것 혹은 자신감과 힘을 주는 것이다.

표 1-4. 특수체육의 용어, ICF와 스포츠과학에 의한 서비스 전달에 대한 설명

ICF 분류	스포츠과학 분류	참여자에게 주는 유의성	서비스 제공자, 수준	활동목표의 예
신체의 구조	• 시스템: 심혈관계, 관절계, 신경근육계, 신경계	• 신체적 토대와 수용 가능한 외관을 가진다.	• 특수체육 전문가: 재활 강조(유럽의 관점) • 치료사와 함께 서비스를 제공한다.	• 체중의 감소 • 올바른 자세의 유지 • 골밀도의 증대 • 근 질량의 증대
신체의 기능	• 능력: 유산소성 및 무산소성 지구력, 근력과 근지구력, 관절 유연성, 심리적 특성	• 수행할 수 있다.	• 특수체육 전문가: 재활 강조(유럽의 관점) • 치료사와 함께 서비스를 제공하는 체력지도(미국적 관점)	• 움직임의 범위 향상, 근력과 파워의 증대, 폐와 심혈관계 기능의 향상, 에너지 효율성의 증대
신체활동과 관련된 활동 혹은 과제의 수행	• 기술: 기본적인 운동기술, 스포츠기술, 심리기술	• 의미 있는 과제의 수행	• 특수체육 전문가: 교사, 지도자, 코치와 함께 서비스를 제공한다. • 특수체육의 지식 및 전문적인 조력 • 교육, 레크리에이션 그리고 스포츠를 강조한다.	• 50m의 거리를 수영을 하여 갈 수 있다. • 자세를 유지한다. • 길을 건넌다. • 버스를 탄다.
신체활동 참여	• 작전과 전략; 운동학습시간	• 준거집단의 일부로 포용된다.	• 특수체육 전문가는 치료사, 교사, 사회사업가, 심리사, 주요 타자 등과 함께 서비스를 제공한다. • 교육과 레크리에이션을 강조한다.	• 구기게임에 참여한다. • 친구집단에 포용된다. • 리더십을 성취한다. • 경쟁한다. • 책임감을 보인다.
목표 성취의 장애물 제거	• 옹호; 사회적 옹호 시스템	• 참여에 제한을 받지 않는다(평등성).	• 특수체육 지도자는 사회사업가, 자원봉사자와 함께 일한다. • 레크리에이션과 스포츠를 강조한다.	• 태도의 변화 • 규칙 제정 • 법의 준수

스포츠는 장애인들이 그들 스스로 그리고 다른 사람들을 위한 효과적인 옹호자가 될 수 있게 해주는 지식이나 기술 그리고 자신감을 획득할 수 있도록 도움을 주는 과정에서 중요한 역할을 한다는 관점에서 자신감과 힘을 주는 것을 의미한다. 많은 장애인들은 자신들이 직면하는 배제와 차별을 수용하는 경향이 있다. 이는 스스로 상황을 변화시킬 수 있는 힘이 없다고 느끼기 때문이다. 많은 장애인들은 정상인들과 동등한 취급을 받을 자격이 있으며, 존중받을 권리를 가지고 있다는 사실을 배워보지 못했다. 장애인으로서의 삶에 대한 역할 모델이나 정보 없이 장애인들은 자신들의 삶의 주체가 될 수 있도록 도와주는 지식과 도구가 부족하다. 장애인들이 더 나은 삶의 조건들에 대한 좋은 예들을 보지 못한다면, 보다 나은 상황에 대해 상상하는 데 어려움을 겪을 것이다. 변화를 위해 노력하는 많은 장애인들은 변화를 창출해내기 위해 필요한 리더십이나 지지 기술들을 학습할 기회를 갖지 못했을 수도 있다. 스포츠는 장애인들 사이에서 그러한 지식이나 인식을 갖게 하는 효과적인 수단이다.

다. 개념적 틀로서 기능, 장애, 건강에 대한 국제 분류[International Classification of Functioning, Disability and Health(ICF: WHO, 2001)]

1980년대 이후 특수체육은 인간, 환경 그리고 과제 사이의 상호적 관계를 구성하고 있는 동작체계(action system)에 대한 생태학적 이해(ecological understanding)와 매우 밀접한 관련성을 갖게 되었다(Kiphard, 1983). 개인은 환경적인 문제들을 해결할 수 있는 역량을 가지고 있다. 과제는 개인과 환경의 관계를 의미한다. 과제의 목표는 개인에 의해 의도적으로 결정될 수도 있고, 수업이나 치료 같은 환경적 자극에 의해 결정될 수도 있다. 이러한 관점은 재활 서비스 제공자들에 의해 수용되고 있는 ICF에 포함된 주요 구성요소들과 그 맥락을 같이하고 있다. ICF에 의해 제시된 범주에 의해 특수체육의 중재 목표를 정의한 것은 간단하며, 스포츠과학에서 전통적으로 사용되고 있는 용어와도 매우 비슷하다(표 1-4 참조). ICF 모델은 신체활동 중재, 의무 분류 그리고 특수체육 중재를 개념화하기 위한 틀로서 제시되었다.

라. 의학적 접근과 교육적 접근의 차이점

하나의 개념에 대해 서로 다른 용어들이 장애인들의 특수한 요구를 만족시키기 위한 체육을 정의하는 데 활용되어왔기 때문에 특수체육의 정의를 명확히 하는 것이 필요하다. 교정체육(corrective), 치료체육(remedial; therapeutic), 재활체육(rehabilitative), 발달체육(developmental) 혹은 특수체육(special) 등 다양한 이름으로 지칭되어온 특수체육은 심리운동 영역에서 발생하는 문제들을 발견하고 해결하는 것을 목적으로 하는 다학문적 지식체계이다(Sherrill, 2004).

장애인의 심동적 문제들은 개인적인 요인 혹은 환경적인 요인에 의해 발생할 수 있다. 따라서 특수체육의 지식체계는 개인차와 적응을 존중해주는 태도, 그리고 심리운동적 문제들을 개선시키기 위해 고안된 서비스의 전달체계이다. 법률적인 정의로서 특수체육은 "개인의 독특한 체육적 요구를 만족시키기 위해 고안된 발달활동, 운동, 게임, 율동 그리고 스포츠 등으로 구성된 개별화 프로그램"으로 정의된다(미국 공법 94-142, 1975). 또한 체육학의 하위 전공 분야로서 특수체육은 "안전한, 만족스러운 그리고 성공적인 참여를 위해 체육의 적응을 필요로 하는 사람들의 요구를 만족시키기 위해 개별적으로 계획된 교수체계"를 말한다(Winnick, 2005).

반면 특수체육은 의학적으로 처방된 치료운동, 교육 그리고 프로그램으로 정의될 수 있다. 비록 장애인스포츠가 의학적 모델에 그 뿌리를 두고 있다 할지라도 지금의 세계적 추세는 재활의 도구로서 신체활동을 개념화하는 경향으로부터 멀어지고 있다. 오늘날 체육과 스포츠는 기본적인 인권으로서 개념화되고 있다. 의학적 모델에서 장애인은 서비스의 수동적 수혜자가 되는 경향이 있다. 이 과정에서 문제에 대한 검사, 진단 그리고 치료에 초점이 맞추어진다. 반면에 사회심리적 모델에 기초하여 발전한 교육적 모델은 장애인들이 그들 자신의 세계를 설계해가는 데 적극적이어야 함을 강조한다. 이 과정에서 장애인은 자신의 교육적 혹은 사회적 목표를 설정하고 개인적인 장점과 단점은 물론 환경에서의 적절성과 방해성을 스스로 평가하게 된다. 즉, 장애인 스스로 장애조건을 변화시키는 주체가 된다.

타 학문을 전공하고 있는 전문가들이나 일반 사람들은 특수체육과 장애인스포츠를 의학의 한 분야로 인식되고 있는 물리치료와 구분하는 데 있어 어려움을 가지고 있다. 상당한 변화가 있었음에도 불구하고 Lorenzen(1961)에 의해 제시된 차이점들이 여전히 문헌에서 소개되는 것에 그치고 있는 현실이다. ① 의학적 접근에 근거한 물리치료와 교육적 접근에 근거한 특수체육, ② 중재의 목적이 장애에 초점을 맞추는 물리치료와 전인적 인간과 능동적 참여에 초점을 맞추는 특수체육, ③ 신체활동이 주로 처방되는 물리치료와 자기-동기화가 주로 제시되는 특수체육, ④ 참여가 수동적이거나 능동적인 물리치료와 참여가 능동적인 특수체육, ⑤ 목표가 특정 생물학적 변화로 제한되는 물리치료와 평생 동안 신체활동에 참여할 수 있도록 유도해주는 특수체육, ⑥ 중재가 주로 치료의 형태를 나타내는 물리치료와 자기 결정적 행동인 특수체육. 〈표 1-5〉는 각각의 전문 분야에서 강조되는 사항을 나타내주는 서비스 전달 모델로, 다학문적 협력과 맥락적 구성체제가 필요하다.

표 1-5. 장애인스포츠의 건강 증진 모델(adated from Rimmer, 1999)

양식	재활		재활 후
단계	물리치료	운동(exercise)	스포츠
재활병원	기능적 독립성		
학교		근력과 근지구력; 기술적인 운동 수행	
지역사회 스포츠 프로그램			개인적 성취와 임파워먼트

마. 패러다임으로서의 적응이론

특수체육은 신체활동을 다양한 환경적, 사회적 그리고 개인적 체계의 적응과 연결하는 포괄적인 개념이다. 따라서 적응을 돕는 전략이라는 개념의 실재적 적용으로 해석할 수 있다(예: 경쟁이나 환경적 조건에 대처하는 방식). 적응을 돕는 전략과 적응을 돕는 체계는 변화 능력을 가지고 경험으로부터 학습하는 체계를 의미하는 것으로 정보이론, 수학 및 생물학에 그 근거를 두고 있다고 할 수 있다. 적응이론은 장애의 조건 하에서 운동수행을 위해 필요한 신체활동의 적응뿐만 아니라 연령, 성, 이종성과 관련된 적응 원리에 적용할 수 있는 철학, 개념, 모델 그리고 전략들을 제시해준다. Hutzler(2007)는 중재 결과를 계획하고, 수행하고, 분석하기 위한 체계적·생태학적 수정 접근(Systematic Ecological Modification Approach: SEMA)을 제시하였다. 이 접근법은 Burton(1993)에 의해 제시된 생태학적 과제 이론에서 확장된 접근방법으로 개념화하는 것이 옳을 것이다. 이 접근방법은 과제, 환경, 장비, 규칙 그리고 지도에서의 수정 기준을 제시하고 있다.

바. 장애인스포츠의 경제와 사회적 근거

스포츠를 경제발전의 도구로 본다면 장애를 지닌 건강한 개인은 국가의 경제적 발전과 사회적 성장에 공헌하기 위해 스포츠 활동을 통해 학습한 인생에 대한 교훈들과 함께 자신의 건강을 활용할 수 있을 것이다. 장애인 집단이 가장 큰 약자 집단으로 성장하였다. 전체 인구의 약 10~15%가 장애인으로 구성되고 있는 현실이다. 세계적으로 장애로 인해 일자리를 잃게 됨으로써 GDP의 손실은 1조 3,700억 달러에 이르는 것으로 보고되고 있다(Sainsbury, 2004). 스포츠는 장애인들에게 신체적·정신적 기술을 제공하여 직업을 유지할 수 있게 해주어 결과적으로 생산성을 증가시켜주고 사회적 복지비용을 줄여주는 효과가 있다.

사. 장애인스포츠의 확대와 인권의 도구로서의 분류체계

장애인의 스포츠 참여를 향상시킬 수 있는 하나의 도구는 분류체계의 원칙이다. 장애인스포츠에서 분류체계는 중도(severe)의 장애인을 포함하여 모든 개인의 참여를 유도하기 위해 활용되고 있다. 상대적으로 동등하지만 경쟁이 이루어질 수 있을 정도로 폭넓게 유지하면서 기능적 제한점의 범위를 설정하고 있다. 장애인스포츠에서 분류체계는 기능적 능력에 기초하여 출발선상에서 동등함을 유지할 수 있도록 해준다. 기능적인 능력에 기초하여 이득을 보거나 불이익을 보는 집단에 속하는 것보다는 훈련의 정도, 타고난 능력, 동기 그리고 기술 등에 기초하여 분류가 이루어져야 함을 기본 원칙으로 한다. 합리적인 분류체계 내에서 장애인과 비장애인이 함께 스포츠를 즐기는 역통합 스포츠도 인권을 보장해주는 하나의 예가 될 수 있을 것이다. 장애인스포츠는 인권과 동등함이라는 기본 명제 하에서 다양한 모습으로 발전해나갈 것이다.

5. 특수체육 및 장애인스포츠와 관련된 주요 논쟁

가. 장애인스포츠의 참여 대상과 관련된 논제

일반적으로 특수체육은 장기적인(30일 이상) 장애조건을 지닌 사람들을 위해 고안된 프로그램이다(Winnick, 2005). 우리나라의 경우 특수교육진흥법에서 정한 8개의 장애조건을 지닌 사람을 말하며, 미국의 경우 장애인교육법에 명시된 13가지 종류의 장애조건을 지닌 사람들을 말한다. 미국의 장애인교육법에 의하면 자폐증, 맹/농, 농, 청각장애, 정신지체, 복합장애, 지체장애, 건강장애, 정서장애, 학습장애, 언어장애, 외상적 뇌손상, 맹을 포함한 시각장애를 가진 사람이 장애인으로 고려된다.

장애인을 특수체육의 주요 서비스 대상으로 고려하는 반면, 몇몇 연구자들은 체력, 운동체력, 운동기술 및 패턴, 댄스 그리고 스포츠에 대한 검사에서 30% 이하의 수행을 나타내고 있는 자를 포함해야 한다고 주장하기도 한다. 물론, 절대적으로 인식되고 있는 장애에만 의존하여 장애조건을 설정하기보다는 그 나라의 경제적, 사회적 그리고 문화적 환경에 기초하여 장애가 분류되는 측면도 있다. 예를 들어 복지예산이 증가함에 따라 장애의 조건에 해당하는 사람의 수는 증가하게 될 수도 있다. 학문적인 연구에 기초한 분류와 함께 그러한 정책적 상황에 기초한 분류에 대한 이해를 가지고 있는 것이 필요할 수도 있을 것이다.

나. 장애인스포츠에서 통합과 관련된 논제

장애인스포츠에서 가장 두드러진 논제이면서 경향 중 하나는 통합 프로그램과 분리 프로그램에 대한 논쟁일 것이다. 많은 사람들은 정상인들과 함께 통합 프로그램에 참여할 수 있는 기회가 장애인들의 건강한 사회성 발달에 매우 중요하다는 데 의견을 같이하고 있다. 반면, 분리 프로그램은 장애인들이 통합 프로그램에 성공적으로 참여하기 위해 필요한 기본적인 기술을 발전시킬 수 있는 중요한 기회를 제공할 수 있다. 또한, 분리 프로그램은 장애인들을 위해 특별히 고안되어 행해지고 있는 스포츠경기에서 공평하고 균등한 기회를 제공할 수 있다(예: 휠체어농구). 이러한 통합과 분리라는 이분법적 논리는 장애인의 프로그램 선택을 다양화함으로써 해결될 수 있을 것이다. 이상적으로, 장애인은 '최소한으로 제한된 환경'에 배치되어야 한다. 다시 말해, 통합 프로그램이 궁극적인 목적이지만, 초기 프로그램 설정 시 장애인의 상황에 맞추어 분리 프로그램이 시행될 필요가 있을 수 있다. 이와 관련된 보다 구체적인 논제들을 살펴보면 다음과 같다. ① 통합이 일반선수의 자긍심, 수행목표, 동기 등에 어떠한 영향을 미칠 것인가? 통합이 동기를 향상시킬 것인가 혹은 그 반대의 효과를 나타내거나 마찰을 불러일으킬 것인가? ② 통합이 장애인선수들에 대한 차별을 지속시킬 것인가? ③ 장애인선수들의 통합에 대해 비장애인 스포츠에서는 어떠한 변화가 발생할 것인가? 이러한 변화의 영향으로 스포츠의 구조에는 어떠한 변화가 올 것인가? 이러한 변화는 올림픽 수준에서의 경기 구조에 어떠한 영향을 미칠 것인가? ④ 통합이 장애인선수와 일반선수들에게 어떠한 영향을 미칠 것인가? 일반선수들이 얻는 것은 무엇이며 잃는 것은 무엇인가? 또한 장애인선수들이 얻는 것은 무엇이고 잃는 것은 무엇인가? ⑤ 사회는 올림픽경기 같은 곳에서 비장애인 스포츠경기에 장애인선수를 통합시키는 것을 어떻게 인식하는가? 긍정적 수용은 어떻게 향상될 수 있겠는가? ⑥ 비장애인선수들의 연습시간에 장애인선수의 통합을 촉진시키기 위해 코치는 무엇을 할 수 있는가? 장애인선수를 가르치려면 코치들이 더 많은 훈련을 받아야 하는가? 그렇다면, 어떠한 훈련이 필요한가? ⑦ 통합이 스포츠 조직과 선수들에게 어떠한 재정적 영향을 미칠 것인가? ⑧ 골볼과 보치아 같은 장애인을 위한 스포츠에 통합이 어떠한 영향을 미칠 것인가? 이러한 스포츠는 사라질 것인가? 그 이유는 무엇인가?

다. 전문기 양성과 관련된 논제

미국의 경우, 체육학과 학부과정 프로그램은 특수체육과 관련된 분야에서 적어도 한 강좌 이상 수강하도록 하고 있다. 또한 몇몇 주에서는 교사자격증을 취득하기 위해서는 적어도 9학점을 이수할 것을 요구하고 있다. 하지만 이러한 과정들이 아직까지는 그 내용에 있어 대학마다 매우 차이가 있는 것이 사실이며 이러한 과목들은 선택과목인 경우가 많다. 따라서 대학을 졸업한 많은 사람들은 지체장애인 및 발달장애인과 함께 일할 수 있도록 준비되어 있지 않다. 이상을 고려하면서 생각해보아야 할 몇 가지 논제를 소개하고자 한다. ① 특수체육은 학문의 과정으로 어떻게 설명되는가?[체육학 안에서의 전공영역; 특수교육과 체육학으로부터의 지식과 기술의 복합 학문 영역; 체육, 특수교육, 레크리에이션, 작업치료, 물리치료, 상담 등과 같은 분야로부터의 지식과 기술을 포함하는 다학문적 영역(새롭게 발생하고 있는 학문영역), ② 학부학생들에게 특수체육을 어떻게 교육시켜야 하는가?(특수체육 전문가에 의한 분리된 과정; 내용을 일반 체육교과로의 확산 교육과정; 특수체육 교과를 교과목으로 포함한 교육과정; 이상의 것들을 어느 정도 복합시킨 교육과정), ③ 학부학생들이 특수체육을 전공할 수 있도록 하여야 하는가?(예; 아니오; 상황에 따라), ④ 이 영역의 교사교육을 담당할 수 있는 사람의 자격은?(국가 자격시험에 합격한 자; 특수체육에서 18학점 이상의 학점을 취득한 자; 학점이 부과되지 않는 재교육과정을 이수한 자; 기타) 그리고 ⑤ 어떠한 전공 학생들에게 특수체육과목이 요구되어야 하는가?(특수교육 전공자; 초등교육 전공자; 교장 및 교장 예정자; 기타).

이외에도 많은 논제와 경향을 언급할 필요성이 있을 것이다. 대학교육에 몸담고 있는 교수들에게 특히 중요한 고려사항은 지식에 대한 이론을 지칭하는 인식론(epistemology)이다. Sherrill(2004)에 의해 제시된 특수체육의 가장 중요한 인식론적 논제는 다음과 같다. ① 특수체육의 지식체계는 무엇인가? 특수체육의 지식체계는 일반체육의 지식체육과 어떻게 다른가? ② 특수체육은 새롭게 태어나고 있는 학문분야(discipline), 하위영역(subdiscipline) 혹은 전공영역(specialization)인가?

라. 스포츠에 의한 행정 혹은 장애조건에 의한 행정에 관한 논제

보건복지부에서 문화체육관광부로의 장애인스포츠 담당 부처의 이관과 관련해 많은 논쟁(예: 최승권·노형규·임찬규, 2005)이 있었다. 이 문제와 관련한 논제들을 정리해보면 다음과 같다. ① 장애인스포츠 프로그램과 대회를 개발하고 수행하고 평가하여야 하는 책임은 누가 져야 하는가?(스포츠에 대한 전문가, 장애에 대한 전문가, 프로그램에 참여하는 선수 혹은 참가자, 위에 언급한 모든 사람) ② 장애인스포츠 프로그램의 운영을 위한 전문인들을 훈련시키기 위해 코지, 임원, 스포츠행정가들은 스포츠에 대한 전문적인 훈련을 받아야 하는가? 혹은 다양한 장애조건에 대해 보다 일반적인 훈련을 받아야 하는가? ③ 장애인스포츠에 대한 행정적 책임을 질 사람들은 성인 장애인선수를 장애인스포츠 프로그램에 포함시키려고 노력을 해야 하는가? 혹은 어린 선수들을 평생 동안 그러한 프로그램에 참여할 수 있도록 고무시켜야 하는가? ④ 가장 강력한 힘을 발휘하는 행정체제는 어떤 장애인스포츠 프로그램인가? 그 이유는 무엇인가?(행정체제의 우수성 때문인가, 그 장애조건을 가진 사람들의 숫자가 많기 때문인가, 장애인과 일반인들로부터의 재정적 지원이 크기 때문인가, 아니면 또 다른 이유가 있는가?) ⑤ 장애인스포츠에 참여하는 선수들을 위한 장애인스포츠 조직들이 장애별(예: 특정 장애선수들을 위한 스포츠 프로그램에 대한 하나의 조직)로 조직되어야 하는가? 혹은 스포츠(예: 특정 스포츠에서 장애선수들에 대해 책임을 지는 스포츠에 대해 하나의 전국적인 행적조직)에 의해 조직되어야 하는가?

장애인스포츠에 대한 관리체계의 국가 간 차이는 장애인스포츠의 역사와도 관련이 있다. 일부 국가에서는 장애인스포츠 선수들에 대한 관리를 국가적 스포츠 조직체계 하에서 다루고 있다. 미국 같은 일부 국가에서는 장애인선수들에 대한 서비스 제공이 장애유형별 스포츠 조직체에 의해 운영되어오다가 최근에야 국가적 행정조직체로부터 장애인스포츠 서비스가 이루어질 수 있도록 노력하고 있다. 즉, 거의 모든 장애인스포츠의 선진국들은 국가 주도의 장애인스포츠 정책에 의존하거나 의존하고자 하는 것으로 판단된다. 정부의 장애인스포츠 행정조직에 대해 장애인스포츠를 국가적 차원에서 담당하는 중앙정부의 조직 내에 체육을 담당하는 전담 관련부서를 설치하는 것은 매우 중요한 일이라고 생각한다.

선진국들은 장애인스포츠의 전문 조직에 의한 장애인스포츠 행정과 지방정부별 체계적인 형태를 갖춘 전국적인 조직의 중요성을 강조하고 있다. 이는 우리나라에도 도입될 수 있는 모델로 생각한다. 하지만 이러한 모델의 실천적 구현을 위해서는 조직의 형태와 재정적 지원, 그리고 장애인스포츠 프로그램의 운영주체에 대한 문제들이 동시에 고려되어야 할 것으로 판단된다.

마. 대중매체와 스포츠마케팅과 관련된 논제

장애인스포츠는 대중의 인식을 불러일으키고 스폰서들을 유인하기 위해 대중에 노출될 필요가 있다. 하지만 장애인스포츠와 스폰서십의 조화로운 파트너십의 전제조건은 대중매체가 장애인스포츠 정보를 제공하고 편견 없는 방법으로 제시하는 것이다. 대중매체와 장애인 연구에서 중요한 연구 주제 중 하나는 대중매체가 장애에 대한 편견과 잘못된 인식을 강화할 수 있다는 사실이다(http://www.bl.uk/sportandsociety/exploresocsci/sportsoc/media/media.html). 대중매체와 스포츠마케팅과 관련된 논제들을 정리하면 다음과 같다. ① 장애인선수에 대한 이야기를 인간승리의 이야기로 형상화하는 것이 잘못된 것인가? ② 대중매체에 잘 나타나는 스포츠스타의 존재가 가지는 이점과 단점은 무엇인가? ③ 만약 여러분이 스포츠기자라면 장애인선수에 대한 기사를 어떻게 취급하겠는가? ④ 장애인 스포츠경기를 전국적인 텔레비전에 중계하는 것의 파급효과는 무엇인가? ⑤ 만약 여러분 자신이 장애인선수라면 대중매체가 여러분을 어떻게 묘사해주기를 원하는가? ⑥ 스폰서십과 대중매체를 통한 방송은 어떠한 관련성이 있는가? ⑦ 만약 여러분이 단체 스포츠의 코치라면 한 명의 장애인선수가 방송을 위해 자리를 비우는 것을 원하겠는가?

바. 장애인스포츠에서 약물규제와 관련된 논제

스포츠의 고결함을 조장하고 장애인선수들의 건강을 보호하기 위해 약물규제는 반드시 필요한 사안이다. 장애인스포츠에서도 약물규제를 철저히 하고 있다. 국제패럴림픽위원회(International Paralympics Committee: IPC)는 세계 반도핑 규정(World Anti-Doping Agency code:

WADA code)에 준하는 반도핑 규정을 제정하였다. 장애인선수들은 자신들이 복용하는 의약품은 즉각적으로 보고하여야 한다. 하지만 일반선수들과 같은 규정을 적용하는 것에 대한 반대 의견도 제시되고 있다. 장애인스포츠에서 약물규제와 관련된 논제들은 다음과 같다. ① 장애인스포츠에서의 약물규제가 일반인의 스포츠에서와 같아야 하는가? ② 약물검사를 받아야 할 사람은 누구이며, 얼마나 자주 받아야 하는가? 모든 선수들이 검사를 받아야 하는가? 3위 안에 입상한 선수들만 받아야 하는가? 혹은 무선 표집을 해야 하는가? ③ 약물검사를 언제(경기 전 혹은 경기 후) 해야 하는가? 훈련 중에도 해야 하는가? ④ 규제약물의 종류가 비장애인선수들과 같아야 하는가? ⑤ 양성반응에 대한 처벌이 비장애인선수들과 같아야 하는가?

6. 특수체육의 역사적 배경

가. 장애인에 대한 사회적 태도의 역사

인류의 역사에서 장애인에 대한 사회적 태도는 다양했지만, 일반적으로는 매우 부정적이었다. 심지어 장애인은 사회에서 재정적 낭비를 초래하고, 공포의 대상이라는 주장도 있었다(Jansma & French, 1994). 장애인에 대한 사회적 태도를 논의할 때, 보통 다섯 단계로 구분한다(Jansma & French, 1994).

첫 번째 단계(유사 이전 ~ B.C. 500년)는 악마로 인해 장애인이 되었다고 생각해서 신체적 장애를 가지고 태어난 아기를 죽인 역사를 볼 수 있다. 두 번째 단계(B.C. 500년 ~ A.D. 500년)는 고대 스파르타인들은 장애아동을 강에 버렸으며, 로마의 통치자들은 장애인을 군사훈련의 목표물로 이용하기까지 했으며, 부유한 로마인들은 지적 장애인을 오락의 대상으로 이용했다. 세 번째 단계(A.D. 500년 ~ A.D. 1500년)는 장애인을 대할 때 잔학과 혼동이 남아 있었지만, 신학적 합리화를 통해 기도와 종교적 의식이 장애인을 위한 치료의 수단으로 이용되었던 시기이다. 네 번째 단계(A.D. 1500년 ~ A.D. 1900년)는 장애인을 보다 인도적인 차원에서 처우하기 시작한 시점이다. 이때부터 장애인을 보호의 대상으로 생각하여 1917년에는 미국에서 처음으로 지적장애인을 위한 기숙학교가 설립되었으며, 1837년에는 영국에서 지적장애인을 위한 학교가 설립되었다. 1899년에는 장애학생이 미국 공립학교에 처음으로 입학하였으며, 1912년 몬테소리는 지적장애인을 위한 학교를 운영하기 시작했다. 다섯 번째 단계(1900년 ~ 현재)는 각 국가의 경제적 여건이 좋아지고 장애인에 대한 사회적 편견이 긍정적으로 바뀌면서 사회에서 서비스를 제공하는 장애인의 수가 증가하였으며, 서비스의 종류도 다양해졌다. 1975년에 미국에서 전장애아교육법이 제정되었고, 1978년에 우리나라에서도 특수교육진흥법이 제정되면서 1980년대부터는 장애인을 위한 서비스가 대폭 늘어났다. 이때부터 특수교육에서의 주요 개혁이 이루어졌으며 장애인의 주류화 운동이나 전환교육 등이 강조되기 시작했다.

나. 특수체육의 역사

특수체육의 역사는 의학적·교육적 발달과 장애인에 대한 사회적 태도의 변화에 기초하여 세 단계로 구분할 수 있다(Jansma & French, 1994). 첫 단계(유사 이전 ~ B.C. 500년)는 사지의 통증을 감소시키기 위해 스트레칭을 이용하였으며(B.C. 7000), 의학적인 체조 프로그램이 개발되어 활용되었다(B.C. 3000). 또한 질병을 치료하기 위해 종교와 마술을 이용하기도 하였다(B.C. 2000). 두 번째 단계(B.C. 500년 ~ A.D. 1500년)는 질병을 치료하기 위해 다이어트와 운동을 처방했으며(B.C. 480), 히포크라테스는 건강과 신체의 발달을 위해 운동을 추천하였다. 아스클레피오스(로마신화에서 의술의 신)는 의학적 문제를 치료하기 위해 걷기와 달리기를 처방하였다(B.C. 100). 또한 갈레노스(Galen, 130~200; 그리스의 의사)는 치료 운동에 대한 책을 쓰기도 했다(A.D. 150). A.D. 500년에 이르러서는 종교와 의학의 통합이 다시 이루어졌다. 세 번째 단계(1500년 ~ 1981년)는 운동의 치료학적 가치에 대한 관심이 다시 생겨나고 Andre는 운동이 질병을 치료할 수 있다고 주장하였다(1600년). Tissot는 『질병을 치료하는 운동』이라는 책을 출판하였다(1700년). Ling은 재활을 위한 의학적 운동을 발전시켰으며(1800년), 1987년에는 하버드대학에 미국 최초로 교정체육학과가 생겼다. 1900년대 초에는 교정체육 프로그램이 증가하였으며, 1, 2차 세계대전과 1926년에 유행한 소아마비(polio)의 유행으로 수많은 부상자와 장애인을 재활시키기 위한 재활체육이 발달했다. 1952년 미국체육학회(AAHPER)는 적응체육에 대한 정의를 내렸으며, 이때 세계대전을 치르면서 발달체육에 관한 연구가 활발하게 이루어져 Kraus-Weber Test(1954) 등이 개발되면서 적응발달체육이라고 하는 학문 분야가 개념화되기 시작하였다. 1968년에는 지적장애인을 위한 Special Olympics이 태동하였으며 초등 및 중등교육법(1965, Elementary and Secondary Education Act) 등과 같은 교육과 관련된 법률들이 제정되면서 학교교육에서 장애학생에 대한 서비스가 향상되는 계기가 되었다.

현재의 특수체육은 장애인에 대한 사회적 태도가 양호해지면서 특수체육 프로그램의 질과 양이 좋아지고 있다. 학술지와 교과서 같은 문헌(literature), 부모집단, 전문가집단, 정부기관, 장애인 같은 세력집단(leverage), 다양한 소송(litigation) 그리고 입법(legislation) 활동이 이러한 변화의 촉매 역할을 하였다.

다. 특수체육과 적응체육에 관한 논쟁

1952년 미국체육학회는 적응체육(adapted physical education)에 대한 개념을 정의하였다. 여기서 우리가 이해할 부분은 특수교육학의 교육과정 모형이 아니라 모 학문인 체육학의 교육과정 모형에 따라 적응체육이 개념화되어 발전되었다는 사실이다. 특수교육의 교육과정에 기반을 둔 특수체육(special physical education)의 개념은 1960년대와 1970년대에 미국에서 진행된 미국 정부 차원의 특수교육에 대한 예산 지원을 받기 위해 개념화되었다. 장애인에 대한 법적 자격부여를 중요시하는 특수체육과 비교하여 적응체육에서는 인간을 장애인과 비장애인으로 구분하지 않고 개인차를 존중하며, 심리·운동적 영역의 강점과 약점을 분석하여 체육 서비스를 제공하고자 한다. 따라서 장애인스포츠지도사 양성을 위한 교육과정은 특수교육학의 하위 학문분야인 특수체육교육과 차별성이 확립되어야 할 필요가 있다. 적응체육은 법이 정하는 장애인이 아니라 규준-지향적 평가에 의한 운동검사에서 하위 20~30%에 해당하는 사람들을 위한 스포츠지도 서비스로 고려되어야 한다.

따라서 장애인스포츠지도사는 특수체육에서 활용하고 있는 범주적 접근이 아니라 비범주적 접근이 바람직한 접근방법이다. 그 이유는 장애인스포츠지도사에게 필요한 학문적 지식체계와 자질 조건이 체육학의 학문지식체계와 자질 조건에 근간을 두고 있기 때문이다.

이 분야의 대표 학회인 국제적응체육활동학회(International Federation of Adapted Physical Activity)는 위에서 설명한 특수체육과 적응체육에 관한 논쟁을 넘어서 평생체육이라는 개념이 강조된 '적응신체활동학(Adapted Physical Activity)'이란 용어를 공식 용어로 채택하고 있다. 생활체육을 강조한 장애인스포츠지도사들을 위한 바람직한 용어라고 생각한다.

7. 특수체육과 법

가. 미국의 주요 법률

1973년 제정되어 1977년 시행된 미국의 공법(Publci Law) 93-112인 재활수정안(The Rehabilitation Amendments)은 비차별 조항인 504항을 담고 있다. 이 법은 장애인을 위한 주요 인권운동 법이다. 이 법은 1990년 제정된 미국장애인법(The American with Disability Act)으로 개정되었다. 이 법은 연방정부에서 재정적 지원을 받고 있는 모든 프로그램은 장애인을 차별해서는 안 된다는 것이 주요 내용이다. 교육과 관련하여 1975년 제정된 공법 94-142인 전장애아교육법(The Education for All Handicapped Children Act)은 전 세계의 장애인 교육 관련 법령의 기준이 되었으며, 우리나라의 특수교육진흥법의 근거가 되었다. 주요 내용은 다음과 같다. (a) 무상의 적절한 교육을 받을 권리, (b) 체육은 장애아동들에게 이용 가능해야 한다, (c) 운동에서의 동등한 기회의 보장, (d) 장애아동의 독특한 요구를 충족시켜주기 위해 고안된 개별화교육 프로그램, (e) 최소로 제한된 환경에서의 프로그램 수행, (f) 배치를 위한 비차별적 검사와 객관적 기준의 설정, (g) 정당한 법 절차에 대한 권리 보장, (h) 특수교육에서 도움을 주는 관련 서비스에 대한 정의. 미국 연방정부에서 제정한 이러한 다양한 법들이 우리에게 다양한 의미를 제공한다. 장애인스포츠지도사들은 입법에 관해 잘 인식하고 있어야 하며 장애인을 위한 교육에서 체육의 역할이 매우 중요하다는 인식을 갖게 한다.

나. 우리나라의 주요 법률

특수체육과 관련된 우리나라의 법률은 크게 교육부, 보건복지부 그리고 문화체육관광부 주관의 법률들로 나누어볼 수 있다. 교육법과 특수교육진흥법이 대표적인 교육부 소관 법률이다. 1949년 제정된 교육법은 특수학교 및 특수학급의 설치 등에 관한 내용을 담고 있으며 1977년 제정된 특수교육진흥법은 치료교육, 통합교육 등과 같은 용어를 정의하고 의무교육과 차별금지, 개별화교육 등의 내용을 담고 있다.

장애인스포츠지도사는 보건복지부와 문화체육관광부 소관의 법령에 대해 인식할 필요가 있다. 보건복지부 소관 법률은 「장애인복지법」, 「장애아동복지지원법」 그리고 「발달장애인 권리보장 및 지원에 관한 법률」(이하 발달장애인법)을 포함한다. 이 법령들은 장애인 체육활동 활성화를 위해 시설, 환경 정비 및 관련 단체 지원과 서비스 지원, 정책개발 등을 하도록 규정하고 있다. 특히 2007년도에 제정된 「장애인차별금지법」에서 장애인 체육활동의 차별금지 조항을 마련하고 이 법 시행령에서 장애인 체육활동에 필요한 편의 제공의 종류와 설치의무 적용까지 세부적으로 규정한 점에 대해서는 주목할 만하다(손석정, 2014).

2005년에 장애인스포츠 업무가 보건복지부에서 문화체육관광부로 이관되면서 문화체육관광부 소관 법률들이 만들어졌다. 장애인 국제경기대회를 지원하기 위한 3건의 특별법을 제외한 문화체육관광부 소관 법률을 보면 「국민체육진흥법」, 「체육시설의 설치이용에 관한 법률」, 「국제경기대회지원법」, 「학교체육진흥법」이라는 4건의 법률에서 장애인스포츠를 명문화하고 있다. 국가 지원 대회를 규정한 「국제경기대회 지원법」을 제외하면 실질적으로 장애인스포츠 진흥을 유도할 수 있는 법률은 「국민체육진흥법」, 「체육시설의 설치이용에 관한 법률」과 「학교체육진흥법」임을 알 수 있다. 「국민체육진흥법」은 장애인이 편리하게 체육시설을 이용할 수 있게 하고, 장애인스포츠 활동의 활성화를 위하여 장애인 체육시설의 설치·운영에 대한 국가 및 지방자치단체의 의무를 정하는 한편, 장애인스포츠의 특수성을 고려하여 장애인스포츠의 지원 및 육성을 담당할 대한장애인체육회를 신설한다는 취지하에 2005년 7월 29일 법률 제7630호로 일부 개정되었다. 이 법에서는 장애인스포츠지도사(2015.1.1. 시행), 장애인 체육시설의 설치와 지원, 대한장애인체육회에 필요한 경비나 연구비 보조 그리고 장애인체육회의 역할과 구성, 선수 보호, 기금 사용 그리고 이 법 시행령에서 전문체육시설 사용료 및 체육유공자에 대한 규정 등 타 법에 비해 비교적 다수의 규정이 제정되어 있다(손석정, 2014).

현재 우리나라의 「정부조직법」을 보면 장애인 사무는 보건복지부(제38조), 체육 사무는 문화체육관광부(제35조), 학교교육 사무는 교육부(제29조)에서 각각 관장토록 명시되어 있다. 이에 따라 문화체육관광부는 장애인 전문체육과 생활체육, 교육부는 장애인 학교체육, 보건복지부는 재활체육을 담당하는 모양새를 갖추고 있다. 장애인체육 업무가 3개 부처에 직접 관련되어 있어 상대적으로 폭넓은 장애인스포츠 활성화 정책이 추진될 수 있다는 장점도 있으나 다양한 단점도 제기되고 있다(손석정, 2014).

표 1-6. 장애인스포츠 관련 법률 및 조항과 주요 내용 (손석정, 2014)

소관부처	법률명	관련 조항	비고
보건복지부	장애인복지법 (법률 제3452호, 1981)	제28조(문화환경 정비 등)	장애인의 체육활동을 늘리기 위해 관련 시설 및 설비, 그 밖의 환경을 정비하고 체육활동 등을 지원하도록 노력하여야 한다.
		제29조(복지연구 등의 진흥) 1항	장애인체육활동 등 장애인정책개발 등을 위하여 필요한 정책을 강구토록 규정하고 있다.
		제58조(장애인 지역사회 재활시설)	장애인 지역사회 체육시설을 규정
		시행규칙 제41조 (장애인복지시설의 종류와 사업) 별표 4	장애인의 체력증진 또는 신체 기능 회복 활동을 지원하고 이에 관련된 편의를 제공하는 시설인 장애인체육시설을 정의하고 있다.
		시행규칙 제42조 (시설의 설치·운영 기준) 별표 5	시설의 설치 운영기준에서 장애인체육시설은 연면적 900제곱미터 이상의 체력실, 경기장, 의무실 또는 의료재활실 등을 갖추고 관리 및 운영요원을 3명 이상 배치하도록 규정
	장애아동복지 지원법 (2011)	제26조(문화·예술 등 복지지원)	문화·예술·스포츠·교육·주거 등의 영역에서 장애아동에게 필요한 서비스가 지원되도록 최대한 노력토록 규정
	장애인·노인·임산부 등의 편의증진보장에 관한 법률	제7조(편의시설 설치 대상시설) 시행령 제3조 별표 1	편의시설 설치 대상 시설로서 공공건물 및 공공이용시설 중 운동시설로는 체육관, 운동장과 운동장에 부수되는 건축물로 규정
	장애인차별 금지 및 권리구제 등에 관한 법률 (2008)	제25조(체육활동의 차별금지) 시행령 제16조 (체육활동의 차별금지)	• 모든 생활영역에서 장애를 이유로 한 차별금지 • 체육활동을 주최·주관하는 기관이나 단체, 체육활동을 목적으로 하는 체육시설의 소유·관리자는 체육활동의 참여를 원하는 장애인을 장애를 이유로 제한·배제·분리·거부하여서는 아니 된다고 규정 • 국가 및 지방자치단체는 자신이 운영 또는 지원하는 체육프로그램이 장애인의 성별, 장애의 유형 및 정도, 특성 등을 고려하여 운영될 수 있도록 하고 장애인의 참여를 위하여 필요한 정당한 편의 제공과 장애인이 체육활동에 참여할 수 있도록 필요한 시책을 강구토록 규정하고 있다.

부처	법률	조항	내용
보건복지부	발달장애인 권리보장 및 지원에 관한 법률 (2014, 2015 시행)	제27조(문화 · 예술 · 여가 · 체육 활동 등 지원)	국가와 지방자치단체는 발달장애인의 문화 · 예술 · 여가 · 체육활동을 장려하기 위하여 발달장애인의 특성과 흥미에 적합한 방식으로 설계된 시설, 놀이기구, 프로그램 및 그 밖의 장비 등을 지원할 수 있고, 발달장애인의 생활체육을 활성화시키기 위하여 생활체육 행사 및 생활체육 관련 단체를 지원할 수 있도록 규정하고 있다. 이외에도 문화 · 예술 · 여가 · 체육활동 등 지원을 위하여 필요한 사항은 대통령령으로 정하도록 규정하고 있다.
문화체육 관광부	국민체육진흥법	제2조(정의)	국가대표선수, 경기단체 정의에서 대한장애인체육회를 명문화하고 있고 체육지도자의 한 분야로 장애인스포츠지도사를 규정하고 있다.
		제13조(체육시설의 설치 등)	국가와 지방자치단체는 장애인체육 활동에 필요한 시설의 설치와 운영에 필요한 시책을 마련토록 하고 있고 이 법 시행령 제4조의 2(전문체육시설 및 생활체육시설의 사용료 감면)에서 대한장애인체육회 규정에 따른 행사 이용 시 감면토록 규정하였다.
		제14조(선수 등의 보호 · 육성)	• 제14조(선수 등의 보호 · 육성) 4항에서 장애인올림픽대회에서 입상한 선수 또는 그 선수를 지도한 자와 체육 진흥에 뚜렷한 공이 있는 원로 체육인에게 장려금이나 생활 보조금을 지급토록 규정하고 있다. • 시행령 제15조의 2(대한민국체육유공자 지정 대상)
		제18조(지방자치단체와 학교 등에 대한 보조)	제18조(지방자치단체와 학교 등에 대한 보조) 2항에서 국가와 지방자치단체는 대한장애인체육회에 필요한 경비나 연구비의 일부를 보조할 수 있도록 명시하고 있다.
		제22조(기금의 사용)	제22조(기금의 사용) 1항 8호 서울장애인올림픽대회를 기념하기 위한 사업
		제34조 (대한장애인체육회) 시행령 제4조의2 (전문체육시설 및 생활체육시설의 사용료 감면) 시행령 제15조의 2 (대한민국체육유공자 지정 대상)	제22조(기금의 사용) 1항 10호 대한장애인체육회 운영 지원 등을 규정하고 있다.
	체육시설의 설치이용에 관한 법률	제6조(생활체육시설)	제6조(생활체육시설) 2항에서 생활체육시설을 운영하는 국가와 지방자치단체는 장애인이 생활체육시설을 쉽게 이용할 수 있도록 시설이나 기구를 마련하는 등의 필요한 시책을 강구토록 규정하고 있다.
	국제경기대회지원법	제2조(정의)	

문화체육관광부	학교체육진흥법 (2013)	제6조(학교체육 진흥의 조치 등) 제14조(유아 및 장애학생 체육활동 지원)	• 교육부 공동소관 • 제6조(학교체육 진흥의 조치 등) 1항에서 학생의 체력증진과 체육활동 활성화를 위한 조치사항으로서 6호에서 장애학생의 체육활동 활성화를 규정하였고 • 제14조(유아 및 장애학생 체육활동 지원)에서 「장애인 등에 대한 특수교육법」 제17조에 따라 일반학교 또는 특수학교에 배치된 특수교육 대상자에 대하여 적절한 체육활동 프로그램을 운영토록 규정하고 있다.

8. 통합스포츠와 관련 서비스

가. 통합지도(inclusion)

1) 통합지도의 의미

통합은 장애인과 비장애인을 같은 환경에서 교육시키거나 체육 서비스를 제공하는 것을 의미한다. 통합은 법적 의무사항이라기보다 하나의 강력한 교육 및 사회적 운동이다. 교육현장에서 통합은 분리교육이 평등교육이 아니라는 철학과 믿음에 기초한다. 완전통합(full inclusion)은 최소로 제한된 환경(Least Restrictive Environment: LRE)이라는 접근법과는 차이가 있다. LRE 원칙에 따르면 수용 가능한 배치는 정규 교육 환경으로의 배치가 아닐 수 있다. 최소로 제한된 환경에서의 교육이란 장애인이 장애가 없는 사람과 함께 교육을 받고, 특수학급, 독립된 학교, 일반 체육 환경으로부터 장애아동을 분리하는 일은 아동의 장애의 본질 혹은 심각성의 정도가 보조적인 도움이나 서비스의 활용으로 일반 학급에서의 교육이 만족스러울 정도로 이루어질 수 없을 때만 가능하다(OSE/RS, 2002). LRE와 통합은 정규 교육 환경에서 성공적 교육 수행을 위한 지원 서비스의 중요성을 강조한다. 지원 서비스의 제공 없이 통합된 환경에 배치시키지 말아야 한다. 생활체육이라는 관점에서 통합스포츠 지도는 다음과 같이 개념화될 수 있다.

표 1-7. 생활체육의 관점에서 통합적 스포츠 지도의 개념적 틀

프로그램의 유형	주 서비스 전달자	지도 환경	장애인스포츠지도사의 주 역할
장애인을 위한 스포츠 지도	장애인스포츠지도사	분리지도	직접 지도
장애인과 일반인을 위한 통합적 스포츠 지도	• 전문스포츠지도사 • 생활스포츠지도사 • 유소년스포츠지도사 • 노인스포츠지도사 • 건강운동관리사	통합지도	자문 (consulting)

2) 통합지도의 장점과 단점

장애인을 통합적 환경에서 지도하는 것은 참가자에게 보다 많은 자극을 부여하고 동기를 부여하는 환경을 제공할 수 있다. 또한 장애인의 사회적 기술과 놀이기술의 발달을 향상시키고 비장애인과의 우정을 도모할 수 있다는 이점이 있다. 또한 운동기술과 관련하여 장애인에게 훌륭한 역할 모델을 제공한다. 반면 통합지도의 단점을 몇 가지 지적해볼 필요성이 있다. 통합지도는 장애를 가진 스포츠 참여자들에게 개인적 도움을 적게 제공할 수밖에 없는 환경이다. 장애인스포츠지도사로부터의 보다 적은 개인적 관심, 과제 수행과 관련된 시간의 축소, 지도자의 준비 부족, 지도자에 의한 관심과 동기의 부족, 비장애 참여자들의 학습 진도의 저하 그리고 비용의 부담 등이 문제가 될 수 있다.

3) 성공적인 통합지도를 위한 제언

통합지도를 성공적으로 수행하기 위해, 장애인스포츠지도사는 장애인의 독특한 요구를 명확히 확인한 후에 적절하고 개별화된 지도 환경을 조성하고 지도에 임해야 할 것이다. 물론 이때 스포츠 규칙의 적응, 스포츠 수행 환경의 적응, 스포츠 지도방법의 적응 등을 포함하는 적응의 원리를 적용해야 한다. 비장애인의 장애인 통합에 관련된 태도를 포함하여 다양한 분야에서 비장애인이 준비하도록 하고 지원인력을 적절히 활용할 수 있는 환경을 조성해야 한다. 적응의 원리가 훌륭하게 적용되기 위한 기준은 다음과 같다. (a) 장애인과 비장애인의 상호작용을 촉진시키는 적응, (b) 모든 참여자의 요구를 충족시킬 수 있는 적응, (c) 자존감을 향상시키거나 유지시키는 적응, (d) 충분한 신체활동을 제공할 수 있는 적응, (f) 안전한 적응.

스포츠 활동 프로그램에 장애인과 비장애인을 통합시키기 위한 기법은 다양하다. 예를 들어, 스포츠 활동에서 의무의 공유, 대체, 교환을 가능하게 하고 신체접촉이 이루어지는 스포츠 활동을 선택하는 것도 방법이 될 수 있다. 비장애인이 장애를 경험해볼 수 있는 활동을 선택하고, 못하는 사람을 제거하는 방식의 경기는 하지 않는 것이 바람직하다. 만약 상애인이 움직일 수 있는 능력이 제한된 경우 경기 영역을 줄이는 것도 좋은 방법이 될 수 있다. 장애 영역보다는 능력 영역을 극대화할 수 있는 활동과 장애를 부여하는 활동을 프로그램에 포함시킬 수도 있다.

나. 특수교육(Special Education)

특수교육이란 용어는 장애를 가진 학생의 독특한 요구들을 충족시켜주기 위해 부모나 법적 대리인의 비용 지불 없이 특별히 고안된 교수체계를 의미한다. 교실에서, 가정에서, 병원과 기관에서, 그리고 다른 환경에서 수행되는 지도와 체육에서의 지도를 포함한다(OSE/RS, 2002). 특수교육에서는 필요하다면 특별히 고안된 체육을 포함한다. 1975년 제정된 미국의 공법 94-142인 전장애아교육법에서는 특수교육에서 체육은 반드시 포함되어야 한다고 규정하고 있다. 하지만 미국의 이 법을 기본으로 하여 만들어진 우리나라의 특수교육진흥법은 체육을 포함해야 한다는 부분을 포함하고 있지 않아서 이에 대한 개선이 필요하다.

장애인스포츠지도사는 생활체육의 관점에서 특수체육에 접근해야 한다. 기본적인 철학이나 방법론적 접근은 특수교육의 많은 부분과 유사하게 개념화될 수 있으나, 특수체육은 인간의 심리·운동적 영역에서의 문제 발견과 해결을 목적으로 하는 지식체계이며 관련 서비스 전달체계라는 적응체육의 관점에서 출발해야 한다. 따라서 학문으로서의 특수체육은 특수교육의 하위 학문분야가 아니라 체육학의 하위 학문분야임을 기억해야 한다.

다. 관련 서비스(Related Services)

관련 서비스란 용어는 특수교육으로부터 혜택을 얻을 수 있도록 장애인을 돕기 위해 요구되는 발달적, 교정적 혹은 기타 지원적 성격의 서비스와 교통 서비스를 의미한다(OSE/RS, 2002).

관련 서비스는 발성-언어 병리학, 청력 관련 서비스, 심리 서비스, 물리치료와 작업치료, 레크리에이션(치료 레크리에이션 포함), 아동의 장애에 대한 평가, 상담 서비스(재활 상담 포함), 오리엔테이션과 이동 서비스, 진단과 평가를 목적으로 한 의학적 서비스를 포함한다. 관련 서비스는 학교 보건 서비스, 학교에서의 사회복지 서비스, 부모 상담 및 부모 트레이닝도 포함한다.

교육 현장에서 체육은 직접 서비스이며 기타 서비스는 관련 서비스임을 이해할 필요성이 있다. 물론 생활체육 현장에서도 체육은 직접적인 서비스가 될 것이며, 필요할 경우 관련 서비스가 제공될 수 있는 제도적 장치의 마련이 필요하다. 예를 들어 지역사회의 보건소, 장애인체육회 등의 기관이 이러한 관련 서비스의 제공을 중재할 수 있는 지방 단체의 조례 제정 등이 그 예가 될 것이다.

2장 특수체육의 사정과 측정도구

 학습목표

- 사정이란 무엇이며 검사와는 어떻게 다른지 알아야 한다.
- 장애인스포츠에서의 사정이 중요한 이유가 무엇인지 알아야 한다.
- 규준지향평가와 준거지향평가의 차이점을 설명할 수 있어야 한다.
- 장애인이 스포츠활동을 하는 동안 지속적으로 하는 사정의 역할과 기능을 알아야 한다.
- 스포츠활동에서 장애인이 성공하도록 하는 방법과 사정을 통해 실패를 통제하는 방법을 알아야 한다.
- 검사방법의 적절한 선택을 위해 어떤 요인을 고려해야 하는지 알아본다.
- 장애인들의 운동수행을 측정하기 위한 표준화검사가 있는지 알아본다.
- 규준지향검사와 준거지향검사의 장·단점과 차이점에 대해 알아본다.

1. 사정(assessment)의 의미와 가치

사정의 사전적 의미는 '측정을 통하여 대상의 수준을 파악하는 것'으로 장애인에게 신체활동을 가르치는 분야에서는 선별이나 진단, 평가 등의 단계에서 시행되는 모든 자료 수집과정과 이를 통해 의사결정을 하는 활동으로 해석할 수 있다. 때때로 사정과 진단, 평가의 개념을 서로 혼용하기도 하지만 각각의 단어가 가지고 있는 세부적인 의미에는 차이가 있다. 특히 사정의 경우는 아동의 수준을 파악하는 선별, 진단, 평가를 모두 포함하는 넓은 개념으로 계획적이고 체계적인 지도를 위한 기본적인 전제조건이다.

가. 용어의 정의

이 장의 초점(주안점)은 사정이 모든 스포츠활동에 큰 영향을 미치는 의사결정 과정의 중요한 부분임을 소개하는 것이다. 이 장에서 사용하는 사정이라는 용어는 장애인스포츠지도사들이 정보에 근거한 결정을 내리는 과정을 묘사하는 포괄적 용어이다. 종종 사정이라는 용어에 대한 오해가 있는데 이는 이 용어를 다른 방식으로 사용하고 검사, 측정, 평가 등과 같은 용어들과 호환적으로 사용하기 때문이다. 이 장에서는 혼동을 피하기 위하여 용어들을 다음과 같이 정의할 것이다. 사정과 검사는 수행결과의 자료를 수집하는 방법을 관리하는 과정을 의미한다. 이 용어들을 '호환적으로 사용할 수 있다 해도 우선적으로 사용할 용어는 사정이다. 검사는 일반적으로 성적을 부여하는 총괄평가 형식을 떠올리기 때문에 종종 부정적인 의미를 갖는다.

도구, 검사, 사정, 항목, 측정장비 같은 모든 용어는 사정 대상이 되는 행동에 대한 정보를 수집하기 위해 사용하는 절차나 부분절차로 설명된다. 이러한 절차들은 대체로 사정 대상, 평가를 수행하는 조건, 필요한 장비, 관리지침, 전수기록을 규정한다. 도구는 그 복잡성의 범위가 간단한 것(예: 잡는 동작 같은 운동기술을 사정하는 한 가지 항목)에서 복잡한 것(예: 체력의 주요 요소들 각각을 평가하는 몇 가지 항목들)에 이른다. 사정도구는 보통 규준지향도구와 준거시향도구로 분류한다. 규준지향도구는 일반적으로 수행결과 자료를 수집하기 위하여 만들어진 표준화된 검사이다. 수행결과는 표준화된 자료로 구성된 관련 기준단위와 비교대상이 된다. 규준지향 사정의 예로는 소프트볼 멀리 던지기를 들 수 있다. 측정자는 정해진 조건 하에서 소프트볼을 던지게 하여 그 거리를 기록한 후, 기록된 거리를 표준화된 기준과 비교하여 소프트볼 던지기 능력의 수준을 판단한다. 준거관련도구는 일반적으로 덜 표준화된 기준이며, 이미 정해진 기준에 대한 수행결과 평가를 포함한다. 준거관련도구에 관한 예로는 줄넘기를 들 수 있으며, 측정자는 다음과 같은 활동을 정확하게 하는지 기록한다.

- 발걸음을 내디뎌 앞으로 전진하여 뛰기
- 몸을 곧게 세우고 유지하기
- 양발 간에 내딛기와 뛰기 패턴을 교체하기
- 팔을 다리의 반대 방향으로 움직이기
- 팔을 허리 위치에 대고 몸을 약간 구부리기

나. 사정의 의미

검사와 사정은 종종 혼용되고 있지만, 명확한 차이점이 있다. 검사는 체계적 관찰 같은 특정 도구와 절차를 이용하여 자료를 수집하는 기술이다(Seaman & DePauw, 1989). 예를 들면, 장애인올림픽 선수의 휠체어농구 기술을 검사할 경우, 단순히 점수만 기록되어 있고 그 결과가 이용되지 않으면 검사 결과는 개인과 프로그램에 유용하게 사용되지 못했다고 할 수 있다. 사정은 특정 결정을 내리기 위하여 정보를 수집하는 과정이다. 사정절차를 거쳐 체육교사는 지체장애학생의 과거 운동 경험, 흥미, 장점, 요구 등을 파악하여 적절히 수업계획을 세울 수 있다. 장애인올림픽의 예에서 휠체어농구 기술 검사 점수는 코치가 선수 개개인의 요구에 맞는 의사결정을 하는 데 활용된다. 검사 점수를 이용하여 코치는 어떤 선수가 드리블을 잘하는지, 슛·패스·리바운드를 잘하는지 결정할 수 있다. 평가는 검사 결과에 대한 해석과 가치부여를 포함하는 것이다.

Ulrich(1985a)는 사정에 대해 "차별 없는 교육적 결정을 하기 위해 학생에 대한 정확한 정보를 수집하고 해석하는 것이다. 이것은 계속적인 과정으로, 형식적·비형식적 전략이 모두 포함된다. 다양한 사정 기술은 각각의 의사결정 과정에 유용한 정보를 제공한다."라고 하였다.

특수체육에서는 사정을 "피교육자의 수준을 파악하고, 탐색하며, 지도하는 기초가 되는 자료(Winnick, 1984)", "자료의 의미를 결정하기 위해 검사 자료를 분석하는 것(Jansma & French, 1994)", "자료 수집과 해석, 의사결정을 하는 종합적인 과정(Sherrill, 1998)" 등으로 정의하고 있다. 또한, "사정은 수집된 정보를 다양한 방법으로 연관시켜 문제를 해결하는 과정(Auxter, Pyfer & Huettig, 2005)"으로, 학교 현장에서 장애학생을 위한 사정의 목적은 ① 발달상의 지체가 있는 학생의 확인, ② 기능 손상의 문제 혹은 특성 진단, ③ 개별화교육계획을 개발하는 데 유용한 정보를 제공하거나 적절한 배치의 준거 마련, ④ 장애학생의 특별한 요구에 부응하는 지도, ⑤ 장애학생의 진보 정도를 평가하기 위한 것이다(한동기, 2009). 비록 사정이란 용어가 평가(evaluation)라는 단어와 함께 사용되며 동의어로 간주되기도 하지만, 특수체육 분야에서는 장애학생의 전반적인 능력 및 수준을 알아볼 때, 사정이란 단어를 사용하는 것이 더 바람직하다는 의견이 지배적이다(Burton, 1997; King-Thomas & Hacker, 1987; Salvia & Yesseldyke, 1995).

일반체육에서의 사정은 참가자의 성취 수준을 알아보기 위하여 평가하는 것을 의미하지만, 장애인을 대상으로 하는 특수체육에서의 사정은 장애인들에게 적절한 체육 서비스를 제공하기 위한 판단 근거와 개별화된 계획을 세우기 위한 초기 작업과정을 의미한다. 그러므로 특수체육에서의 사정이란 장애인의 특성 및 특별한 요구를 판별하고 그에 따른 진단, 배치, 평가를 수시로 수행해 가는 과정이라고 할 수 있다.

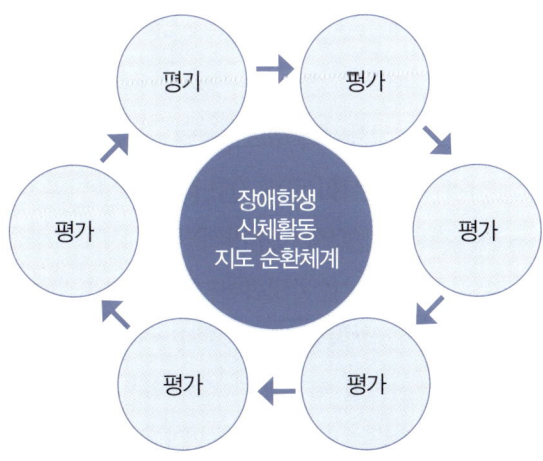

그림 1-4. 효과적인 지도 프로그램 실행에 필요한 단계

사정은 성공적인 배치와 프로그램 문제 해결에 있어서 중요한 첫 단계이다. 지도자의 프로그램 개발과 수정, 지도, 평가는 모두 정확하고 효과적인 사정을 기초로 해야 한다. 그렇지 않을 경우, 연속적인 프로그램 계획이 실패할 수 있다. 〈그림 1-4〉는 효과적인 지도 프로그램 실행에 필요한 단계들을 간략히 표현한 것으로, 사정은 필수적인 부분이다.

표 1-8. 사정의 구분

구분	선별	진단	평가
교육적 목적	앞으로 심도 있는 조사가 필요한 대상 선정	의학적·발달적·교육적 손상 범위를 결정하고 처치와 배치 결정	• 프로그램의 개시기준과 종결기준 결정 • 지속 및 개선 여부 결정 • 목표달성 여부 판별
현장지도 적용	대상의 적응성 및 필요한 안전조치 사항 확인	운동기술, 체력수준을 판단하고 지도계획 및 배치 결정	• 프로그램의 효과 확인 • 프로그램 종결 및 변화 확인 • 목표달성 정도 확인
참여자	부모, 지원봉사자, 장애인스포츠지도사, 전문가	전문가, 장애인스포츠지도사	전문가, 장애인스포츠지도사
시행 시점	입학 및 등록 직후	구체적인 프로그램 시행 전	개별화 프로그램 시행 후

사정은 지도가 이루어지는 단계와 목적을 기준으로 '선별을 위한 사정', '진단을 위한 사정', '평가를 목적으로 하는 사정'으로 크게 구분할 수 있다(여광응·조용태, 1994).

사정의 첫 단계인 선별의 의미는 미국의 통합교육 상황을 이해할 경우 명확해진다. 장애아동의 90% 이상이 통합교육을 받고 있는 미국에서는 장애아동들이 일단 정규학급으로 편성되는 경우가 많다. 학기 초에 교과 담당교사나 담임교사는 자신의 반에서 특별한 요구를 필요로 하는 학생을 간단한 관찰과 체크리스트를 통해 가려내는 과정을 거치게 되는데, 이 과정을 '선별'이라고 한다.

우리나라와 같이 통합교육이 보편화되어 있지 않는 곳에서는 특별히 선별이라는 의미에 꼭 맞는 시행과정을 찾기는 어렵다. 따라서 선별의 의미를 본래 뜻 그대로 사용하는 것은 큰 의미를 갖지 못하며, 학생이 체육수업에 처음 참여할 때 특별한 계획이나 교육적인 중재를 하지 않는 상황에서 학생의 행동특성과 정서 상태를 간략히 파악하고 육안으로 관찰되는 학생의 신체 기능을 확인하는 정도 및 학생의 적응성을 파악하는 '탐색' 과정으로 이해하면 큰 문제가 없을 것이다. 더불어 이러한 탐색 기간은 본격적인 교육에 앞서 교사와 학생 간의 친밀감을 형성할 수 있는 과정으로 활용할 수도 있다.

탐색은 전반적인 영역에 걸쳐 대상에 대한 특성을 파악할 수 있다는 장점 외에도 장애인이 비장애인과 함께 어울리고 프로그램에 적응할 수 있는 분위기를 유도한다는 측면에서도 가치가 있다.

다. 사정의 도구

장애인에게 합리적이고 체계적으로 신체활동을 지도한다는 측면에서 사정은 매우 중요한 가치를 갖는다. 사정을 통해 구체적이고 현실적인 목표를 세우고 지도를 통해 그 목표가 달성되었는지를 확인해야 하기 때문이다. 그렇다면 사정의 대상이 되는 신체활동을 통해 검사와 측정을 하는데, 그 구체적인 방법은 무엇인가? 이에 대한 대답이 될 수 있는 것이 적절한 사정도구를 알고 사용법을 익히는 것이다.

외국에서는 장애인을 대상으로 하는 다양한 사정도구들이 개발되어 있음에도 불구하고 우리나라에서는 아직까지 타당화된 사정도구들이 거의 없는 실정이다. 다음에 제시하는 것은 외국에서 개발된 운동기술과 자세 및 체력에 관련된 사정도구 목록이다.

표 1-9. 운동기술 및 자세 관련 검사도구

검사도구명 (운동기술 및 자세)	검사 내용	비고
Bruininks-Oseretsky Test of Motor Proficiency	• 기본 운동기술 및 특정 운동기술 검사 • 46개 항목 검사 • 규준지향검사 • 4.5~14.5세 대상	Bruininks(1978)
Ohio State University Scale of Intra-Gross Motor Assessment	• 기본 운동기술 검사 • 11개 항목 검사 • 준거지향검사 • 2.5~14세 대상	Loovis & Ersing(1979)
Peabody Developmental Motor Scale	• 기본 운동기술 및 움직임 발달 지표 • 12개 대근운동기술 검사 • 준거지향검사-규준지향검사 • 출생~6세 11개월 대상	Folio & Fewell(1983)

검사명	내용	개발자
Test of Gross Motor Development	• 기본 운동기술 검사 • 12개 항목 검사 • 준거지향검사-규준지향검사 • 3~10세 대상	Ulrich(1985, 1999)
Motor Development Checklist	• 영유아 움직임 발달 지표 • 35개 항목 검사 • 준거지향검사 • 대상 연령 미확정	Gevelinger 등(1988)
Evaluating Movement and posture Disorganization in Dyspraxic Children	• 기본 움직임 기술과 자세 검사 • 10개 항목 검사 • 준거지향검사 • 5세 이상 아동 대상	Magrun(1989)
Denver II	• 유아 신체발달 지표 및 기본 움직임 기술검사 • 총 125개 항목 중 움직임 관련 항목 61개 • 규준지향검사 • 출생~6세 대상	Frankenburg, Dodds & Archer(1990)
Gross Motor Performance Measure	• 영유아 움직임 발달 지표 및 기본 운동기술 검사 • 20개 항목 검사 • 준거지향검사 • 20세 미만의 뇌성마비인	Boyce 등(1991, 1995)
Movement Assessment Battery for children Test	• 기본 운동기술 및 특정 운동기술 검사 • 32개 항목 검사 • 준거지향검사 • 4~12세 대상	Henderson & Sugden(1992)
Transdisciplinary Play-Based Assessment	• 영유아 움직임 발달 지표 및 기본 운동기술 • 6단계 항목 검사 • 준거지향검사 • 출생~6세 대상	Linder(1993)
Assessment of Motor and Process Skills	• 운동기술의 숙련성 검사 • 36개 항목 검사 • 준거지향검사 • 특정 대상 연령 없음	Fisher(1995)

표 1-10. 체력 관련 검사도구

검사도구명 (체력)	검사내용	비고
YMCA Youth Fitness Test	• 건강 관련 체력검사 • 5개 항목 검사 • 준거지향검사 • 6~17세 대상	Don & Franks(1989)
Fitness gram	• 건강 관련 체력검사 • 13개 항목 검사 • 준거지향검사 • 일반 학령기 아동 및 장애아동 적용	American Fitness Alliance(1999)
Brockport Physical Fitness Test	• 건강 관련 체력검사 • 27개 항목 검사 • 준거지향검사 • 장애 및 일반 아동용	Winnick & Short (1999)

　장애인스포츠지도사들은 여러 가지 사정도구 중에서 장애의 특성과 프로그램의 성격을 고려하여 가장 적절한 것을 선택하여 사용하게 된다. 장애인스포츠지도사들은 장애인의 운동기술과 체력을 평가하는 도구의 특성을 완전히 이해하고 세부 사용방법을 숙지해야 한다.

2. 진단과 평가의 이해

가. 진단의 정의

　진단은 교육적 중재가 이루어지기 전 대상 학생에 대한 폭넓은 영역의 수행능력과 수준을 파악하는 것이다. 예를 들어, 빌딩장애 특성을 가진 철수가 체육수업에 처음 들어오면 사정 전문가는 철수의 기본운동능력과 체력, 사회성 등에 관한 여러 분야의 자료를 수집하게 된다. 이러한 과정은 철수의 행동적 특성과 신체활동 수행 수준을 파악하는 것으로 개별화교육계획의 기초자료가 된다. 이 자료를 통해 철수에게 적합한 교사가 정해질 뿐 아니라 신체활동의 목표가 설정되고, 방향이 정해지며, 제공될 프로그램의 종류가 결정된다.

　평가는 체육수업에서 시행한 프로그램의 효과를 파악하거나 대상 아동이 교육을 통해 목표를 어느 정도 성취했는지를 파악하는 단계이다. 위의 예에서 진단 결과를 통해 철수의 담당교사가 철수의 평형성 향상을 목표로 하여 일정 기간 신체활동 프로그램을 제공하였다면 교사는 제공한 프로그램이 효과가 있었는지 혹은 철수가 어느 정도 목표를 성취했는지 파악해야 할 것이다. 이때 평형성을 객관적이고 타당한 도구를 이용하여 측정하며, 이 평형성 수준을 파악하는 과정이 바로 평가이다. 대개의 경우 평가는 넓은 진단 영역 중에서 선택한 특정 영역을 측정하는 특성을 갖게 되므로 진단에 비해 범위가 좁다. 이는 새로운 영역의 과제를 학습하게 되거나 만족할만한 수준에 도달하지 못했을 경우 새로운 평형성 향상 프로그램이 제공되는 절차를 거친다.

나. 평가의 종류

최근 미국 스포츠 및 체육협회에서는 체육교사들에게 모든 학생을 위한 평가의 요구와 가치를 다음과 같이 요구하고 있다.

① 다양한 체육활동을 수행하는 데 필요한 운동기능과 움직임 패턴의 유용성을 설명할 수 있어야 한다.
② 모든 학생이 신체활동을 배우고 수행할 때 움직임의 개념, 원리, 전략 및 전술을 이해하고 시범을 보일 수 있어야 한다.
③ 규칙적으로 신체활동에 참여해야 한다.
④ 건강 관련 체력을 증진하고 유지시킬 수 있어야 한다.
⑤ 체육시설에서 자신 및 다른 사람들을 존중하는 사회적 행위 및 책임감 있는 성향을 나타내야 한다.
⑥ 건강, 즐거움, 도전, 자기표현, 사회적 상호작용을 위한 신체활동의 가치를 설명할 수 있어야 한다.

이러한 새로운 평가기준의 효과를 최대화하기 위하여 장애인스포츠지노사들은 장애인들이 그 기준에 충족할 수 있도록 적절한 평가방법을 이용할 줄 알아야 한다. 장애인스포츠지도사는 장애인을 지도할 때 운동 프로그램을 설명할 수 있어야 하고, 자료는 장애인의 스포츠 활동에 이용할 수 있도록 문서화되어야 하며, 이러한 자료는 평가를 통해 재생성되어야 한다.

이러한 평가기준은 특수체육 분야에서 효과적인 프로그램 계획과 지도를 위한 초석이 되고 있다. 다양한 평가도구는 장애인들의 독특한 요구를 밝히고자 하는 장애인스포츠지도사들에게 도움을 준다. 장애인스포츠지도사들은 장애인을 위한 평가도구를 선택할 때 평가 목적, 기법의 적합성, 생태적 타당성, 비차별적 요소, 간편한 행정절차, 비용절감, 이용성 등과 같은 질적 특성을 고려해야 한다. 또한, 그것이 규준지향검사, 준거지향검사, 내용지향검사인지 등을 아는 것도 매우 중요하다(Zittel, 1994).

다. 전통적인 평가방법

전통적인 평가방법으로는 개개인의 능력을 성별에 따라 같은 연령별로 비교할 수 있는 규준지향검사법이 있다. 이러한 방법은 개개인의 능력을 비교할 수 있다는 점에서 높이 평가되지만 운동의 기술적인 측면이나 자세와는 연계시킬 수 없다. 이러한 단점을 보완하기 위하여 개발된 측정방법이 운동기술이나 기능적인 측면을 평가하는 준거지향검사법이다.

라. 표준화 검사

표준화 검사는 개개인의 운동수행력을 측정하기 위한 것이다. 이것은 일정한 측정 순서, 형식, 대상자, 해석방법 등이 정해져 있어 사용자가 이에 따라 평가하는 편리한 점이 있다. 표준화 검사는 크게 규준지향검사와 준거지향검사로 구분하며, 검사 종류로는 체력검사, 운동능력검사, 지각운동기능검사, 대근운동기능검사, 소근운동기능검사 등이 있다.

마. 규준지향검사

이 검사는 학기 초 검사와 학기 말 평가 때 주로 사용된다. 규준지향검사는 개개인의 운동수행력을 특정한 집단의 기록과 비교할 수 있도록 만든 것이다. 대표적인 규준지향검사는 체력을 측정하기 위한 측정방법들이다. 또한 규준지향검사는 개개인의 운동수행력을 시간, 횟수, 거리 같은 객관적인 수치로 나타낸다. 개개인의 능력을 같은 조건을 지닌 또래 그룹의 수행능력과 비교하여 개인의 수행능력을 측정하는 것이다. 규준지향검사의 장점과 단점은 다음과 같다. 규준지향검사는 교사가 한 학생의 수행을 특정 또래 그룹(예: 10세 소녀들)의 수행과 비교할 수 있도록 해준다. 규준지향검사는 다른 학생과 비교가 가능한 평가를 제공하며, 다음과 같이 표현할 수 있다. "철수의 슈팅 능력은 또래의 평균 이상이다", "영수는 운동발달 이정표 상에서 또래보다 2년 정도 뒤처져 있다", "인수의 체질량지수는 그의 연령에 비해 높다". 규준지향검사에는 백분위, 연령규준, T점수, Z점수, 표준점수 등이 있다. 규준지향검사는 일반적으로 규정된 그룹(일반적으로 성, 연령층, 때로 장애집단)의 많은 대상자를 검사해서 점수(하나 또는 그 이상의 표)를 분석하고 요약하여 만든다.

Ulrich(1985b)는 규준적 결과를 통해 개인별 차이를 발견했다면 개인의 검사 결과와 비교한 대표 그룹의 검사 점수가 적절한지 여부가 매우 중요하다고 하였다. 특히 지적장애가 있는 사람에게는 더욱 중요한데, 검사와 규준이 일반인을 위해 개발된 것이기 때문에 지적장애가 있는 사람은 차이를 나타낼 수 있다. 그러나 일반인을 위해 개발된 검사 규준도 지적장애가 있는 사람의 적절한 배치를 결정하는 데 적절히 활용될 수 있다. 예를 들어, 통합교육을 받는 것이 더 좋을지 여부를 결

표 1-11. 검사 및 평가도구 유형(한동기, 2009)

규준지향검사	준거(해석)지향검사	내용지향검사
기술 통계 표준 사용(예: 백분위)	해석이 필요한 임의적 서열척도 측정치(예: 등급, 수준, 점수)인 외적 표준 사용	내용지향 자료 또는 원자료(예: "할 수 있다", "할 수 없다" 또는 횟수)만을 사용
자료를 타 학생의 운동수행과 비교	운동수행은 학생의 장점만을 기초로 함. 자료는 자기 자신과 비교하기 위한 것임	운동수행은 학생의 장점만 기초로 함. 자료는 자기 자신과 비교하기 위한 것임
통계적 척도로 운동수행을 측정하는 항목들 포함	설명(해석) 가능한 의도된 목표 성취를 측정하는 항목들 포함	성취 연속선상에서 수행을 측정하는 항목들 포함. 점수에 대한 해석은 불필요함
집단의 수행에 더 관심을 가짐	개인의 운동수행에 더 관심을 가짐	개인의 운동수행에 더 관심을 가짐
일반적으로 지도 단위의 시작과 종료 시에 실시함	적어도 지도 단위의 시작과 종료 시에 실시해야 함	지도 단위 시작 시, 지도 중 종료 시에 실시해야 함

정하는 데 도움이 될 수 있다.

바. 준거지향검사

준거지향검사는 개인의 수행을 사전에 결정된 준거 또는 특정 행동에 대한 수행 기준과 비교하는 것이다(Safrit, 1986). 대부분의 준거지향검사는 특정 과제의 학습 또는 프로그램 교육과정을 기초로 한 과제의 구성요소에 대한 수행의 숙련 정도를 측정한다. 이때 검사의 초점은 학습자의 수행을 다른 학습자와 비교하기보다는 무엇을 할 수 있고 무엇을 할 수 없는지에 있다(King & Summa-Aufsesser, 1988). 준거지향검사는 특정 영역에 관한 숙련도 검사라고도 한다. 개개인의 운동수행 능력을 다른 사람의 기록과 비교하는 데는 적절하지 않으며, 특정 단계의 운동기술 습득을 조사하기 위한 측정방법이다. 이 검사는 장애인을 교육하는 현장에서 운동수행 능력의 향상, 미숙한 동작의 원인 등을 파악하는 데 사용된다. 준거지향검사의 장점과 단점은 다음과 같다.

1) 장점
- 개인이 습득한 신체적인 기능이나 기술 정도를 단계별로 파악할 수 있다.
- 측정 결과를 개개인을 위한 개별교육에 직접 사용할 수 있다.
- 주관적으로 평가되는 움직임의 질적인 평가를 영역별로 객관화시킬 수 있다.
- 미숙한 동작의 원인을 파악할 수 있다.

- 교과 수행과정 측정이 가능하다.
- 다양한 대상자들에게 적용이 가능하다.
- 특정기술의 습득 정도, 수행능력을 직접 측정하므로 타당성이 높다.

2) 단점
- 비장애인이 습득하는 기술을 단계별로 세분화한 것이기 때문에 중도(severe) 장애인에게 적용하는 것은 타당하지 않을 수 있다.
- 규준지향검사는 기능적 접근법에 의한 것으로, 측정 종목이 실제 상황과 맞지 않는 경우가 있다.
- 측정 결과와 실제 활동이 다르게 나타날 수 있다.
- 일반적으로 다른 검사 참여자들과 비교할 수 없다.

표 1-12. 규준지향검사와 준거지향검사의 장점과 단점

검사 유형	장점	단점
규준지향 (결과 중심)	• 해석이 용이하고, 측정이 단순함 • 검사 경험이 많지 않아도 됨 • 통계적으로 일반화 • 또래와 비교 가능함 • 부모가 이해하기 쉬움 • 그룹에게 사용	• 항목의 특성과 규준적 예시에 의존 • 지적장애가 있는 사람을 위한 규준이 적음 • 융통성이 부족하고 수정이 어려움 • IEP 작성과 프로그램 구성에 도움이 되지 못함
준거지향 (과정 중심)	• 교수를 위한 직접 지시사항 • 항목 수정의 유연성과 용이함 • 개인의 요구사항 충족 • 개별적 프로파일 제공 • 개인에게 사용	• 또래와의 비교 어려움 • 경험이 많은 검사자가 필요함 • 모든 검사가 통계적으로 표준화된 것이 아님

3. 장애인 대상 검사도구

가. TGMD(Test of Gross Motor Development)

미국 미시간 대학의 Ulrich가 1985년에 개발한 대근운동능력 측정 검사도구인 TGMD는 1999

년에 2판이 출시되었다. 준거지향검사와 규준지향검사의 두 가지 특성을 모두 갖춘 이 검사는 3~10세 아동의 12가지 대근운동기술을 측정할 수 있도록 구성되어 있다. 이동기술에 해당하는 달리기, 갤로핑, 호핑, 리핑, 제자리멀리뛰기, 스키핑, 슬라이딩과 물체조작기술에 해당하는 치기, 튕기기, 받기, 차기, 오버핸드 던지기로 구성되어 있다.

체육교실에서 대근운동발달검사를 사정의 주요 도구로 선정하는 이유는 대근운동발달 정도가 신체를 능숙하게 움직일 수 있는 중요한 관건이 되기 때문이며, 이와 더불어 인간의 운동기술 영역 숙련 단계에서 체육교실에 참여하는 아동들의 발달 연령에 가장 밀접한 관련을 맺는 영역이 대근운동기술 영역이기 때문이다.

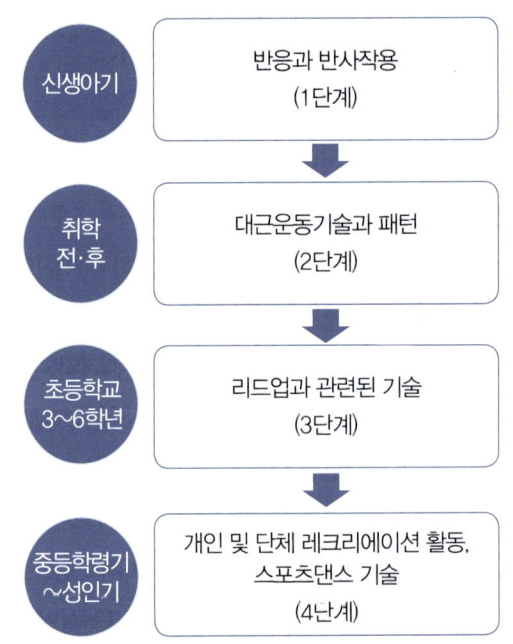

그림 1-5. 발달과정 단계에서의 대근운동 영역(Ulrich, 1985)

우리나라의 경우, 대근운동발달의 수준을 파악하는 공식적인 검사도구가 아직까지 개발되어 있지 않지만, 외국에서는 적지 않은 검사도구들이 개발되었다. 그러한 검사도구 중 TGMD는 아동들에게 가장 필요한 이동기술과 물체조작기술을 평가하는 세부 검사들로 구성되어 있으며, 검사 항목도 그리 많지 않아 체육수업에서 사용하기에 가장 적합한 도구라고 생각한다. 더불어 측정결과를 해석하고 활용하는 기준에 있어서 규준지향검사와 준거지향검사의 두 측면을 모두 가지고 있기 때문에 장애아동들에게 적용시키기에 용이하다.

TGMD를 통한 진단자료나 평가 결과를 이용하기 위해서는 몇 가지 검사도구의 구조적인 특징을 이해해야 한다. 예를 들어, TGMD에서의 원점수를 부여하는 방법과 기준을 숙지하는 것은 정확한 검사가 이루어질 수 있는 준비의 필수 과정이며, 표준화 점수로의 변환 방법을 인지하는 것은 일반 학생과 비교하여 해당 학생의 수준이 어느 정도인지를 알기 위한 것이다. TGMD는 장애학생을 검사하기 위한 전문적인 검사도구가 아니기 때문에 프로그램의 운영자 혹은 담당 지도교사는 '이것을 어떻게 적용해야 할 것인가?'라는 방법을 고민해야 한다. 즉, 프로그램에서도 적용이 중요한 지침이 되는 것처럼 진단이나 평가에서도 마찬가지임을 의미한다.

장애학생 체육수업에서는 표준화점수의 가치를 부여하기보다는 각 검사 종목의 정확한 동작 수행 여부를 나타내는 정도, 즉 원점수의 변화과정과 동작의 정확성 및 숙련도를 개인별로 확인(비디오 촬영)하는 것이 개별화교육 차원에서 더욱 중요한 의미를 가진다.

상기와 같은 절차를 거쳐 검사 항목을 모두 측정하게 되며, 일반적으로 12종목을 모두 측정하는 데 소요되는 시간은 개인별 20~30분 정도이다. 12종목(이동기술 7종목, 물체조작기술 5종목)에 대한 세부 시행지침과 점수 부여 기준은 다음과 같다.

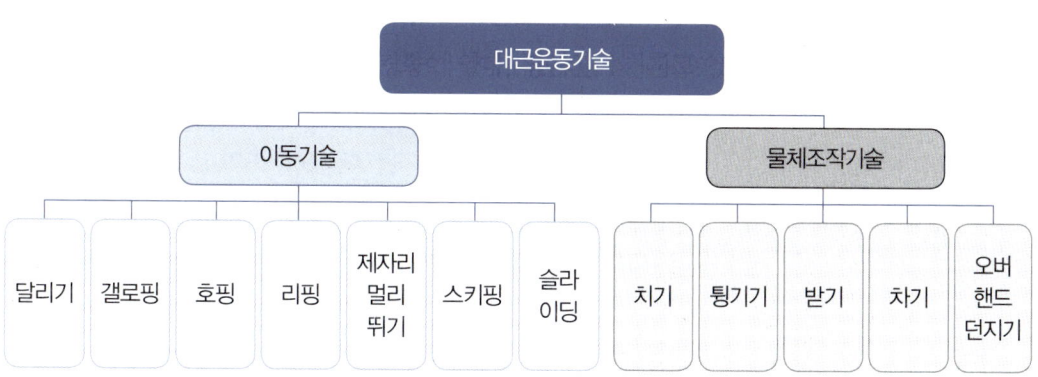

그림 1-6. TGMD의 검사요인과 종목

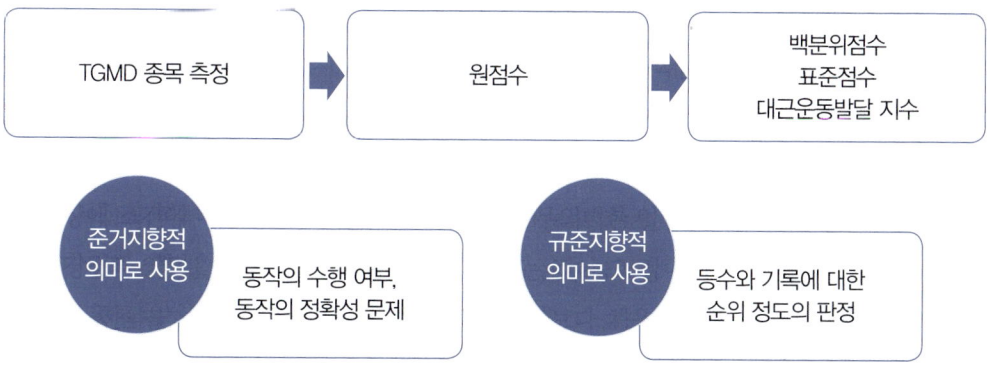

그림 1-7. TGMD의 측정결과와 사용 목적

이동기술					
기술	도구	지침	수행기준	1st	2nd
달리기	15m(50피트) 정도의 공간, 컬러 테이프, 분필이나 다른 표시물	• 선으로 시작과 끝의 양쪽으로 표시(15m 정도 거리) • 한쪽에서 반대쪽으로 '빨리 뛰도록' 지도	1. 양발이 동시에 땅에서 떨어지는 순간이 있다. 2. 팔꿈치를 구부리고 팔과 다리는 엇갈려 움직인다. 3. 정해진 선을 벗어나지 않고 직선으로 달린다. 4. 땅에 딛지 않는 발을 90° 정도(엉덩이에 닿을 만큼) 뒤로 구부린다.		

이동기술					
기술	도구	지침	수행기준	1st	2nd
갤로핑	최소 10m 정도의 빈 공간	• 출발점에 한 줄을 긋고 10m 떨어진 곳에 한 줄을 긋는다. • 학생에게 한 선에서 다른 선까지 갤로핑으로 3회를 하라고 지시한다. • 학생에게 한 발로 갤로핑을 하게 한 뒤 다른 쪽 발로도 시행하도록 한다.	1. 먼저 한쪽 발을 앞으로 내디딘 후 다른 쪽 발이 따라나간다. 2. 두 발이 동시에 땅에 떨어지는 순간이 있다. 3. 팔은 구부려 허리 높이로 들어 올린다. 4. 시작하는 발은 어느 쪽이든 시행이 가능하다.		

이동기술					
기술	도구	지침	수행기준	1st	2nd
호핑	최소 6m 정도의 빈 공간	학생에게 발을 번갈아 가며 3회 호핑을 하라고 지시한다.	1. 땅에 딛지 않는 다리는 무릎을 굽혀 돈다. 2. 땅에 딛지 않는 다리를 추진력이 발생할 수 있도록 시계추 형태로 흔든다. 3. 팔꿈치를 구부리고 발을 뗄 때 앞으로 흔든다. 4. 오른발과 왼발을 번갈아 호핑할 수 있다.		

이동기술					
기술	도구	지침	수행기준	1st	2nd
리핑	최소 10m 정도의 빈 공간	학생에게 한쪽 발을 내디디면서 뛰어 다른 쪽 발로 착지하는 형태의 리핑 동작을 하도록 지시한다.	1. 한 발로 힘차게 점프하여 다른 쪽 발의 무릎을 펴서 착지한다. 2. (뛰는 동작보다 오래) 두 발이 땅에서 떨어지는 시간이 있다. 3. 추진력을 내는 발의 반대 팔이 앞쪽으로 향한다.		

이동기술					
기술	도구	지침	수행기준	1st	2nd
제자리 멀리뛰기	최소 3m 정도의 빈 공간과 바닥 표시용 테이프	• 바닥이나 매트에 출발선을 긋는다. • 선을 밟지 않고 "멀리 뛰어"라고 지시한다.	1. 준비 동작은 팔을 몸 뒤로 편 다음 두 무릎을 구부린다. 2. 앞쪽 위로 힘껏 팔을 펴며 머리 위로 팔을 최대한 든다. 3. 양발에 탄력을 주어 뛰도록 한다. 4. 양팔을 아래로 내리며 착지한다.		

이동기술					
기술	도구	지침	수행기준	1st	2nd
스키핑	최소 10m 정도의 빈 공간과 바닥 표시용 테이프	• 10m 떨어진 거리에 두 개의 선을 표시한다. • 학생에게 한쪽 선에서부터 반대쪽 선까지 스키핑을 3회 시행히도록 한다.	1. 걸어가다가 스키핑을 하는 동작을 리드미컬하게 수행한다. 2. 스키핑를 하는 동작에서 땅을 디디지 않는 발은 바닥을 스치듯 이동한다. 3. 양필은 허리 정노의 높이에서 내딛는 다리와 반대로 교차하며 움직인다.		

이동기술					
기술	도구	지침	수행기준	1st	2nd
슬라이딩	최소 10m 정도의 빈 공간과 바닥 표시용 테이프	• 10m 정도 떨어진 거리에 두 개의 선을 표시한다. • 학생에게 한 선에서 반대쪽 선까지 가는 방향을 바라보며 슬라이딩을 3회 시행하도록 한다.	1. 이동 방향을 향해 몸을 옆으로 돌린다. 2. 발을 내디딘 후 중심을 이동하고 따라나가는 발은 슬라이드하며 옆으로 한 스텝 이동한다. 3. 짧은 시간 동안 양발이 바닥에서 떨어진다. 4. 왼쪽과 오른쪽 두 방향 모두 슬라이딩할 수 있다.		

물체조작기술					
기술	도구	지침	수행기준	1st	2nd
차기	축구공 크기의 부드러운 공과 10m 정도의 빈 공간	• 벽에서 10m 떨어진 곳에 선을 하나 표시하고, 6m 떨어진 곳에 선을 하나 더 표시한다. • 벽에서 6m 떨어진 선에 공을 놓고 학생은 10m 선에 서도록 한다. • 학생에게 벽을 향해 공을 '힘껏' 차도록 지시한다.	1. 공에 빠른 속도로 접근한다. 2. 공을 차기 위해 몸통이 약간 뒤로 젖혀진다. 3. 발로 찰 때 차는 발의 반대쪽 팔을 앞으로 스윙한다. 4. 차지 않는 발을 호핑하고 공을 찬 발을 길게 뻗는다.		

물체조작기술					
기술	도구	지침	수행기준	1st	2nd
제자리 팅기기	배구공 크기의 공과 딱딱한 바닥	• 한 손을 사용하여 공을 3회 팅기라고 지시한다. • 공을 일정한 높이로 팅기면서 반복하여 3회씩 실시하도록 한다.	1. 엉덩이 높이에서 공이 한쪽 손에 닿는다. 2. 손가락(손바닥이 아님)으로 공을 민다. 3. 팅기는 손의 바로 옆, 발 앞쪽 바닥에 공을 팅긴다.		

물체조작기술					
기술	도구	지침	수행기준	1st	2nd
받기	배구공 크기의 가벼운 공과 5m 정도의 빈 공간	• 5m 떨어진 거리 양쪽에 선으로 표시한다. 학생이 한쪽 선에 서고 토스해주는 사람은 반대쪽 선에 선다. • 공을 언더핸드로 학생에게 직접 가볍게 던지며 "손으로 받아"라고 말한다. • 학생의 어깨와 허리 사이로 던진 공만 측정 결과에 포함한다.	1. 몸 앞으로 손을 내밀고 팔꿈치를 유연하게 구부려 준비한다. 2. 공을 받기 위해 팔을 약간 앞으로 뻗는다. 3. 손으로만 공을 받는다. 4. 충격을 완화하기 위해 팔꿈치를 구부린다.		

물체조작기술					
기술	도구	지침	수행기준	1st	2nd
치기	테니스공 또는 소프트볼 크기의 가벼운 공과 배트	• 학생에게 공을 허리 높이로 살짝 토스해주고 공을 힘껏 치라고 지시한다. • 허리 높이로 토스하지 못한 공은 측정 결과에 포함하지 않는다.	1. 주로 사용하지 않는 손(이하 왼손) 위에 주로 사용하는 손(이하 오른손)의 순서로 배트를 잡는다(왼손잡이는 반대로). 2. 왼손등이 토스해주는 사람 쪽에 보이도록 한다. 이때 발은 평평하게 한다. 3. 엉덩이와 발목을 회전한다. 4. 치는 순간부터 앞발 쪽에 무게중심이 실리도록 한다.		

물체조작기술					
기술	도구	지침	수행기준	1st	2nd
오버핸드 던지기	테니스공과 8m 정도의 빈 공간	벽을 앞에 두고 8m 떨어진 곳에서 벽을 향해 공을 '힘껏' 던지라고 말한다.	1. 던지는 팔을 몸 뒤에서 아래쪽으로 향하게 하고 와인드업(투구 직전의 동작)을 한다. 2. 왼쪽에 축을 두고 엉덩이와 어깨를 회전시키면서 가상의 목표지점을 향한다. 3. 던지는 팔의 반대쪽 발을 앞으로 내밀면서 무게중심을 앞쪽으로 이동한다. 4. 던진 팔의 반대 측면을 향해 대각선 방향으로 몸에 힘을 빼며 폴로스루한다.		

나. BPFT(Brockport Physical Fitness Test)

1999년 뉴욕주립대 브록포트 칼리지(Brockport College)의 위닉(Joseph P. Winnick)과 숏(Francis X. Short)이 제작한 BPFT(Brockport Physical Fitness Test)는 10~17세의 척수장애, 뇌성마비, 절단장애, 지적장애, 시각장애 및 비장애아동을 대상으로 한 건강 관련 체력검사이다.

신체활동을 통한 발달 목표는 운동기술과 체력으로 나누어지며, 장애아동 체육교실의 측정 영역 역시 대근운동발달에 관련된 운동기술과 삶을 영위하는 데 바탕이 되는 건강체력 부분임을 강조하지 않을 수 없다. 이에 관련하여 대근운동기술 측면은 TGMD 검사를 제시하였으며, 여기에서는 체력 부분의 사정을 시행할 수 있는 검사도구 중의 하나인 BPFT에 대하여 언급하도록 한다.

체력 분야의 사정도구를 알아보기 전에 체력에 대한 개념을 짚고 넘어가야 할 필요성이 있다. 최근에는 체력을 운동 및 건강의 개념과 관련지어 건강 관련 체력과 운동 관련 체력으로 구분하여 설명한다. 건강 관련 체력은 활동이나 신체적 움직임에 1차적으로 동원되는 체력 요인을 의미하며, 특정 운동이나 스포츠기술을 습득하고 경기 수행력의 향상을 위하여 필요한 체력 요인은 운동 관련 체력이라고 한다.

BPFT의 중요한 특징이자 가치는 특수학교나 특수체육교실의 환경뿐 아니라 ① 통합 상황에서도 장애학생과 일반 비장애학생을 함께 검사할 수 있다는 것이며, ② 체력 영역 중 건강체력을 측정하고 순위를 매기는 규준지향적 해석이 아닌 건강의 수준을 판단하는 준거지향적 해석을 한다는 것이다. 더불어 ③ 하나의 체력 요인에 대하여 장애유형별 특성을 고려하고 각기 다른 종목으로 측정할 수 있는 선택의 기회를 제공하는 것이다.

BPFT의 실제 측정방법과 활용에 앞서 이 검사가 체육교실에서 어떠한 가치를 갖는지 인식하는 것은 운동 프로그램의 타당성과 교사의 바람직한 활용방안을 유도하는 데 필수적인 조건이 된다.

첫째, "BPFT는 통합 상황에서도 활용할 수 있다"는 의미는 점차 통합교육의 추세로 변화되고 있는 상황에서 그동안의 검사도구들이 일반 비장애학생용, 장애학생용으로 구분되어 통합교육의 흐름과 역행하고 있다는 문제를 해결해준다. 실질적으로 이러한 평가의 문제는 통합체육 현장에서의 큰 어려움 중의 하나이기도 하다. BPFT는 체력 요인을 측정하는 종목을 다양화함으로써 해결하였다.

둘째, "BPFT는 건강 관련 체력을 준거지향적으로 해석하는 검사도구이다". 건강 관련 체력은 인간이 삶을 영위하는 데 가장 기본이 되는 에너지(심폐지구력, 근력 및 근지구력, 유연성, 신체구성)를 의미한다. 장애학생의 신체체력검사는 1990년대에 이르기까지 운동기능의 습득, 숙련도, 운동발달 측면에서 이루어져왔으며, 규준지향적으로 또래집단의 학생과 상대적인 비교를 통해 해당 학생이 어느 정도 수준에 속하는지 알아내는 데 관심이 집중되었다. BPFT는 건강체력에 관한 검사로, 1992년 미국체육학회(AAHPERD)에서 채택한 일반 비장애학생의 체력검사인 Fitnessgram과 유사한 방식을 갖는다. 결국 이러한 도구들은 기능적 발달이나 운동기술의 숙련보다는 삶을 유지하고 즐기는 데 필수적인 체력을 측정한다는 가치를 갖고 있다. 여기서 준거지향의 의미는 체력 요인(심폐능력, 근력 및 근지구력, 유연성, 신체구성)을 검사하는 각 종목마다 건강한 수준을 나타내는 최소한의 기준을 제시한 것이다. 따라서 측정된 결과치가 이 기준에 도달하지 못할 경우는 해당 체력요소가 지체되어 있다는 것을 나타내며, 이에 대한 운동의 필요성을 제시하고 있다. 과거의 검사도구들이 측정결과를 서열화하거나 등급화하는 형태를 취하였지만, 본 검사도구에는 그러한 절차는 없다. 결국 이 검사는 건강 확보라는 측면에서 건강체력 수준만을 평가하여 부족할 경우, 이를 향상시킬 수 있는 운동을 하도록 요구하고 있다.

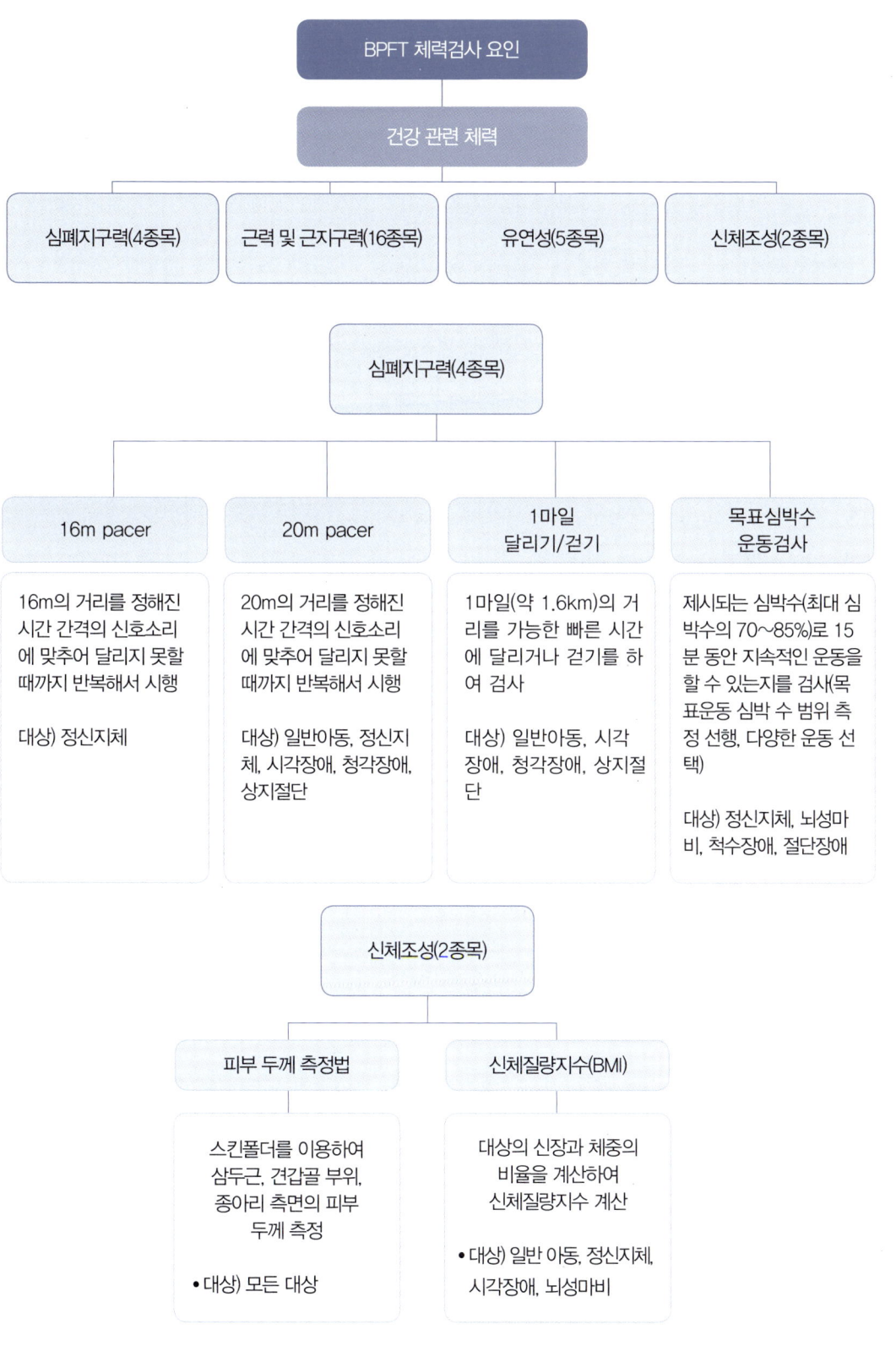

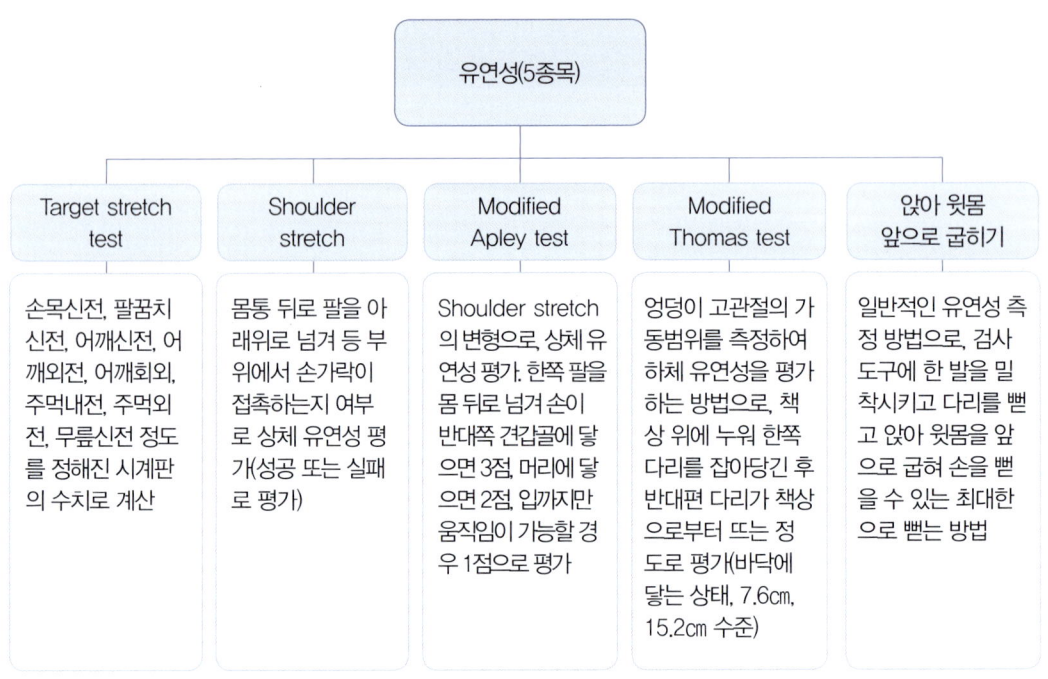

그림 1-8. BPFT의 검사요인과 종목 수

〈검사의 진행과정〉

BPFT의 효과적인 이용을 위해 지도교사들은 진행에 관한 몇 가지 사항을 숙지하고 있어야 한다.
- 대상 아동에 대한 장애 유형과 능력 및 수준
- 적절한 검사 종목의 선정
- 선정된 검사 종목의 측정
- 건강 관련 체력의 평가

다. 생태학적 접근

생태학적 접근을 언급할 때 우리는 먼저 그동안 시행해온 특수체육 지도 상황의 구조적인 측면을 이해할 필요가 있다. 예를 들어, 뇌성마비 아동의 대근운동발달 프로그램으로 공 던지기를 지도할 경우, 대부분의 교사들은 아동의 장애 정도와 던지기라는 과제에만 초점을 맞추어 지도해왔다. 그러나 최근 들어 이러한 지도 상황에서 대상이나 과제 외에 '환경'이 차지하는 비중이 매우 크다는 연구결과들이 제시되고 있다. 이러한 연구결과들이 의미하는 것은 뇌성마비 아동의 공 던지기 프로그램 지도는 환경과 관련된 공간적·시간적·인적 요소에 대한 고려가 교육목표를 달성하는 데 중요한 성공 요인으로 작용한다는 것이다. 앞에 제시한 예는 생태학적 접근에 대한 매우 협소한 측면의 사례이다. 결국 산만한 분위기보다는 과제에 집중할 수 있는 장소와 시간의 선정, 지나치게 엄격한 분위기보다는 과제에 집중할 수 있는 장소와 시간의 선정, 지나치게 엄격한 분위기보다는 즐겁게 참여할 수 있는 상황의 조성, 아동의 특성에 따라 또래와 함께 과제를 수행하게 하거나 개별적으로 수행하게 하는 것을 세심히 분석하여 교육계획을 작성하는 것이 생태학적 접근 개념이다. 좀 더 광범위한 생태학적 접근 방식은 아동의 교육 상황에서 환경과 대상 그리고 과제의 상호작용에 대한 중요성을 강조하고 있으며, 환경에 해당하는 모든 요인이 대상에게 작용하는 과정에서 개인적인 발달과 향상 혹은 그 반대의 경우가 일어날 수 있다는 전제를 하고 있다.

생태학적 접근의 효시는 Lewins(1951)의 환경 이론(field theory)으로, 사회심리학적 측면에서 인간의 행동 변화가 개인과 환경의 상호작용을 통해 이루어진다는 가정을 세우고 이에 대한 연구를 진행했다(Sherrill, 1993). 이후 이러한 가정은 행동심리와 행동분석 분야에 중요한 이론으로 받아들여졌으며, 체육학에서는 Gibson(1977)에 의해 시각인지와 운동제어라는 측면에서 처음 적용되었다.

이러한 이론적 배경을 바탕으로 과연 생태학적 접근 방식이 특수체육에 어떤 방법으로 적용될 수 있는가를 파악하는 것이 중요하다. 먼저 특수체육 내에 존재하는 환경은 대상자 주위에 있는 가정(부모, 형제, 친척 등의 인적 요인과 마당, 화장실, 거실 등의 공간적 요인), 학교(교사, 급우, 학교행정가 등의 인적 요인과 운동장, 교실 등의 공간적 요인), 이웃, 지역사회 등 대상자를 변화시킬 수 있는 모든 요인이 포함된다. 대상자에게 주어지는 과제들은 시간이라는 또 다른 측면의 환경에서 새로운 변화의 가능성을 만들어가는 촉매제 역할을 한다. 결국 환경을 어떻게 조성하는지의 문제가 학생의 효과적인 변화를 이끌어내는 핵심이 된다. 우리는 여기서 또다시 신체활동의 개념을 제기하지 않을 수 없다. 왜냐하면 생태학적 접근에서 강조하는 환경은 그동안 신체활동교육의 주된 공간적 환경이었던 교육기관을 초월하여 사회와 가정이라는 범위까지 확대되기 때문이다. 더불어 시간적 차원에서도 단순히 학령기로 제한된 대상 연령을 평생이라는 장기적인 범위로 확대해야 하는 실용성을 내포하고 있다. 이처럼 생태학적 접근 방식은 비교적 광범위한 '환경'이라는 주제를 장애학생의 신체활동에 개입시키는 특징을 보이고 있다.

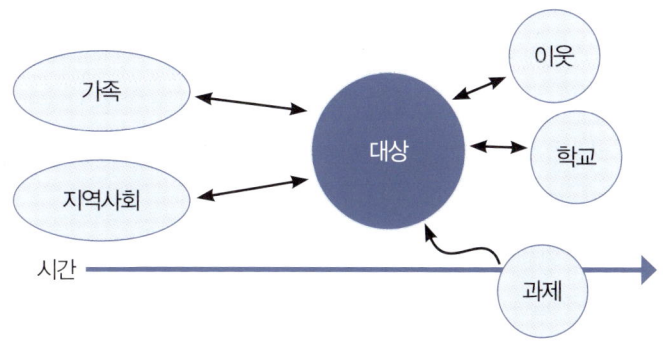

그림 1-9. 생태학적 접근에서의 환경 요인(Sherrill, 1988)

또 다른 측면에서 생태학적 접근 방식의 과학적 근거는 '운동학습'에서 찾을 수 있다. 인간의 운동학습에 대한 연구는 상당히 긴 역사를 가지고 있는 분야이며, 그것을 연구하는 방법론적 이론도 시대에 따라 변화를 거쳐왔다. 그 첫 번째 시도가 행동주의에 입각한 조건반사 이론으로, 반복적인 자극에 의해 운동학습이 이루어진다는 가장 단순한 학습 모형이었다. 그 후 인지심리학 관점에서 인간의 행동발현을 뇌에 의한 기계장치의 작용결과로 보는 정보처리 이론을 거쳐 가장 최근에 이루어지고 있는 연구가 바로 '인간'과 '과제' 그리고 '환경'의 유기적인 관계로 운동학습이 이루어진다는 다이내믹 이론이다. 다이내믹 이론은 생태학적 접근 방식에 이론적 바탕을 두고 있으며, 결국 운동학습 측면에서도 환경이라는 측면은 중요한 변화 요인으로 인정되고 있다는 것을 나타낸다.

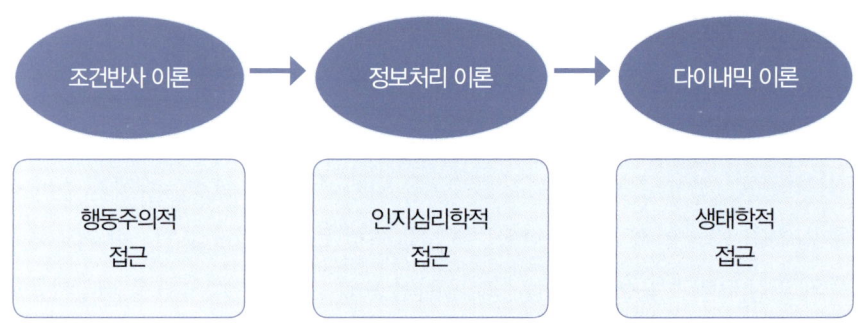

그림 1-10. 운동학습 이론에서의 생태학적 접근

4. 비형식적 검사

대표적인 비형식적 검사로는 과제분석이 있다. 과제분석에는 운동기술, 움직임의 부분별 구성요소, 각 부분의 연속적 과정(단순한 것에서 복잡한 것으로 또는 연령대별로)을 분리하는 절차가 포함되어 있다. 과제분석 방법에 대해서는 전문 서적에 기술되어 있고, 많은 명칭들이 사용되고 있다. 그러나 적용된 과제분석은 유형이나 명칭과는 관계없이 어려운 기술과 움직임을 덜 어렵고 많은 부분 동작으로 줄여줌으로써 교사에게 평가도구와 지도 전략을 제공한다. 과제분석을 통해 교사는 학생이 할 수 없는(예: 지도 전략 요소는 향후 학습 과제에 초점을 맞춘다) 운동기술과 움직임의 구성요소뿐만 아니라, 학생이 할 수 있는(예: 평가 요소는 학생의 현재 수행 수준을 묘사한다) 운동기술과 움직임의 구성요소를 명확히 할 수 있다.

이 장에서 사용하는 '과제분석(task analysis)'과 '생태학적 과제분석(ecological task analysis)', '생체역학적 과제분석(biomechanical task analysis)'이라는 용어는 방법상 여러 접근 방식이다.

가. 과제분석

과제분석에는 운동기술과 움직임의 부분별 구성요소와 각 부분의 연속적 과정(단순한 것에서 복잡한 것으로 또는 연령대별로)을 분리하는 절차가 포함되어 있다. 과제분석 방법에 대해서는 전문 서적에 기술되어 있고, 많은 명칭들이 사용되고 있다. 그러나 적용된 과제분석은 유형과 명칭과는 관계없이 어려운 기술과 움직임을 덜 어렵고 많은 부분 동작으로 줄여줌으로써 교사에게 평가도구와 지도 전략을 제공한다. 과제분석을 통해 교사는 학생이 할 수 없는(예: 지도전략 요소는 향후 학습 과제에 초점을 맞춘다) 운동기술과 움직임의 구성요소뿐만 아니라, 학생이 할 수 있는(예: 평가 요소는 학생의 현재 수행 수준을 묘사한다) 운동기술과 움직임의 구성요소를 명확히 할 수 있다. 과제분석은 단순한 것에서 복잡한 것으로 리드업(lead-up) 활동 절차를 명확히 하고, 순서를 정하며, 운동기술이나 움직임의 가장 복합한 단계를 가르친다. 생태학적 과제분석은 운동기술이나 움직임뿐 아니라 학생의 특성과 선호도를 고려하며, 운동기술이나 움직임의 수행에 영향을 줄 수 있는 환경 요소도 고려한다.

나. 생태학적 과제분석

생태학적 과제분석은 운동기술이나 움직임뿐 아니라 학생의 특성과 선호도를 고려하며, 운동기술이나 움직임의 수행에 영향을 줄 수 있는 환경 요소도 고려하는 것을 말한다. 즉, 대상 학생을 중심에 두고 체육 현장에서 실제적으로 평가하는 방법을 말한다. 또한, 이러한 생태학적 과제분석은 환경과의 상호작용으로부터 학생들의 인지적·정의적·심동적 발달을 위해 과제를 세분화하여 설계하는 것으로, 특히 환경적 요인을 다양하고 심도 있게 다룰 때 주로 사용한다(Sherrill, 2004; Winnick, 2005). 특수체육 현장에서 사용하는 생태학적 과제분석은 대안적 평가방법으로, 학생들에게 특정 환경 속에서 다양한 운동기능을 수행하기 위하여 다양한 선택방법을 제공하고 있다(Davis & Broadhead, 2007; Davis & Burton, 1991). 이로 인하여 교사는 학생들에게 계획된 운동기능을 정확히 수행하기 위하여 용·기구 유형, 규칙, 활동의 속도 등을 파악하고 있을 뿐 아니라, 장애학생이 안락한 환경에서 운동 프로그램을 수행하는 행위 등을 관찰한 자료를 사용할 수 있어야 한다.

생태학적 과제분석은 장애학생이 어떻게 더 많이 도전할지를 고민하는 출발점에서 선호도와 기능수준을 결정하는 데 도움을 준다(Mitchell & Oslin, 2007). 또한, 장애학생이 체육수업에서 어떤 운동을 할 때 수행하는 기본적인 운동 동작들을 순차적으로 나열하는 데 도움을 주고, 측정평가의 목적 및 학습계획과도 연계하여 사용할 수 있다는 점에서 교사들에게 널리 사용되는 비정형화된 검사방법이라고 할 수 있다.

다. 생체역학적 과제분석

생체역학적 과제분석은 '이상적인' 수행을 묘사하기 위해 과제의 생체역학적 요소 또는 '초점(focal points)' 목록을 포함시킨다. 예를 들어, 테니스에서 포핸드 스트로크의 기초적인 생체역학적 과제분석에는 다음과 같은 요소나 초점을 포함할 수 있다.

- 운동기술을 수행하는 동안 공에 시선을 고정시킨다.
- 풋워크를 해서 공 쪽으로 신속히 이동한다.
- 무릎을 굽힌 채, 엉덩이와 어깨 자세가 네트와 수직을 이룬다.
- 라켓을 허리 수준에서 백스윙하고, 지면과 수평을 이룬다.
- 뒤쪽으로 이동한다. 즉, 공을 치는 순간 엉덩이와 허리가 돌면서 무게중심을 이동한다.
- 공을 엉덩이 앞에서 친다.
- 공을 치는 순간 손목을 편다.
- 반대 팔은 균형을 유지하기 위해 편다.
- 폴로스루가 높다(손 끝 지점 또는 반대편 어깨 위).

이러한 분석을 통해 학생의 포핸드 능력은 테니스경기 같은 자연스러운 환경에서 평가할 수 있다. 각각의 항목에 도달하지 못한 학생은 자신들이 학습해야 할 포핸드의 측면에 대해 알게 된다. 그러나 모든 과제분석 방법은 다음과 같은 두 가지 중요한 이유로 비판을 받아오고 있다(Davis & Burton, 1991). ① 과제요인은 잘 설명하고 있지만, 학생의 능력이나 한계를 충분히 설명하지는 못한다. ② 운동기술 수행과 관련된 중요한 환경 요소를 무시하고 있다. 현재 이론에서는 인간의 움직임을 이해하고 서술하고 평가할 때 과제와 개인, 환경을 모두 고려하고 있다. 예를 들어, 장애학생은 테니스 기술과 관련된 각각의 요소를 수행할 수 있다. 또 다른 학생은 과제와 관련된 환경 요소(예: 큰 공, 작은 라켓)와 과제 관련 요소(몇 가지 요소의 생략)의 수정을 통해 수행할 수 있다. 테니스에서 교사가 수정할 수 있는 환경 요소에는 코트의 규격, 사용되는 라켓의 유형, 공의 유형, 학생에게 '공을 주는 방법(쳐주거나 토스, 티 바 이용)' 등이 있다. 또 다른 환경 요소에는 바람, 날씨, 코트 유형 등이 있으나, 이것은 교사가 통제할 수 없다. 과제 요소의 적용은 학생의 성공적인 기술 수행을 위한 최적의 조건을 제공해줌으로써 학생의 이상적인 수행을 유도할 수 있다.

테니스 포핸드 스트로크에서 개인(학생)과 환경 요소를 포함해서 확장한 생체역학적 과제분석 방법의 예이다. 평가표에는 포핸드의 표준 요소와 필요한 경우 특정 학생에게 알맞게 수정할 수 있는 빈칸이 함께 제시되어 있다. 중요한 것은 환경적 요소가 함께 제시되어 분석될 수 있다는 것이다. 예시에는 과제 요소의 일부가 휠체어를 사용하는 상체 기능이 좋은 학생을 위해 수정되어 있다. 본래의 요소를 유지한 채, 수정된 요소는 훌륭한 휠체어 테니스 기술을 맞춘다. 따라서 교사는 본래의 초점(focal point)에 대하여 필요한 수정을 할 수 있고, 평가하는 동안 환경적 조건을 기술하고(항목 표시를 통해), 초점(필요하다면 수정)을 수행하는 학생의 능력을 평가한다(다시 항목 표시를 통해). 학생의 궁극적인 목적은 규격 코트에서, 표준(적절하다면 아동용) 라켓을 가지고, 표준 규칙을 따르며(휠체어 사용자들을 위한 2바운드 규칙 포함), 실제 테니스경기를 하는 것이다. 물론, 학습의 전 단계는 모든 과제 요소를 수행할 수 없거나 성공을 위해 환경의 수정이 필요할 수 있다. 사실상, 학생에게 몇 가지 수정의 선택권을 주는 것은 좋은 출발점이 된다. 과제분석의 이러한 유형은 수행을 평가하기 위하여 자주 사용되며, 교사와 학생에게 미래의 학습을 촉진하기 위한 정보를 제공해준다.

〈그림1-11〉 과제분석에서 학생과 환경요소를 고려함으로써 생체역학적 과제분석의 유용성(평가도구와 교사 전략으로서)을 증가시킬 수 있는 방법에 대한 예이다. 그러나 일부 특수체육교사들은 생체역학적 접근의 또 다른 수정을 통해 성공을 경험했고, 그러한 방법을 권장하고 있다. Houston-Wilson(1995)에 의하면 수정은 학생이 생체역학적 과제분석의 요소를 수행하는 데 필요한 보조 정도를 고려하는 것을 의미한다. 〈그림 1-12〉는 이러한 방법의 예시로서 등척성 팔굽혀펴기의 6가지 초점을 제시하고 있다. 그러나 점수체계는 학생이 각 요소를 수행하는 동안 제공되는 보조 정도를 고려하고 있다. 보조 정도는 완전한 신체보조에서부터 독립적인 수행까지이며, '독립성 점수 비율'을 합산한다(이 경우에는 66점). 과제분석을 통한 이러한 접근은 중도 또는 최중도 장애를 가지고 있고, 신체활동을 하는 동안 더 많은 보조를 요구하는 학생들에게 특히 유용하다.

학생이름 : 김철수	관찰일: 2015년 3월 5일
관　　찰 : ☐ 게임 상황　☐ 운동기술 검사　☑ 연습 기간	
운동기술 : 테니스 포핸드 스트로크	

수행자에게 수정이 필요한가?　☐ 아니오　☑ 예 (아래에 표시)

☑ 운동기술을 수행하는 동안 공에 시선을 고정시킨다.

☑ 적절한 풋워크를 이용하여 공쪽으로 신속히 이동한다.
　휠체어를 스스로 민다. 라켓을 잡는 손 엄지손가락이 림이나 휠체어 위에 있다.

☑ 무릎을 굽힌 채, 엉덩이와 어깨의 자세가 네트와 수직을 이룬다.
　휠체어의 위치가 네트와 45도 정도의 각을 이루고 있다.

☐ 라켓을 허리 수준에서 백스윙하고, 지면과 수평을 이룬다.
　백스윙이 낮고, 등이 뻣뻣하게 서 있다.

☐ 뒤쪽으로 이동한다. 공을 치는 순간 엉덩이와 허리가 돌면서 무게중심을 이동시킨다.
　공을 치기 위해 네트 쪽으로 몸이 기울어져 있다.

☑ 엉덩이 앞쪽에서 공을 친다.
　앞발 또는 약간 앞에서 공을 친다.

☐ 공을 치는 순간 손목을 편다.

☑ 반대 팔은 균형을 유지하기 위해 편다.
　반대 손은 지지 또는 균형을 유지하기 위해 같은 쪽 무릎 또는 림 위에 있다.

☐ 폴로스루가 높다(손 끝 지점 또는 반대편 어깨 위)

환경 요소와 수정

코트 규격:　　☐ 정규코트　　☐ 반 코트　　☐ ＿＿＿＿＿＿

라켓 유형:　　☐ 표준형　　☐ 주니어용　　☐ 라켓볼용　　☐ 배드민턴용

공 유형:　　☐ 테니스 공　　☐ 스펀지공(foam)　　☐ ＿＿＿＿＿＿

공을 주는 방식:　☐ 상대편이 쳐서　　☐ 보조자가 쳐서
　　　　　　　　☐ 보조자가 토스　　☐ 티바 이용

(기타)　　☐ ＿＿＿＿＿＿　　☐ ＿＿＿＿＿＿

그림 1-11. 과제, 대상, 환경을 고려한 생체 역학적 과제분석의 예

생체역학적 과제분석

목적: 3초 동안 정확한 자세로 엎드려 팔 버티기

지침: 과제를 정확히 수행하는 데 있어서 개인이 요구하는 최소한의 보조 수준에 표시할 것.
열 전체, 열 점수 전체, 합산 부분에 성취한 점수 전체를 넣을 것.
합계 부분에 도표를 이용하여 독립성 비율 점수를 결정할 것.
산출된 점수의 위치에서 시간을 기록할 것.

등척성 팔굽혀펴기	독립수행	부분지원	전부지원
1 엎드린다.	V	2	1
2 어깨 아래쪽으로 손을 놓는다.	V	2	1
3 발을 약간 넓혀 바닥에 평행하게 뻗는다.	3	V	1
4 발가락을 오므린다.	3	2	V
5 몸을 편 채로 팔을 뻗는다.	3	V	1
6 3초 동안 자세를 유지한다.	3	2	V
열 점수의 합	6	4	2

보조 수준:
독립수행 = 보조 없이 과제를 수행할 수 있다.
부분지원 = 과제를 수행하는 데 약간의 보조가 필요하다.
전부지원 = 전체 과제를 수행하는 데 보조가 필요하다.

합		독립성 비율		
전체 성취 점수	12	6/18=33%	11/18 = 61%	16/18 = 88%
전체 가능 점수	18	7/18=38%	12/18 = 66%	17/18 = 94%
독립 점수 비율	66%	8/18=44%	13/18 = 72%	18/18 = 100%
결과 점수	1초	9/18=50%	14/18 = 77%	
		10/18=55%	15/18 = 83%	

그림 1-12. 학생이 요구하는 보조 수준을 고려한 생체역학적 과제분석의 예

II부
특수체육 지도전략

특수체육 지도전략에서는 장애인스포츠 지도현장에서의 실제적인 지도기법을 소개한다. 1장에서는 개인별 프로그램 적용과 변형 기법을 비롯한 다양한 지도방식을 소개한다. 또한 교수법을 비롯한 장애인 행동관리 기법을 설명한다. 장애인의 체력에 대한 기본 이해와 측정방법, 체력육성 방법이 포함되어 있으며, 장애인 신체활동 프로그램의 구성과 운영에 대하여 자세하게 소개한다. 2장에서는 장애유형별 정의와 원인, 인지적·정의적·심동적 특성과 그에 따른 지도전략이 소개된다.

1장 특수체육 지도전략

 학습목표

- IEP를 이해하고, 장애인스포츠 지도현장에서 개인별로 적용하는 방법을 이해한다.
- 스포츠에 대한 활동 변형 방법을 이해하고, 장애유형에 따른 활동 변형을 이해한다.
- 다양한 수업방식, 교수유형, 교수형태를 이해하고 적용한다.
- 행동관리의 의미와 절차를 이해하고, 문제행동에 대한 행동관리기법과 강화기법을 학습한다.
- 장애와 발달의 일반적 원리와 단계별 운동발달 및 운동 형태를 이해한다.
- 체력의 개념과 요인별 이해 및 측정방법을 이해하고, 체력육성 방법을 학습한다.
- 장애인 체육 프로그램의 개발과 영역별 운영방법을 학습하다.

1. IEP의 적용

개별화교육 프로그램(Individualized Education Program : IEP)은 주로 특수학교나 장애학생을 위한 교육현장에서 사용하는 프로그램으로, 미국의 전장애아교육법(PL 94-142)에서 처음 규정하였고, 우리나라의 장애인 등에 관한 교육법 제22조(개별화교육)에서 명시하고 있는 교육방법으로 장애학생교육의 기초를 이루고 있다.

가. 법적 배경

개별화교육 프로그램은 1974년 미국의 전장애아교육법에서 처음 규정된 것으로 장애학생의 개인 간 또는 개인 내의 차이에 대한 개별화교육의 중요성을 반영한 것이다. 1997년에 공포된 미국의 장애인교육법(Individuals with Disabilities Education Act : IDEA)에서도 장애학생의 적절한 교육계획 수립에 있어서 개별화된 교육을 구체적으로 명시하여 강조하고 있다.

우리나라에서는 장애인 등에 관한 교육법 제22조(개별화교육)와 시행규칙 제4조(개별화교육지원팀의 구성 등)에서 명시하고 있는 교육 방법이다. 장애인 등에 관한 교육법 제22조와 시행규칙 제4조의 주요 내용은 다음과 같다.

첫째, 각급 학교의 장은 매 학년의 시작일부터 2주 이내에 각각의 특수교육대상자에 대한 개별화교육지원팀을 구성하여야 한다.

둘째, 특수교육대상자의 교육적 요구에 적합한 교육을 제공하기 위해 보호자, 특수교육교원, 일반교육교원, 진로 및 직업교육 담당 교원, 특수교육 관련서비스 담당인력 등으로 개별화교육지원팀을 구성한다.

셋째, 개별화교육지원팀은 매 학기의 시작일부터 30일 이내에 개별화교육계획을 작성하여야 한다.

넷째, 개별화교육계획에는 특수교육대상자의 인적사항과 특별한 교육지원이 필요한 영역의 현재 학습수행수준, 교육목표, 교육내용, 교육방법, 평가계획 및 제공할 특수교육 관련 서비스의 내용과 방법 등이 포함되어야 한다.

다섯째, 각급 학교의 장은 매 학기마다 개별화교육계획에 따른 각각의 특수교육대상자의 학업성취도 평가를 실시하고, 그 결과를 특수교육대상자 또는 그 보호자에게 통보하여야 한다.

나. IEP의 목표와 역할

IEP를 작성하는 중요한 두 가지 목적은 ① 개인의 능력과 특성에 따른 적절한 지도를 보장하며, ② 학교나 가정, 체육센터 등 유관 기관의 의사소통이나 연대 및 협력과 지원을 위함이다(한동기, 2004). 또한 IEP를 작성하는 중요한 목표와 역할에 대하여 이소연과 박은혜(2006)는 다음 3가지로 강조하였다.

첫째, 각 학생이 필요로 하는 적절한 활동지도와 관련 서비스를 받도록 하는 관리 도구로서의 역할을 하기 위한 것이다. 이는 각 개인마다의 지도목표와 관련 서비스, 평가 등을 구체적으로 명시함으로써 보다 체계적인 지도가 이루어지도록 하는 것이다.

둘째, IEP는 참가자의 변화를 알아보는 평가도구의 역할을 할 수 있다. 장애인의 경우 장애유형과 정도, 개인의 체력과 운동기능 등 다양한 차이로 인하여 획일화된 평가가 어렵기 때문에 개인별 목표와 평가기준을 만들어 평가하게 되고 이에 대한 변화를 알아볼 수 있다.

셋째, IEP를 개발하는 절차가 교사 혹은 지도자나 부모 간의 교육적 필요와 목표, 서비스에 대한 이견을 좁힐 수 있는 기회기 된다. 지도자나 부모, 특수교사, 일반교사, 물리치료사 등 다양한 관련 서비스 이해 당사자 간의 의견 차이를 토의과정을 통해 합의할 수 있고 협력하는 기회가 될 수 있다.

다. IEP의 개발 절차

IEP 개발 절차에서 중요하게 다루어야 할 두 가지 요소는 대상자가 체육서비스를 받기에 적합한지 그리고 서비스의 목적과 목표, 배치, 프로그램 등의 적절한 서비스를 결정하는 것이다. Winnick(2005)이 제시한 IEP 개발 절차의 예는 다음 〈그림 2-1〉과 같다.

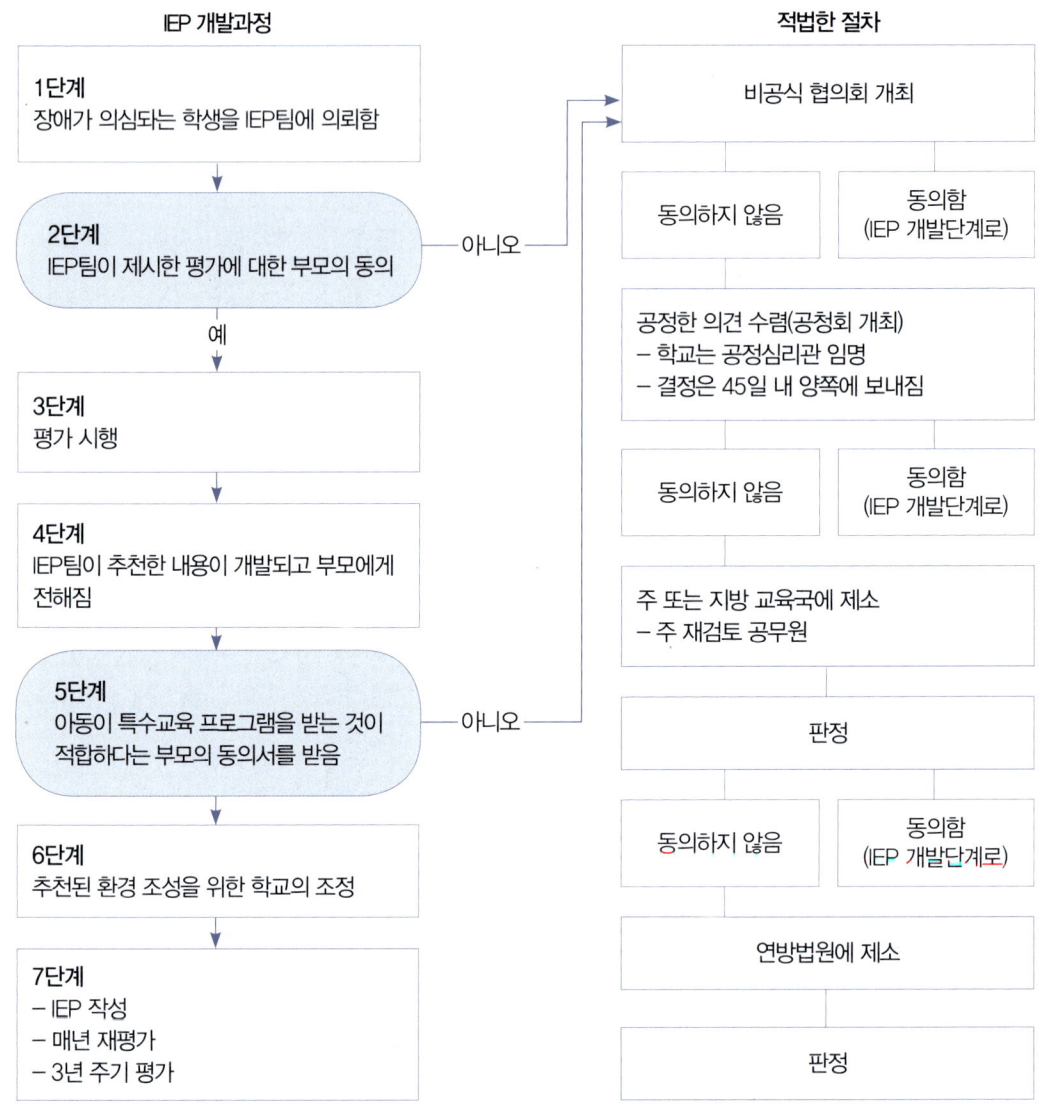

그림 2-1. IEP 개발 절차의 예

1) 의뢰

신체활동에 대한 독특한 요구가 있을 때 교사나 지도자, 보호자, 개인 등이 교육을 의뢰할 수 있다. 특수학교의 경우 교사가 가장 주도적인 역할을 할 수 있다.

2) 진단 및 평가

진단 및 평가의 목적은 장애에 대한 판단과 교육대상자에 대한 강점과 약점을 파악하기 위한 것이다. 다양한 영역에서 규준지향검사, 준거지향검사, 내용지향검사, 관찰 등을 사용할 수 있다.

3) 사정

개별화교육지원팀에서는 진단 및 평가를 통해 수집된 자료를 토대로 계획된 프로그램이 대상자에게 적합한지를 확인한다. 프로그램 필요 시 개별화교육계획서를 작성하여야 한다.

4) 통보

개별화교육지원팀은 판정 결과를 보호자에게 알리고, 프로그램에 대한 설명과 정보를 제공해야 한다.

5) 실행

대부분의 프로그램은 통합 프로그램으로 계획되어 있으나 필요 시 분리 및 배치가 진행될 수 있다.

6) 재검토

프로그램 실행 후 개인의 성취수준에 대한 평가로 프로그램의 유지나 중지를 결정해야 한다.

라. IEP의 구성요소

IEP를 구성하는 요소는 일반적으로 인적사항, 현재의 능력 수준, 연간 지도목표, 단기 지도목표, 관련 보조서비스, 통합체육에 참여할 시간, 시작과 종결 시기, 평가절차와 시간계획 등으로 구분할 수 있다.

1) 인적사항

인적사항은 참가자의 이름, 연령, 성, 소속, 장애유형과 정도, 가족사항, 연락처, 지도자나 교사, 작성기간 등의 정보를 통하여 서비스에 참가하고 있는 대상자의 기본적 환경과 배경을 알 수 있게 한다.

2) 현재의 능력 수준

현재의 능력 수준에서는 참가자의 성격 및 행동 특성과 학습 수행 능력, 즉 지능지수, 사회성숙도, 언어발달, 운동능력 등을 확인할 수 있다. 이러한 수준 파악은 지도목표를 설정하는 첫 단계이며, 이후 향상을 파악할 수 있는 근거가 된다. 또한 개별화계획의 과목이나 종목과 기능 영역을 결정할 수 있다. 따라서 현재의 능력 수준은 가급적 객관적이고 측정할 수 있는 수치를 제시해야 한다.

3) 연간 지도목표(장기목표)

연간 지도목표는 연간 성취해야 할 목표를 말한다. 장기목표는 참가자의 현재 능력 수준을 바탕으로 무엇을 어느 수준까지 지도할 것인지를 결정해야 한다. 따라서 참가자의 과거의 성취, 현재의 능력 수준, 참가자의 욕구, 지도의 시간과 양 등을 면밀히 검토하여 결정해야 한다.

4) 단기 지도목표(단기목표)

단기목표는 연간목표에 도달하기 위한 순서적 기능을 한다. 연간목표가 포괄적이고 일반적이라면 단기목표는 구체적이고 측정 가능한 세부목표들을 제시한다. 단기목표 설정에서는 상황(condition), 기준(criterion), 동작(action)을 고려해야 한다(Winnick, 2005). 상황은 시설과 기구, 참관인 등의 주변 조건을 의미하며, 기준은 신체활동의 질을 가늠하는 것으로서 능력 향상 정도를 알 수 있는 기준을 의미한다. 동작은 객관적으로 측정하거나 관찰 가능한 신체활동, 즉 움직임을 의미한다.

단기목표에서는 계열적 세부적인 목표가 나와야 하며, 이에 대한 구체적 행동과 정확한 준거가 진술되어야 하고, 적절한 운영을 고려하여 진술해야 한다.

5) 관련 보조 서비스

참가자를 적절한 환경의 프로그램에 배치한 후 필요에 따라 관련된 다양한 서비스를 제공할 수 있다. 의사나 물리치료사, 언어치료사, 심리치료사 등 다양한 치료 서비스, 특수학교 내에서의 연계, 수송 서비스, 부모상담 등의 목표달성을 위한 효율적 관련 서비스를 연계하고 기술한다.

6) 전환(transition)에 대한 계획

전환은 서비스 종료 이후의 연계, 즉 학생의 경우 상급 교육기관이나 사회기관, 취업 등의 진로를 의미한다. 프로그램 종료 이후의 연계 신체활동 및 이를 지속할 수 있는 기관이나 프로그램의 연계를 제시한다.

7) 시작과 종결 시기

IEP는 시작과 종결 시기를 기록하게 되어 있으며, 그 기간은 주로 1년으로 하되 경우에 따라 단기간으로 설정되기도 한다. 기간에는 서비스 시작 시기와 목표달성 예상일을 기입할 수 있다.

8) 평가절차와 시간계획

참가자의 목표달성을 파악하기 위하여 어떻게 측정할 것인지에 대한 계획과 절차를 제시해야 한다. 자료수집 단계를 포함한 객관적이고 타당성 있는 평가와 그 절차를 제시하여 진행상황에 대한 주기적인 보고가 있어야 한다.

이외에도 신체활동의 변형 및 수정, 교수법, 행동관리 등 개인의 특성과 서비스 기관, 상황에 따라 다양한 내용을 포함할 수 있다.

9) IEP 작성 시 고려사항
- 무엇을 가르칠 것인가?
- 세부 동작을 고려한 전체 동작 지도
- 참여자와 지도자 모두에게 적절한 지도법 선택
- 일반 신체활동 규칙, 기구, 시설(경기장) 등을 얼마나 수정하며, 수정 시 규칙 제시
- 비장애인들과의 통합을 고려한 신체활동
- 수행 시 장애에 대한 고려
- 적절한 휴식시간 고려
- 팀 또는 단체 활동 시의 역할과 활동범위 고려

마. IEP 지원팀의 구성

바람직한 개별화 교육프로그램을 수립하기 위해서는 지도자 또는 체육교사가 중심이 되고 소속 기관장과 보호자(부모), 보조 전문가 그리고 참가자의 의견이 반영되어야 한다. 개별화교육지원팀의 필수 참여자와 선택 참여자는 다음과 같다.

1) 필수 참여자
- 장애인(참여자): 개인의 장애유형과 정도, 기본 인적사항, 운동능력, 체력, 의사소통 능력, 운동 욕구와 관심, 선호활동 등이 우선적으로 반영되어야 한다.
- 지도자(교사): 지도자는 참여자의 신체활동을 계획하고 조직하며, 지도하고 평가하는 사람으로 지도법 또는 교수법, 의사소통 기술, 운동기능, 체력, 스포츠 활동 등을 이해하고 이를 계획에 반영할 수 있어야 한다. 이들은 참여자의 조력자이자 옹호자이며, 신체활동의 컨설턴트여야 한다.
- 보호자(부모): 참여자에 대한 정보는 보호자(부모)에게 많으며, 그들의 관심도 반영되어야 한다.
- 지역대표: 개별화교육지원팀의 모임 개최와 계획서의 구성요소를 확인하고, 적절한 서비스가 제공되는지 책임지는 역할을 한다.

- 심리치료사: 참여자에 대한 상담과 심리적 평가 및 의사소통을 체크하는 역할을 한다.
- 전환서비스 대표자: 학생의 경우 졸업 후 전환교육에 대해 계획하는데, 이후의 진로와 서비스 제공에 대해 대표자의 역할이 필요하다.

2) 선택 참여자

선택 참여자로 일반 체육지도자(교사), 센터장, 보조지도자(자원봉사자), 물리치료사, 언어치료사, 레크리에이션지도자, 간호사, 사회복지사 등 신체활동을 수행함에 있어서 직접적이거나 간접적으로 연계되어 있는 구성원과의 유기적인 소통과 긴밀한 협조가 필요하다.

2. 활동 변형

장애인들의 스포츠 활동 현장에서 활동 변형은 매우 중요한 부분이다. 개인의 장애유형과 정도, 흥미와 여건에 맞는 신체활동을 제공하기 위해서는 체육시설과 환경, 용·기구, 규칙 등의 수정과 변형이 필요할 것이다.

가. 체육시설과 환경

스포츠 활동에 적절한 시설과 활동 공간 마련은 매우 중요한 요소로, 활동의 질과 다양성을 보장한다. 많은 지도자들은 시설이나 환경적 제약으로 인하여 스포츠 활동 제공에 있어서 어려움을 겪게 되고, 이는 프로그램의 축소나 질 저하에 직접적으로 영향을 미치게 된다. 따라서 참여자의 특성에 따라 적절한 활동이 이루어질 수 있도록 다양한 측면에서 체육시설과 환경을 탄력적으로 구축해야 한다.

오광진(2010)은 장애인들이 활동하는 체육공간이 갖추어야 할 기본 조건으로 접근성, 안전성, 흥미성, 효율성을 제시하였다.

첫째, 접근성은 시설의 지리적 위치와 교통의 편리성, 주차장 확보, 승강기나 경사로 등의 편의시설 확보 등이 필요하다. 우리나라에서는 「장애인복지법」, 「장애인·노인·임산부 등의 편의증진 보장에 관한 법률과 시행령, 시행규칙」, 「장애인차별금지 및 권리구제 등에 관한 법률」 등을 통해 장애인들의 접근성을 법적으로 보장하고 있다.

둘째, 안전성은 상해나 사고방지를 위한 미끄럼 방지 바닥, 부드러운 재질의 벽, 출입문의 안전장치, 안전한 모서리 마감, 턱 제거, 위험한 시설 제거, 용·기구 배치 및 정리정돈, 적절한 조명 등 신체활동을 방해하거나 활동 중 발생할 수 있는 위험요소에 대한 대비가 있어야 한다.

셋째, 흥미성은 지도효과 극대화를 위하여 학생이나 참여자의 흥미를 유발하거나 안정감을 줄 수 있는 시설이나 환경을 조성하는 것을 의미한다. 예를 들면 트램펄린 배치, 벽에 재미있는 캐릭터 그림 부착하기, 밝은 색의 시설 등이 있다.

넷째, 효율성은 활동장소의 음향시설, 냉난방시설, 촬영기기, 활동 공간의 크기 등으로 참가자의 주의집중과 관심을 유발하여 신체활동에 효율적으로 참여하게 하는 것이다.

체육시설 환경의 주요 점검사항은 다음과 같다(표 2-1 참조).

표 2-1. 체육시설 환경의 주요 점검사항

구분	점검사항
접근성과 편의성	• 시설이 지리적으로 가까운 거리에 있는가? • 대중교통이나 셔틀버스, 순환차량이 준비되어 있는가? • 장애인전용주차장이 충분히 확보되어 있는가? • 승강기나 경사로 등이 설치되어 휠체어 및 클러치 이용자의 이용이 가능한가? • 점자 블럭이나 핸드레일이 설치되어 시각장애인의 접근이 가능한가? • 점자 안내표시나 음성안내로 시각장애인의 이용이 편리한가? • 출입구는 편리한가?(출입구 폭, 턱, 자동문 등) • 휠체어 사용자의 화장실 이용에 불편함이 없는가? • 샤워실과 탈의실을 이용하는 데 불편함이 없는가? • 음료대는 이용하기 쉬운 곳에 설치되어 있는가?
안전성	• 바닥이 미끄럽지 않도록 준비되어 있는가? • 시설의 벽은 부드러운 재질로 처리되어 있는가? • 출입문에 안전장치가 있으며 불필요한 턱이 있지 않은가? • 기둥과 모서리는 안전하게 마감되었는가? • 위험한 시설과 용·기구는 제거되었는가? • 용·기구의 배치와 정리정돈 상태가 양호한가? • 조명은 적절하여 활동하기에 지장이 없는가? • 비상시 대피방법과 위험에 대한 안내표시가 충분한가?
흥미성	• 참여자의 흥미를 유발할 수 있는 다양한 시설과 용기구가 있는가? • 참여자에게 안정감을 줄 수 있는 환경(바닥이나 벽 색깔 등)이 조성되어 있는가? • 산만한 시설이나 용·기구는 제거되었고, 잘 정돈되어 있는가? • 휴게실 및 대기실을 갖추고 있는가?
효율성	• 음향시설의 설비는 잘 구비되어 있는가? • 냉난방시설은 잘 구비되어 있는가? • 활동하고자 하는 활동에 맞는 공간의 크기인가? • 관찰이나 기록보관을 위한 촬영시설을 갖추고 있는가? • 활동에 적합한 충분한 시설과 용·기구를 갖추고 있는가? • 활동에 용이하게끔 용·기구는 배치되었으며 이용이 편리한가?

나. 용·기구의 변형

체육 용·기구는 성공적인 활동 제공과 만족도 향상에 중요한 영향을 미친다. 그러므로 지도자는 용·기구의 종류와 사용용도를 미리 잘 파악해야 하며 참여자의 장애유형과 정도, 체력, 운동기능, 활동 문제 등을 바탕으로 무조건적 변형보다는 꼭 필요 시에만 용·기구의 변형이 이루어져야 한다.

Kasser & Lytle(2005)은 체육 용·기구의 특성을 무게(가벼움↔무거움), 크기(작음↔큼), 모양(규칙적↔불규칙적), 높이(낮음↔높음), 속도(느림↔빠름), 거리(가까움↔멂), 소리(조용함↔시끄러움), 색깔(어두움↔밝음), 투사각(중간수준↔고수준), 방향(전방↔후방 또는 측방), 접촉표면(증가↔감소), 재질(고름, 부드러움↔거칢, 딱딱함), 길이(짧음↔긺), 탄력(낮음↔높음) 등이 있다고 하였다. 이러한 특성을 개인이나 참여자들에 맞게 변형시켜 적절한 활동이 되도록 노력해야 한다.

다. 규칙의 변형

성공적인 신체활동 참여가 이루어지기 위해서는 필요에 따라 경기규칙을 변형시켜야 한다. 이러한 규칙은 경기장이나 용·기구, 참여 인원의 조정, 활동유형의 조정 등 다양한 각도에서 생각할 수 있으며, 다음 사항을 고려해야 한다(오광진, 2010).

첫째, 규격 경기장이 없거나 사용하는 데 어려움이 있을 경우 경기장의 크기를 줄이거나 편안한 장소를 정하여 활동할 수 있다.

둘째, 용·기구의 경우 규격에 맞지 않더라도 장애유형이나 정도에 따라 변형할 필요가 있다면 무게, 크기, 길이 등의 변화가 필요하다.

셋째, 참여 인원은 정해진 인원보다 상황에 맞추어 변형시키는 것이 더 효과적일 것이다.

넷째, 활동유형은 인원에 따라 개인운동, 대인운동, 단체운동으로 구분되며, 장소에 따라 실내운동, 실외운동으로 구분되기도 한다. 지도자는 참여자와 상황에 맞게 활동유형을 변형시켜 흥미와 관심을 유발할 수 있어야 한다.

다섯째, 교수 유형의 변형도 고려해야 한다. 동료지도, 보조교사, 언어적 격려, 신체적 보조, 근접지도, 개인지도, 발견학습, 문제해결방식, 과제분석, 시범, 피드백, 수신호, 통역사 활용, 소집단지도, 칠판, 강의 등을 장애인의 유형과 정도에 맞게 개별화시켜 지도할 수 있어야 한다.

라. 장애유형에 따른 변형

1) 지체장애인

신체활동에 참여하는 지체장애인들은 휠체어나 브레이스, 클러치, 의족, 의수 등의 보조기구를 사용할 것이다. 따라서 일반적인 신체활동보다 상당 부분 활동의 제약과 축소가 발생하게 된다. 활동의 변형을 위해 지도자는 우선적으로 이러한 보조기구나 장비들에 대한 기본적 이해와 다루는 방법을 익히고 있어야 한다.

가령, 휠체어만 하더라도 수동형, 전동형, 경주용, 스포츠형, 환자용 휠체어 등 다양한 형태를 가지고 있어서 신체활동의 범위나 형태에 많은 차이가 있다. 또한 방석의 형태와 높이, 바퀴의 모양과 각도, 휠체어 모양 등에 따라 활동 형태와 활동량에 차이가 있기 때문에 지도자는 이에 대한 이해와 작동에 익숙해야 한다.

의·수족이나 보조기구, 브레이스의 경우는 절단부위나 마비부위에 따라 다양한 형태의 유형으로 구분된다. 또 이러한 장비들은 활동능력의 많은 차이를 가져오므로 모든 종목지도와 프로그램 수행 시 이를 고려해야 한다. 가령 무릎 이하 절단에 의한 하퇴의족과 허벅지 부위 이하 절단에 의한 대퇴의족의 경우 대퇴의족보다 하퇴의족을 착용한 참여자의 활동범위가 크고 움직임도 다양하게 나타날 것이다. 따라서 지도자는 이러한 보조기구들에 대한 이해와 적응이 필요하며, 이에 맞는 활동 변형이 필요하다.

① 이동기술의 향상

대부분의 하지장애인의 경우 이동의 어려움을 겪게 되는데, David 등(2011)은 이동기술을 향상시켜주는 도구를 다음과 같이 제시하였다.
- 뻗기 기능을 도와주는 가슴끈
- 탄성력을 지닌 복부밴드
- 신체고정용 보조쿠션
- 휠체어 고정용 의자
- 하지로 움직일 수 있는 휠체어
- 푹신한 연습용 장갑
- 림을 미는 장치
- 가벼운 기계 조정장치
- 손가락 보호기 등

② 변형의 절차

지체장애인에게 있어서 기존의 신체활동의 변형은 가급적 최소화해야 한다. 모든 시설과 용·기구, 규칙의 변형은 참여자의 특성을 고려하여 실시하되 꼭 필요한 부분에 변형이 이루어지는데, 이러한 변형 절차는 ㉠ 신체활동에 대한 선택과 분석, ㉡ 신체활동 시 발생하는 문제 확인, ⓒ 변형에 대한 기준 설정, ⓔ 도움이 되는 변형의 원리를 선택한다.

신체활동에 대한 선택과 분석에서는 우선적으로 참여자의 욕구와 관심, 선택을 고려하여 종목과 프로그램을 선정하고 이에 대한 분석이 이루어져야 한다. 다음 단계로 신체활동 시 발생하는 움직임의 한계와 문제들을 확인해야 한다. 이후 변형에 대한 기준을 설정하되 최소한의 변형이 이루어지도록 한다. 마지막으로 변형을 해야 하는데, 변형은 주로 장소나 시설의 크기 조절, 용·기구의 조절, 팀 인원 조절, 규칙의 변형, 경기시간 조절, 점수조절 등으로 이루어진다(David 등, 2011).

③ 변형의 방법

변형과정에서의 몇 가지 방법은 다음과 같다.

- 장소와 시설의 크기를 변형한다. 장애인에게 부담이 될 수 있는 너무 넓은 공간은 좁게 할 수 있는데, 축구장의 크기를 줄이거나 골대를 크게 하는 것, 농구 코트를 줄이거나 골대를 크게 하는 것, 배드민턴의 코트를 조절하는 것 등의 노력이 장애인의 참여를 가능하게 하는 방법이 될 수 있다.
- 용·기구를 변형하는 것이다. 큰 공을 사용하는 것, 가벼운 공을 사용하는 것, 가벼운 배트를 사용하는 것, 알루미늄 라켓을 사용하는 것 등의 노력으로 근력이 부족하거나 운동능력이 부족한 참여자에게 쉽고 편하게 참여할 수 있도록 기회를 제공할 것이다.
- 팀 인원을 조정하는 것이다. 기준보다 더 많은 선수를 참여하게 하는 방법은 지체장애인이 책임져야 할 범위나 거리를 감소시킬 수 있으므로 성공적으로 자신의 역할을 수행하게 할 수 있다.
- 경기규칙의 변형이다. 주로 규칙에 대한 완화가 이루어실 수 있다. 배드민턴 서비스 시 셔틀콕의 위치, 휠체어농구 시 워킹 규정 변형, 상지장애인의 배구 서비스 시 규정 완화 등과 같이 장애 특성에 맞는 규정 변화는 성공적인 신체활동 참여를 돕는다.
- 경기 시간을 조절하는 것이다. 장애에서 오는 활동량의 감소와 과도한 피로에 대한 노출을 줄이는 방법으로 경기 시간을 조절할 수 있다.
- 점수를 조절하는 것이다. 세트 점수를 조절하거나 총 득점을 줄여주는 방법 등은 피로를 줄이는 방법이며, 집중력을 향상시킬 수 있을 것이다.

2) 지적장애인

지적장애인의 신체활동은 시설 및 환경, 용·기구, 규칙, 교수방법 등 다양한 차원에서 변형이 이루어질 수 있다. 지적장애인은 인지적으로 운동학습능력이 저하와 단기기억 저하, 주의집중 저하, 동기부족 등의 어려움을 가지고 있어서 다양한 지도법 또는 교수법의 적용이 필요하다. 또한 의사소통, 자기관리, 자기주장, 대인관계와 상호작용, 안전의식 같은 다양한 사회적응문제로 인해 신체활동의 특별한 고려가 있어야 한다. 체력이나 운동기능에서도 전반적인 체격 및 체력 저하와 운동기능의 저하가 나타남으로써 지도방법, 시설, 용·기구, 규칙 등 다양한 활동의 수정 및 변형이 필요하다.

Winnick(2005)은 복잡하고 도전적인 기술도 변형을 통해 지적장애인들이 성공적인 신체활동 참여가 이루어질 수 있으며, 다음 3가지 차원의 변형이 이루어질 수 있다고 하였다.
- 높은 수준의 스포츠기술을 기본운동기술 및 패턴으로 대체
- 기술 수행에 요구되는 속도 및 힘의 감소
- 기술 수행에 요구되는 거리의 감소

지적장애인의 성공적 신체활동 참여를 위하여 다음의 수정 및 변형사항을 고려해야 한다.
① 용·기구, 시청각적 도구 활용 등으로 흥미와 관심을 유도하고 즐거움을 제공하라.
② 필요 시 경기규칙을 단순하고 쉽게 수정하라.
③ 경기장이나 체육관 등의 활동공간은 잘 정돈하여 주의산만을 줄여라.
④ 주의집중이 짧기 때문에 간단명료하게 지도하고 지도시간을 줄여라.
⑤ 개인능력에 맞게 지도하고, 성공 기회를 많이 하고, 목표를 세분화하라.
⑥ 반복학습 할 수 있게 프로그램을 구성하라.
⑦ 보조지도자, 자원봉사자 등을 충분히 확보하라.
⑧ 전체 동작에서 세부 동작 순으로 지도하는 기능적 접근법(top-down approach)을 활용하라.
⑨ 칭찬, 안아주기, 음식, 스티커, 토큰 등 다양한 강화제를 사용하라.
⑩ 모델링, 촉진, 용암법, 또래교수, 협동학습, 행동형성법, 강화법 등 다양한 교수법을 적용하라.

3) 자폐성장애인

자폐성장애인에게서 다양한 형태로 나타나는 공격적 행동, 자기자극 행동, 부적절한 언어, 짧은 집중력, 사회적 상호작용의 어려움, 인지적 문제 등은 신체활동 참여를 어렵게 하는 요인이 될 수 있다. 자폐성장애인의 경우 신체활동 참여를 위해 지도법 또는 교수법, 공간, 용·기구, 경기규칙 등 다양한 형태의 수정 또는 변형이 필요하다.
① 청각적 지도보다는 시각적·촉각적 지도를 계획하라.
② 필요 시 경기규칙을 단순하고 쉽게 익히도록 수정하라.
③ 예측 가능한 시설, 공간 환경, 일관성 있는 일정 및 분위기를 유지하라.

④ 주의집중이 짧기 때문에 간단명료하게 지도하고 지도시간을 줄여라.
⑤ 개인능력에 맞게 계획하고, 단계를 세분화하며, 성공 기회를 많이 하라.
⑥ 처음부터 경쟁적이거나 접촉이 많은 활동은 피하라.
⑦ 보조지도자, 자원봉사자 등을 충분히 확보하라.
⑧ 배경 소음 및 불빛이나 조명을 최소화하고, 시설을 잘 정돈하여 주의집중에 관심을 가져라.
⑨ 칭찬, 안아주기, 음식, 스티커, 토큰 등 다양한 강화제를 사용하라.
⑩ 모델링, 촉진, 용암법, 또래교수, 협동학습, 행동형성법, 강화법 등 다양한 교수법을 적용하라.

4) 시각장애인

시각장애인의 경우 신체활동에 있어서 많은 어려움을 겪을 수 있다. 시각장애는 잔존시력의 정도에 따라 운동능력과 활동에 차이가 있고, 이에 따른 활동 변형에도 영향을 미친다. 특히 시각장애인은 이동과 방위 구별에 어려움이 따르게 되어 신체활동에 어려움을 갖게 된다. 그러므로 청각적 단서에 의한 움직임이나 촉각정보가 움직임의 중요한 단서가 된다. 이동을 위해 지팡이를 사용하거나 보조끈을 사용하기도 하며, 보조자의 도움이 필요할 때도 있다.

Goodman(1989)은 시각장애인의 이동기술과 방위를 전문적으로 강화시키기 위해 ① 바른 자세로 직선 라인 걷기연습, ② 주위환경 속 소리의 방향 정하기, ③ 교육적 형태의 움직임 활동(기억력), ④ 다시 연습, ⑤ 다른 환경에서 돌아가는 길 찾기, ⑥ 몸의 위치 변화 연습하기를 제안하였다.

시각장애인에게 신체활동을 잘 지도하기 위해서는 전문적 준비, 적합한 장비, 적절한 프로그램, 잘 계획된 시간이다(Liebeman et al, 2002). 또한 시각장애인의 성공적인 신체활동을 위해서는 지도법 또는 교수법의 변형이 필요하다. 이때 3가지를 고려할 필요가 있다.

첫째, 구체적인 경험을 제공해야 한다. 이들은 일상생활이나 신체활동에 대한 실제 경험이 부족하고 언어적 이해와 실제 이해와의 차이가 있기 때문이다.

둘째, 통합적 경험을 제공한다. 신체활동, 물체와 상황에 대한 총체적인 이해에 어려움이 있기 때문에 전체적이고 총체적인 경험을 제공하며 지도해야 한다. 가령 백화점을 이해하기 위해 각 코너를 설명하다 보면 전체적인 이해보다 각 코너만 이해할 수 있다. 축구를 지도할 때 드리블과 패싱, 전술 등 전체를 이해할 수 있게 지도해야 한다.

셋째, 실천적인 지도가 중요하다. 신체활동 지도 시 동작과 용·기구, 체육관 등에 대한 자세한 정보와 안내로 자발적 참여와 흥미, 관심을 갖게 하는 등의 동기유발이 필요하다.

시각장애인의 성공적인 신체활동 지도를 위해 변형 시 고려해야 할 사항은 다음과 같다.

① 메가폰, 호루라기, 벨, 음성, 소리 나는 공 등의 청각적 단서를 제공하여 활동을 지도하라.

② 끈이 있는 라인테이프, 재질, 밝은 색 기구, 불빛이 다른 바닥 등의 촉각·시각적 단서를 제공하라.
③ 안전을 위해 장비와 시설에 대한 위치정보와 자세한 설명이 필요하다.
④ 시설과 용·기구의 위치와 작동 등의 환경적 요소는 순서적이면서 계획적으로 구성되어야 한다.
⑤ 경기장이나 체육관 등의 활동 공간은 잘 정돈되어야 하며, 바닥, 벽, 모서리 등을 주의한다.
⑥ 시범과 함께 움직임에 대한 단서를 제공하고 동작을 촉각적으로 만지게 하여 이해하게 하라.
⑦ 동료들을 활용한 또래교수는 효율적인 지도방법이다.
⑧ 충분한 연습 또는 지도시간을 확보하라.
⑨ 보조자, 친구, 장애가 가벼운 동료 등이 동작 파트너가 되는 버디시스템(buddy system)을 적극 활용하라.

5) 청각장애인

청각장애인의 경우 지체장애인이나 시각장애인에 비해 신체활동의 제약이 없다고 생각할 수 있다. 이러한 선입견은 청각장애인의 신체활동 기회를 빼앗는 원인이 될 수 있다. 실제 청각장애인은 체력요인 중 평형성, 협응력, 방향감각의 저하가 초래되어 운동기능 저하로 이어질 수 있다. 더욱 심각한 것은 의사소통의 어려움으로 기존 프로그램이나 활동에서 배제되거나 체계적인 지도를 받을 기회가 없다는 것이 문제이다. 하지만 몇 가지 활동의 변형이나 고려가 이루어진다면 신체활동 참여에 어려움이 없을 것이다.

① 언어적 지도보다 시범을 통해 지도하라.
② 참여자는 빛이나 조명을 뒤로하게 하라.
③ 손짓, 전등, 깃발 등으로 주의집중하게 하고 약속된 신호를 활용하라.
④ 지도자는 수회, 구화 등 기본적인 능력과 수화통역사, 문자통역사 등 의사소통 수단을 갖추어야 한다.
⑤ 기온 변화, 추위, 습기, 먼지 등에 대한 귀의 감염에 대비해야 한다.
⑥ 고공운동이나 기압차가 큰 운동, 순간적으로 많은 힘을 요구하는 운동은 주의한다.
⑦ 수중활동 시 다이빙, 잠수, 수영 등은 각별한 주의나 변형이 필요하다.

3. 수업 스타일 및 방식

장애인들의 신체활동 현장에서의 수업 스타일은 각 개인이나 팀의 지도목표 수립을 위한 중요한 고려사항이다. 장애인을 위한 교수방법은 매우 다양하고 대부분은 일반 교수방법의 원리를 적용할 수 있다.

일반적인 교수 스타일의 원리는 적용 가능하지만 장애인에게 그대로 적용할 경우 상당 부분 시행착오를 겪을 가능성이 높다. 그리고 어떤 교수유형도 완전할 수 없기 때문에 이상적인 교수유형을 찾기 위해서는 장애인에게 맞게 적절하게 수정 및 변형된 교수방법을 적용하는 것이 중요하다. 교수유형을 연속적인 개념에서 접근한 Kasser & Lytle(2005)의 개념은 다음과 같다(표 2-2 참조).

표 2-2. 연속적 개념에서의 교수유형

교수유형		설명
지도자 지도	지시	단기간에 정확한 과제를 배우기 위해 지도자가 모든 것을 결정하고 지도
	실천	개인적으로 일할 시간을 참여자에게 제공하고, 지도자는 피드백 제공
	상호	파트너와 일하게 하고, 파트너는 지도자가 설정해준 기준을 바탕으로 서로에게 학습 피드백 제공
	자기검사	자신의 일을 체크하고 과제를 배우는 것으로 자기검사 기준은 지도자 의해 설정
	통합	자신의 일을 체크하고 과제수행 수준 선택을 배우는 것
	유도발견	지도자의 연속적 질문을 통해 개념과 답변을 발견하는 것
	수렴발견	문제제기와 비판적 사고, 논리적 절차를 사용하여 결론에 도달하거나 문제해결 방안을 도출하는 것
	확대생산	하나의 질문에 다양한 답변을 발견하는 것
	개별화 프로그램 참여자 설계	개인 프로그램에 일련의 조직화된 과제를 설계, 개발, 수행할 수 있는 기회를 참여자에게 제공하는 것
참여자 지도	참여자 자기주도	참여자에게 학습설계, 이행, 평가를 자기주도의 기회제공
	자기지도	지도자 없이 자기지도에 기반한 평생학습을 강화하는 것

가. 교수자에 따른 접근

1) 지도자 중심의 지도

지도자 중심의 지도는 엄격한 통제 방식으로 지도의 결정권한이 지도자나 관리 기관에 있는 지도방식이다. 지도자는 지도내용, 방법, 진도 등을 직접 결정하고, 관리 기관은 시간, 장소, 지도자 선정 등을 결정할 수 있다. 즉, 참여자의 개인능력보다는 기관의 철학과 전통이 중요하며 개인보다는 전체 참여자의 능력에 관심을 가진다. 지도자의 지도행동에 참여자를 일치시켜야 하며, 지도자의 기준에서 평가된다. 이 방법은 지도자의 능력과 자질에 활동의 성패가 좌우될 수 있다. 장점으로는 빠르고 원활한 계획 및 진행이 가능하다는 것이고, 단점으로는 참여자의 자발성이 저하되고 내적 동기유발이 무시될 수 있으며 지루함을 유발할 수 있다.

2) 참여자 중심의 지도

참여자 중심의 지도는 지도자 중심의 지도와는 대조적으로 민주적 방식으로 진행되는 지도방식으로, 참여자의 욕구와 흥미가 전제되며 모든 과정에서 참여자를 고려한다. 참여자의 욕구를 바탕으로 목표 설정, 장소, 시간, 지도자, 종목 선택, 지도방법, 내용구성, 평가 등이 이루어진다.

진행에 있어서도 개인에게 맞는 진도와 일정, 사정을 고려하며, 개인 차이를 인정하여 참여자의 능력에 맞게 지도하고자 한다. 참여자는 능력이나 기량보다 참여 자체의 즐거움과 재미에 관심을 갖고, 참여자가 많이 생각하고 자신을 표현하도록 유도하며, 인지적·정의적 발달도 관심을 가진다. 신체활동의 흥미와 성공 목적으로 참여자의 동기유발이 중요하며 상담자, 정보제공자, 안내자로서의 지도자의 역할을 수행해야 한다.

나. 지도방식에 따른 접근(Seaman & Depauw, 1989)

1) 일대일 방식

일대일 방식의 지도는 개별화된 지도를 위해 참여자와 지도자가 일대일로 지도하는 방식이다. 주로 지적장애인, 자폐성장애인, 중증장애인에게 많이 적용한다. 보조지도자, 부모, 자원봉사자, 또래교사 등도 참여할 수 있다.

2) 소그룹 방식

2~10명의 참여자와 1명의 지도자 또는 보조지도자로 이루어지는 방식이다.

3) 대그룹 방식

전체 참여자의 팀, 학급에 한 명 이상의 지도자나 보조지도자로 구성되어 지도하는 방식이다.

4) 혼합 방식

동일한 수업시간 안에 다양한 방법으로 지도하는 방식이다. 참여자의 특성이 다양하거나 참여 목적이 다를 경우에 사용하는 방식이다.

5) 또래교수(동료교수) 방식

또래교수 방식의 지도는 한 참여자가 또래교사가 되어 다른 참여자를 지도하는 방법이다. 선후

배나 우수한 또래가 교사가 될 수 있다.

6) 교수마당
소단위로 분류하여 기술을 연습시키도록 순회하는 몇 개의 구역을 설치하여 지도하는 방식이다.

7) 개별 진도에 따른 독립적 지도
과제카드에 제시된 지시를 따르거나 지도자와 보조지도자의 안내로 참여자의 속도에 맞게 자신의 목표를 향하여 학습하는 방식이다.

다. 지도 형태에 따른 접근
1) 명령형 지도 방식
지도자가 통제권을 갖고 주입식으로 교육시키는 형태의 지도 방식이다. 지도자가 결과를 예측하고 결과를 유도하기 위해 언어적 지시로 지도하는 형태로, 지도자는 동작을 설명하고 시범을 보인 후 연습하게 한다. 지도자는 전체 또는 한 명씩 연습하게 하고 피드백하며, 잘못된 동작은 즉시 지적하고 교정한다. 참여자의 수동적 참여와 동기유발이 어려울 수 있다.

2) 과제형 지도 방식
개인의 능력에 따라 과제를 제시하여 참여자가 목표에 도달하게 유도하는 지도 방식이다. 지도자는 무엇을 어떻게 할 것인지를 결정하나 활동장소, 중지 시간에 대한 시간조절, 과제수행 속도는 통제하지 말아야 한다. 연습 시에 자유롭고, 책임감을 갖게 할 수 있으며, 집단 내 상호작용을 갖게 하는 데 용이하다. 참여자가 성, 연령, 능력의 차이가 있을 때 적합하다.

3) 문제 해결형 지도 방식
문제 해결형 지도 방식은 참여자들의 능동적인 참여를 유도하여 참여자들이 스스로 문제해결을 할 수 있도록 돕는 형태의 지도 방식이다. 이를 위해 지도자는 치밀하게 문제의 계통과 요점을 명확하게 숙지하고, 하위문제를 가진 문제를 준비하고 제시하며, 참여자는 탐색과 연습을 통해 문제를 해결해가는 과정이다. 지도자는 활동이 산만하지 않게 운영해야 하고, 참여자는 문제분석을 통해 운동 원리를 깨닫게 된다.

많은 시간이 소요되나 원리 터득 시 효과가 크고 지속적이며, 능동적인 참여를 유도할 수 있다. 창조적 · 탐구적 성향이 강한 대상이나 청소년층에게 적합한 지도 방식이다.

라. 신체활동 접근방식에 따른 접근

1) 기능적 접근법(top-down approach)

신체활동을 지도할 때 어려운 기술이나 동작에서부터 기초 동작을 가르치는 방법으로 전체적 지도에서 세부적 지도를 하기도 한다. 특히 장애아동의 참여가 용이한 방법으로, 단계적 지도 시 실질적인 활동 참여에는 상당 기간과 과정이 필요하게 되고 현실적으로 어려울 수도 있으므로 이 방법을 통해 활동 참여가 용이하도록 도울 수 있다. 이 방법은 개인마다 기술지도로 능력이 다른 참여자를 동시에 지도하는 데는 어려움이 있으므로 지도자의 업무량과 능력에 따라 실효성이 나타난다. 또 기초기술 미습득으로 규정 변경이나 수정이 필요하다.

2) 발달적 접근법(bottom-up approach)

기능적 접근법과 반대로 기초기술에서 어려운 기술로 지도하는 것으로, 세부적이고 단계적 지도에서 전체적 지도를 하는 것이다. 이 접근법은 기초가 좋아야 어려운 기술 수행이 가능하다는 가정이어서 기초습득이 어려운 장애인의 참여는 용이하지 못하다. 특히 중증장애인의 경우 기초습득의 어려움과 기술 간 조합능력의 어려움이 발생하여 이 접근법이 용이하지 않을 수 있다.

이소현 등(2006)은 장애인을 위한 교수방법으로 자기 주도 전략(초인지 전략), 또래 주도 전략, 교사 주도 전략으로 구분하여 제시하였다.

첫째, 자기 주도 전략(초인지 전략)은 스스로의 과제지향적인 행동을 계속적으로 점검함으로써 그러한 행동을 발생시키고자 하는 자기점검법(self-monitoring), 과제의 수행 순서를 스스로 말해가면서 실행하도록 하는 자기교수법(self-instruction), 참여자가 정해진 목표를 달성했을 경우에 스스로 정해진 강화를 부여하는 자기강화법(self-reinforcement), 새로운 학습 과제를 시작하기 전에 학습자에게 제시하는 선행조직자(advanced organizer) 등이 있다.

둘째, 또래 주도 전략은 또래(동료)로 하여금 학습을 촉진하게 하는 방법으로 협동학습과 또래교수로 구분된다. 협동학습(cooperative learning)은 경쟁적인 학습이나 개별학습과 대비되는 개념으로, 학습자가 공동의 목표를 위해 협력하여 학습하도록 구조화된 학습방식이다. 또래교수(peer tutoring)는 한 학습자가 또래교사가 되어 다른 학습자에게 특정 기술과 학습을 시키는 방법으로, 서로 간의 자존감과 책임감을 향상시킨다. 선후배나 우수한 또래가 교사가 될 수 있다.

셋째, 교사 주도 전략은 교사가 주도적으로 가르치는 방법이며, 특정 기술이나 목표를 위해 참여자에게 직접 촉진을 제공하거나 칭찬 등의 피드백을 제공하는 것이다. 주로 과제분석(task analysis)과 촉진(prompt)이 있는데, 과제분석은 한 동작을 관찰할 수 있는 작은 단위로 나누어 가르치는 방법을 말하고, 촉진은 참여자의 과제를 수행하는 것을 도와주는 지도자의 행동을 말한다.

4. 특수체육 지도에서의 행동관리

장애인의 신체활동 지도에서 행동관리는 주로 지적장애인이나 자폐성장애인들에 대한 운동기술, 체력 등을 지도하는 중요한 지도 전략이다.

가. 행동관리의 이해

행동관리는 지적장애인이나 자폐성장애인에게 나타나는 부적절한 행동에 대한 적절한 관리를 의미하는 것으로 개인적인 학습뿐만 아니라 타인에게도 영향을 미치는 요인으로 적절하게 조치하지 않으면 지도에 상당한 어려움을 겪게 된다. 우선적으로 지도자가 이러한 행동에 대해 분명한 태도와 자세를 가져야 하는데, David 등(2011)은 지도자나 교사가 주의해야 할 몇 가지 사항을 제시하였다.

- 목표, 태도, 행동에 있어 일관성을 가질 것
- 학생들을 차별하지 말 것
- 변덕스러운 태도를 버릴 것
- 다른 사람들 앞에서 비난하지 말 것
- 한 사람에게만 특정한 과제를 부여하는 것
- 점수와 성적을 공개해서 비교하는 것
- 빈정대지 말 것
- 애매하거나 부정적인 말을 하지 말 것
- 체벌하지 말 것
- 실제 행동보다 과잉 처벌하는 것
- 행동과 관련 없는 처벌을 내리는 것
- 반복된 문제행동으로 부적절한 행동을 방치하는 것
- 자신의 스케줄에 맞추어서 처벌을 미루는 것
- 위협을 주는 것
- 잘못이 이해되지 않은 상태에서 윽박지르는 것
- 운동을 처벌로 내리는 것
- 한 사람으로 인해 모두에게 벌을 내리는 것

지도자는 문제행동에 대한 적절하고도 일관된 대처방법을 항상 숙지하고 있어야 하며, 이에 앞서 자신의 태도와 자세를 점검해야 한다.

나. 행동관리의 절차

문제행동을 효과적으로 관리하기 위해서는 일련의 체계를 이해하고 단계적 관리 절차에 맞게 대처하는 것이 필요하다. 행동관리의 주요 절차는 다음과 같다(한동기, 2004).

① 문제행동이 무엇인지 파악한다.
② 문제행동의 발생빈도, 기간, 유형 등의 자료를 파악한다.
③ 적절한 행동관리법을 선정한다.
④ 효과적인 강화물을 조사하고 선정한다.
⑤ 행동관리를 시작한다.
⑥ 행동관리 시행에 따른 효과를 관찰하고 기록한다.
⑦ 행동 변화를 최종적으로 확인하는 평가를 한다.
⑧ 행동관리법에 사용된 강화물을 점차적으로 줄여나간다.

다. 문제행동의 유형

문제행동이 가지고 있는 5가지 보편적 기능은 관심 끌기, 과제나 자극 피하기, 원하는 물건이나 활동 얻기, 자기-자극 행동이나 상동행동 등과 같이 자신의 각성 또는 에너지 수준을 조절하기 위한 자기-조절, 무의미한 놀이나 단순 오락 등으로 구분할 수 있다(Durand, 1988; Evans & Meyer, 1985).

이러한 문제행동들이 발생할 때 이에 대한 적절한 중재가 필요한데, Janny와 Snell(2000)은 문제행동에 따른 중재 우선순위를 결정하는 기준을 다음과 같이 제시하였다(표 2-3 참조).

라. 문제행동의 관찰과 기록

문제행동에 대한 기록법에는 빈도 기록법, 지속시간 기록법, 등간 기록법, 시간 표집법 등이 있다.

- 빈도 기록법은 일정 시간 동안 발생한 문제행동의 빈도를 측정하여 기록하는 방법이다(예: 돌아보기, 손 물어뜯기, 침 뱉기).
- 지속시간 기록법은 문제행동이 발생했을 경우 지속된 시간을 기록하는 것이다(예: 자리이탈).
- 등간 기록법은 정해진 시간에 동일한 단위로 시간을 작게 간격별로 다시 나누어 그 단위시간에 문제행동이 발생했는지를 기록하는 것이다.
- 시간 표집법은 등간 기록법과 같이 단위시간에 행동을 관찰하는 것은 유사하나, 등간 기록법과 다른 것은 단위시간 전체를 관찰해서 정해진 순간만 짧게 관찰하여 행동 발생 여부를 기록하는 점이 차이가 있다.

표 2-3. 중재 우선순위 결정 기준

우선순위	행동유형	결정 기준
1순위	파괴행동	자신이나 타인에게 해를 입히거나 건강을 해치거나 생명을 위협하는 행동
2순위	방해행동	• 자신이나 타인의 학습을 방해하는 행동 • 사회적 관계를 저해하거나 방해하는 행동 • 가정, 학교, 지역사회 활동에 참여하지 못하도록 방해하는 행동 • 위험하거나 방해가 될 정도로 물건을 파괴하는 행동 • 중재가 없으면 파괴적인 행동으로 바뀔 가능성이 있는 행동
3순위	경미한 방해행동	• 사회적 수용도를 저하시키는 행동 • 자신의 인상에 부정적인 영향을 미치는 행동 • 물건에 손상(파괴가 아님)을 입히는 행동 • 방치하면 방해행동으로 바뀔 가능성이 있는 행동

마. 행동관리 전략

1) 행동관리의 A-B-C

행동관리의 A-B-C는 선행자극(antecedent stimulus)이나 사건-행동(behavior)-결과(consequence)를 의미하며, 이는 선행자극이나 사건을 통해 행동이 일어나고, 그 행동으로 인해 발생하는 결과는 반드시 존재한다는 것이다. 이 이론은 1968년 인지심리학자 Skinner의 '조작적 조건 형성'에서 원리를 제시하였는데, 이들과 환경과의 상호작용이 행동을 유발하므로 이 요건들을 인위적으로 조절함으로써 행동의 변화가 가능하다는 것이다.

2) 행동의 형성과정

행동의 형성과정은 처음에 지도자가 의도하는 행동을 형성시켜 나앙한 보조를 통해 행동을 증가시키거나 정확성을 향상하여 일상생활에서 자연스럽게 발현되는 일반화가 진행되는 과정을 거친다(한동기, 2004).

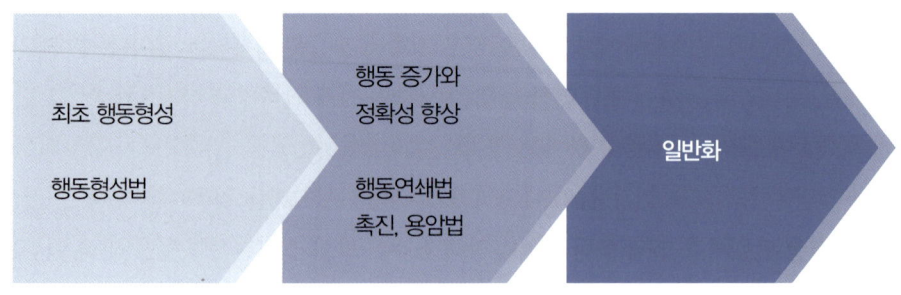

그림 2-2. 행동형성의 절차

① 행동형성법(shaping)

새로운 행동을 가르칠 때 처음 도입하는 방법이다. 이는 학습목표를 설정한 후 아동이 비슷한 행동을 했을 때 적극적으로 강화하여 성취감 및 흥미를 가지게 한 후 최종적 목표행동 시에 강화를 제공하여 행동을 배우게 하는 것이다. 가령 인라인스케이트를 배우는 아동에게 한 발만 내딛기를 하더라도 칭찬을 해주어 자신감과 성취감을 준 후 아동이 나아가기를 반복하도록 유도하여 목표행동만큼 나아가기를 수행했을 때 강화를 제공하는 것이다.

② 행동연쇄법(chaining)

목표행동의 성취를 위해 행동을 단계별로 나누어 지도하는 것으로, 목표행동을 작은 연속적인 행동으로 나눈다. 여기에는 3가지가 있는데 다음과 같다.
- 전진연쇄법(forward chaining): 일련의 목표행동을 세분화하여 처음부터 활동을 완성한 후 다음 단계로 순차적으로 지도하는 것이다. 하위과제를 습득한 학생이나 새로운 교육이 부족한 학생에게 적합하다.
- 역순연쇄법(backward chaining): 일련의 목표행동을 세분화하여 역순으로 지도하는 방법이다. 과제가 복잡하거나 새 기술이 많을 때 사용할 수 있으며, 중증장애 학생을 교육할 때 적합하다.
- 전체 과제형 연쇄법: 전진연쇄법의 변형으로, 가르칠 때마다 과제분석으로 나열된 전체 하위과제를 순서대로 수행하는 것이다.

③ 일반화(generalization)

반복을 통하여 학습한 행동을 일상생활 가운데 자연스럽게 수행할 수 있게 하는 일반화를 촉진시키는 방법은 다음과 같다.
  학습 시의 환경과 일상생활 환경이 유사할수록 일반화가 쉽다.
- 학습 시 다양한 환경에서 배운다면 일반화가 용이하다.
- 스스로 학습하게 한다면 일반화가 쉽다.
- 다양한 강화물을 사용한다.

바. 강화기법

강화(reinforcement)는 장애인교육 및 지도에 필수적인 요소로, 바람직한 행동이 발생했을 때 따라오는 결과 혹은 보상을 말한다. 강화는 정적 강화와 부적 강화로 구분된다. 바람직한 행동에는 적극적인 칭찬과 격려가 필요하지만, 부정적인 행동은 감소나 제거를 위한 조치가 필요하다. 강화는 일반적으로 행동 발생 시 즉시 제공하는 것이 유용하다. 강화 계획에는 4가지 형태가 있다.

① 고정간격(fixed-interval schedule)으로 일정 기간을 정해 정기적으로 보상하는 것이다 (예: 월급).
② 변수간격(variable-interval schedule)으로 기간이 일정하지 않게 자극을 주는 것이다(예: 성과급).
③ 고정비율(fixed-ratio schedule)로 일정 기간 동안 정해진 양만큼 보상해주는 것이다(예: 연봉제, 월급의 본봉).
④ 변수비율(variable-ratio schedule)로 불규칙한 기간 동안 불규칙한 양을 보상하는 것이다 (예: 성과급의 양적 평가로 제공).

1) 행동의 유지 및 증가 기법

바람직하거나 긍정적인 행동을 유지 및 증가시키기 위해 사용하는 강화방법을 '정적 강화(positive reinforcement)'라고 한다. 정적 강화는 일차적 강화물(음식, 과자, 스티커 등 강화물 자체가 동기)에서 이차적 강화물(칭찬, 선호활동 등 경험연상으로 기대)로 이동하는 성향을 가진다.

① 칭찬(praise)

칭찬은 바람직한 행동에 대해 격려와 지지를 보내는 것을 말한다. 가장 손쉽게 활동할 수 있으며, 매우 효과적인 강화방법이다. 칭찬의 유형으로는 웃음, 표정, 두드리기 등이 있으며 칭찬을 할 때는 "너 축구 잘하는구나."라는 식의 말보다 "너 드리블 동작이 좋구나."라는 식으로 구체적일수록 효과적이다.

② 토큰강화(token enforcement)

토큰강화는 대상자가 토큰을 수집하여 다른 강화인과 교환하게 해주는 것이다. 토큰 강화물은 스티커, 배지, 카드, 음식물, 상장 등 다양하게 사용할 수 있으며, 사전에 목표행동에 따라 제공되는 토큰에 대해 자세히 설명해주어야 한다.

③ 프리맥의 원리(Premack principle)

빈도가 높은 행동으로 빈도가 낮은 행동을 강화시키는 것을 말한다. 가령 싫어하는 달리기를 하면 좋아하는 트램펄린 10분을 타게 해주는 것이다.

④ 행동계약

지도자와 아동, 부모와 아동 간에 행동을 약속하고 계약서에 명시하는 방법이다. 계약서에는 목표행동, 강화방법, 행동측정, 평가방법 등을 기록하고 서명 날인하여 각각 보관한다.

⑤ 촉진(prompting)

촉진은 참여자의 과제수행을 부모나 지도자가 도와주는 것이다.
- 구어적 촉진: 구어적 촉진은 명백하고 일관성이 있어야 한다. 예) 쳐, 돌아, 차, 달려 등
- 그림, 시각적 촉진: 목표 수행을 위해 돕는 시각적 자극을 말한다. 학생에게 부품 조립 방법을 습득시키기 위해 각 조립단계를 그림으로 보여주는 방식과 같다.
- 모델링(modelling): 주의를 집중시키고 친구의 시범을 보고 반복하게 하는 방법이다. 새로운 과제를 제시할 때 유용한 전략이 될 수 있다.
- 신체적 촉진: 신체적 보조를 통해 수행을 돕는 것으로 쓰기 학습 시 학생의 손 위에 손을 얹어서 안내하는 것이나 함께 배트를 잡고 치기를 가르치는 것을 의미한다.

⑥ 용암법(fading)

용암법은 처음의 지원이나 도움(촉진, 강화물)을 점진적이고 체계적으로 제거하는 것을 말한다. 손잡고 글씨 쓰기를 가르칠 때, 처음에는 참여자의 손을 잡고 글씨를 함께 쓰다가 힘을 조금씩 빼서 참여자 스스로 쓸 수 있게 유도하는 것이다. 공치기를 가르칠 때 두 손으로 보조하다가 한 손 보조로 그리고 언어적 보조를 하다가 스스로 할 수 있게끔 유도하는 것이다.

2) 행동의 제거 및 감소 기법

부정적인 행동을 감소 및 제거하기 위해 사용하는 강화방법을 '부적 강화(negtive reinforcement)'라고 한다. 부적 강화는 싫어하는 자극을 제시하는 것으로, 벌만을 의미하지 않는다. 부적 강화는 오히려 '어떤 행동을 해야 하는가?'를 알려주는 데 관심을 가져야 한다.

① 타임아웃(time-out)

타임아웃은 물리적 행동 없이 제외 또는 고립, 차단하여 문제행동을 관리하는 것이다. 두 가지를 고려해야 하는데, ㉠ 참여자가 떠나기 싫어할 정도의 재미있는 상황이어야 하고, ㉡ 격리된 장소는 참여자가 즐길 수 있는 강화가 없어야 한다.

② 소거(extinction)

소거는 문제행동의 강화 원인을 파악하고 그 강화를 제거하는 것을 의미한다. 가령 체육시간에 소리 지르기를 통해 친구들의 시선 끌기를 즐기는 아동에게 소리를 질러도 모두가 관심을 보이지 않거나 무시하여 스스로 소리 지르기를 고치게 하는 것이다. 다음 네 단계를 거친다(대한장애인체육회, 2009). 첫째, 강화물을 결정한다. 둘째, 부적절한 행동 발현 시 강화물을 철회한다. 셋째, 소거와 함께 강화를 제공함으로써 적절한 행동이 많이 나타나도록 한다. 넷째, 부적응 행동이 제거되면 같은 상황에서 부적응 행동이 다시 나타나거나 다른 부적응 행동이 나타나면 다시 소거 과정을 시작한다.

③ 벌(punishment)

벌은 야단이나 체벌과 같이 고통과 자극을 주는 방법, 참여자가 좋아하는 것을 못하게 하는 방법이 있다. 벌은 단시간에 효과가 있으나 일시적 행동 억제 시 부분적으로 사용해야 한다. 벌은 사용자에 대한 정서적 반응과 공격 그리고 체벌 방법의 모델링, 타인에게 고통 주는 것이 정당화되고, '무엇을 할 것인가?'보다 하지 말 것만 강조하는 등 많은 부작용이 나타난다.

④ 과잉교정(overcorrection)

과잉교정은 '강제적 반복교성'으로도 불리며, 문제행동을 일으켰을 때 강제적으로 반복해서 책임지게 하여 원래대로 돌리게 하는 방법이다. 가령 가방을 제자리에 놓지 않았다면 다른 친구 것까지 반복적으로 정리하게 하는 것이다.

⑤ 체계적 둔감법

대상에게 느끼는 공포나 불안을 점차 감소시켜 문제행동을 감소시키는 방법이다. 가령 인라인스케이트를 탈 때 넘어질까 두려워하는 참여자를 위해 인조잔디 걷기를 먼저 실시한 후 서서히 정상적인 방법으로 지도하는 것이다. 체육관 입장을 거부하는 친구를 주위의 좋아하는 곳에 들러서 심리적 안정을 취한 후 체육관으로 입장하는 방법 등이다.

⑥ 박탈(deprivation)

박탈은 원하는 물건이나 강화제를 대상으로부터 제거하거나 중지함으로써 참여자의 바람직한 행동을 유도하는 것이다.

⑦ 포화(saturation)

포화는 참여자의 문제행동을 싫증날 때까지 반복하게 하여 문제행동을 줄이는 방법이다. 친구를 때리는 행위를 한다면 싫어할 때까지 샌드백을 때리게 하는 것이다. 하지만 이는 일시적인 효과이므로 행동수정 후 다른 방법을 사용해야 한다.

5. 장애와 운동발달

신체활동 및 스포츠 지도에 있어서 성장과 발달은 체격과 체력, 운동기능 등과 밀접하게 연관되어 있다는 차원에서 매우 중요한 부분이다. 특히 운동발달에 대한 충분한 이해가 있어야 개인의 신체 특성과 수준에 맞는 활동을 제시할 수 있을 것이다.

가. 발달의 원리

인간의 발달은 태아부터 죽을 때까지의 변화과정이며, 운동발달은 평생 동안 이루어지는 운동행동의 변화라고 할 수 있다. 이러한 인간의 발달과정에는 다음과 같은 원리가 있다.

① 발달은 연속성을 가지며 배 속에서 수정된 후 신생아로 태어나서 사망에 이르기까지 연속적으로 이루어지는 과정이다.
② 발달은 순서의 동일성을 가진다. 신생아가 누워 있다가 앉게 되고, 이후 서기를 한 후 걷게 되고, 달리게 되는 것처럼 발달의 순서는 누구에게나 동일하다. 하지만 발달 속도에는 차이가 있다. 영아기와 청소년기(사춘기)에는 급격하게 성장이 진행되다가도 청년기 이후 성장속도가 거의 멈춘다. 장애인의 경우 발달 순서는 모두 동일하나 장애유형에 따라 시기마다 속도의 차이가 있을 수 있다.
③ 발달은 신경학적 성숙과 관련을 가진다. 신경계의 성숙과 관련되어 있어서 신경계통의 발달 이전에는 운동기능의 발달이 어렵다. 또한 발달은 생물학적 발달, 인지적 발달, 사회·정서적 발달 등 상호 밀접한 영향을 받는다.
④ 발달은 대근육에서 소근육으로 진행된다. 대근육이 먼저 발달하고 난 후 소근육이 발달하므로 대근육을 사용하는 큰 활동에서 소근육을 사용하는 작은 활동으로 발달한다. 또한 일반적이고 전체적인 활동에서 특수하고 세부적인 활동으로 발달하게 된다.
⑤ 발달은 두미 방향으로 진행된다. 머리 부분이 몸통이나 사지보다 일찍 발달한다. 태아의 머리, 뇌, 눈이 신체 하부보다 먼저 발달하고 다른 부분에 비해 불균형적으로 크다. 운동발달은 머리가 발달하고 팔, 다리 방향으로 진행된다. 아동의 경우 목 가누기 이후 팔과 손으로 기기, 그리고 몸 일으키기(앉기), 발로 서기 순으로 진행된다.

⑥ 발달은 근위·원위로 나타난다. 즉, 몸 중심에서 말초 부위로 발달한다. 태아의 경우 머리와 몸체는 팔다리보다 먼저 발달하며, 팔다리는 손가락과 발가락보다 먼저 발달한다. 즉 팔, 손목, 손, 손가락의 순서대로 발달이 이루어지는 것을 말한다.
⑦ 발달은 양방향에서 일방향으로 이루어진다. 유아의 경우 두 팔을 사용하다가 한 팔을 사용하게 되고, 이후 좌상지, 우하지와 같이 교차가 가능하다. 즉 양측성, 일측성, 교차성으로 발달한다.
⑧ 발달은 수평적 동작에서 수직적 동작으로 발달한다. 처음 걷기와 뛰기가 발달한 후 수직점프가 가능하다.
⑨ 발달에는 개인차가 있다. 인간은 많은 공통점을 지니지만, 인간의 행동은 모두 차이가 있다. 발달은 속도뿐만 아니라 발달 유형에도 개인차가 있고, 남녀의 성별에 따라서도 큰 차이가 있다.

나. 발달의 단계

인간의 발달단계는 다양하게 구분될 수 있으나, 일반적인 생애주기별 발달단계는 태아기-유아기-아동기-청소년기(사춘기)-청년기-청·장년기-중년기-노년기 순으로 발달단계를 가진다.

다. 운동발달의 단계

운동발달의 형태와 단계에 대하여 Gallahue와 Ozmun(2002)은 〈표 2-4〉와 같이 구분하였다. 운동발달 형태는 크게 4가지로 구분하는데 반사운동 형태, 기초운동 형태, 기본운동 형태, 전문화된 운동 형태이다(Winnick, 2005).

표 2-4. 운동발달의 형태와 단계

운동발달 형태	운동발달 단계	발달주기
반사운동 형태	정보유입단계	태아 ~ 4개월
	정보유출단계	4개월 ~ 1세
기초운동 형태	반사억제단계	출생 ~ 1세
	통제이전단계	1 ~ 2세
기본운동 형태	초기단계	2 ~ 3세
	기본단계	4 ~ 5세
	성숙단계	6 ~ 7세
전문화된 운동 형태	전이단계	7 ~ 10세
	응용단계	11 ~ 13세
	평생 활용할 수 있는 단계	14세 이상

라. 운동발달 형태별 특징

1) 반사운동 형태

반사운동은 사람이 태어나서 최초로 하는 운동이다. 반사운동은 불수의적 움직임이며, 피질하에서 조절되는 움직임이다. 즉 유아는 빛, 소리, 접촉, 압력 변화에 불수의적으로 반응한다. 이러한 불수의적 움직임을 '원시반사(primitive reflex)'라고 한다.

반사운동의 형태는 정보유입과 정보유출로 구분하는데, 정보유입 단계는 태아기에서 생후 4개월까지 나타나는 불수의적인 움직임을 가리킨다.

정보유출 단계는 생후 약 4개월 정도에 시작되는데, 상뇌중추가 발달함으로써 반사는 점차 억제되기 시작한다. 움직임이 축적된 정보와 함께 감각자극을 처리하는 것을 말한다. 유아기에는 중추 및 말초신경계가 성숙해지고 신경계가 빠르게 발달하면서 근에 대한 수의적 조정이 증가하면서 반사는 서서히 줄어든다.

신경계의 이상으로 발달의 지체를 보이는 유아들의 반사행동은 ① 반사 반응이 없거나, ② 반사 반응이 약하거나, ③ 비대칭 반사 반응이 있거나, ④ 반사 반응의 영속성이 나타난다.

2) 기초운동 형태

기초운동 형태는 반사운동 이후 수의적인 움직임이 시작되면서부터 나타난다. 앉기, 잡기, 기기, 서기, 뻗기 등의 움직임 형태로 보통 출생~2세 전후까지 보이는 성숙한 운동 형태로, 반사억제(reflex inhibition)와 사전억제(precontrol)의 두 단계로 구분된다.

① 반사억제 단계: 기초운동 형태 중 반사억제 단계는 생후 바로 시작된다. 원시반사와 자세반사는 수의적 움직임으로 서서히 바뀌게 되고, 수의적 움직임은 완전하지 않고 반사운동과 통합된 형태가 나타나게 된다.

② 사전억제 단계: 생후 약 12개월이 지나면서 아동들은 움직임에 대한 정확성과 통제력이 향상되고, 감각과 지각이 운동정보를 통합하는 과정이 일어난다. 이 시기에는 인지발달도 급속하여 기초운동 능력이 향상되고, 사물을 조작하는 능력과 이동하는 방법을 배우게 된다.

기초운동의 발달 지체를 초래하는 위험요인은 중추신경장애, 정신장애, 정형외과적 장애 등으로 수의적 움직임의 초기단계에서 운동발달을 저해하고 지각손상으로 발달의 어려움이 나타날 수 있다.

표 2-5. 운동발달의 패턴과 기초운동 능력

운동패턴	운동발달 단계	발달주기
머리와 목 제어	한쪽으로 돌리기 양쪽으로 돌리기 도움을 받아 유지하기 바닥에서 턱 들기 엎드려 제어하기 누워서 제어하기	출생 1주 1개월 2개월 3개월 5개월
몸통제어	머리와 가슴을 들어 올리기 누워서 굴러 엎드린 자세 시도하기 누워서 굴러 엎드린 자세 성공 엎드려서 굴러 눕기	2개월 3개월 6개월 8개월
앉기	도움받아 앉기 스스로 의지하여 앉기 혼자서 앉기 도움받아 서기	2개월 3개월 8개월 6개월
서기	손을 잡고 지탱하기 잡고 서기 혼자서 서기	10개월 11개월 12개월
수평운동	배밀이 배밀이 기기 네발로 걷기	3개월 6개월 9개월 11개월
직립보행	도움받아 걷기 손을 잡고 걷기 밀면서 걷기 혼자서 걷기(손을 높이 든다) 혼자서 걷기(손을 내린다)	6개월 10개월 11개월 12개월 13개월
쥐기	반사적 수의적 두 손바닥으로 쥐기 한 손바닥으로 쥐기	출생 3개월 3개월 5개월 9개월 14개월 18개월
놓기	기초수준 잘 조절하는 수준	12~14개월 18개월

3) 기본운동 형태

기본운동 형태는 유아기의 기초운동이 발달하면서 시작된다. 걷기, 달리기, 차기, 던지기, 받기, 오르기, 구르기 등의 기본적 동작 습득 단계를 말한다. 이 시기는 주로 2~6세 정도로, 기본적인 안정성과 이동운동, 조작운동의 발달 순서를 보여준다.

① 초기 단계: 기본운동의 첫 단계로, 아동은 목표를 가지고 운동을 시도하게 되지만 신체 움직임의 제어가 부족하거나 미숙하고 순서가 잘 맞지 않거나 리듬감이 떨어지는 등의 미숙한 움직임을 보인다.

② 기초 단계: 기본운동을 제어하는 능력이 향상되어 시공간의 조화나 리듬을 맞추기도 한다. 하지만 운동패턴이 제한적이고 과장된 형태로 나타난다.

③ 성숙단계: 운동수행이 자연스럽고 조화롭게 이루어지며, 대부분의 기본기술이 성숙하게 이루어질 수 있다. 하지만 움직이는 물체에 대한 정교한 움직임은 미숙하다.

장애아동의 경우 움직임이 정교해질수록 비장애아동과의 발달의 차이가 나기 시작한다. 신체적 문제뿐만 아니라 학습능력의 제약과 잘못된 교수방법에서도 문제가 될 수 있다. 따라서 개별화교육이나 과제분석은 성공적 수행을 위한 효과적인 방법이 될 수 있다.

4) 전문적 운동 형태

전문적 운동 형태는 기본운동 형태로 인해 발전하게 된다. 이 단계에서는 운동이 기술을 배우는 단계를 넘어 레크리에이션이나 스포츠 활동으로까지 나아갈 수 있게 된다.

① 전이 단계: 7~8세의 아동은 운동기술의 전이 단계로 접어드는데, 기본기술이 레크리에이션과 스포츠 등의 기술과 통합 적용되기 시작한다. 또 기본운동이 놀이, 게임, 일상생활로 전이되고 적용된다.

② 적용 단계: 10~13세의 아동은 기본운동을 활동에 적용하되 모든 활동이 아닌 성공적인 요소를 선택하여 참여하거나 적용하게 된다.

③ 평생활용 단계: 13세 이후 성인기에 이르기까지의 단계로, 운동발달의 최고 수준에 이르게 되고 세련되고 정교한 동작과 움직임으로 자신의 능력과 관심에 맞는 활동을 선택하고 일상생활과 스포츠 활동에 적용하게 된다.

이 시기 장애인에게 운동기능 발달은 자립심을 향상시키고 자존감을 향상시키는 데 도움이 되며, 스포츠 활동이 지역사회 참여와 통합에 기여할 수 있다. 또한 건강과 체력관리로 일상생활에서 자기관리와 여가생활에 도움을 줄 수 있다.

6. 장애와 체력 육성

가. 체력의 개념

1) 체력이란?

세계보건기구(WHO)는 건강을 "병이 없거나 허약하지 않은 것만 말하는 것이 아니라 신체적 · 정신적 · 사회적으로 완전히 안녕한 상태"라고 정의한다. 체력도 이러한 맥락 가운데 이해되어야 한다. 일반적으로 체력(physical fitness)이란 "육체활동을 할 수 있는 몸의 힘, 질병이나 추위 등에 대한 몸의 저항"이나 "외계에 의해 행동을 일으키는 능력과 외계의 활동에서 신체를 지키는 능력" 등과 같이 정의한다.

최근 체력에 대한 정의는 건강과 관련된 건강체력, 운동이나 경기력과 관련된 운동경기체력으로 구분해서 설명한다. 운동경기체력은 운동기능과 관련된 체력을 의미하는 반면, 건강체력은 일상생활을 수행하고 유지하는 능력과 질병예방, 피로, 면역저항력, 스트레스 극복능력 등 포괄적인 의미를 가지고 있다. 즉, 건강체력은 신체가 외부 환경의 변화나 질병을 일으키는 다양한 원인들에 대해 잘 대응하고 극복하는 능력에 초점이 맞추어져 있다.

2) 체력의 구분

체력을 구분할 때 성동진(1998)은 행동체력과 방위체력으로 구분하여 제시하였다. 행동체력은 다음과 같이 형태계, 근력계, 신경계, 호흡순환계 등으로 구분하였다.

- 형태계: 근육량, 체지방률, 신장, 흉위 등
- 근력계: 근력, 근파워 등
- 신경계: 민첩성, 협응력, 유연성 등
- 호흡순환계: 심장, 폐, 혈관기능 등

방위체력은 물리적 스트레스 내성, 화학적 스트레스 내성, 생리적 스트레스 내성, 생물학적 스트레스 내성 등으로 구분하였다.

- 물리적 스트레스 내성
- 화학적 스트레스 내성
- 생리적 스트레스 내성
- 생물학적 스트레스 내성

나. 체력의 측정

1) 체력 측정평가의 원칙

장애인의 체력평가는 비장애인의 방법을 그대로 적용하면 안 된다. 상당히 많은 부분에서 장애나 개인의 신체적인 부분을 반영하여 변형하거나 별도의 측정이 이루어져야 하는데, 측정평가 시의 3가지 원칙은 다음과 같다(Auxter & Pyfer, 1985).

① 가능성을 측정하라

일반적으로 측정평가는 학습과정이 마무리되면서 시행하여 개인의 능력을 비교하거나 순위를 정하는 데 많이 활용되어왔다. 그러나 장애인에 대한 측정평가는 개인의 가능성을 찾아내어 이를 지원하여 신체활동을 성공적으로 참여하게 하기 위함에 목적을 두어야 한다. 따라서 부족하거나 불가능한 부분을 찾기보다는 가능성과 장점을 찾기 위한 측정평가가 되어야 한다.

② 다양한 분야를 측정하라

장애인들은 장애유형과 정도에 따라 다양한 운동능력의 차이를 가지고 있다. 척수장애만 하더라도 손상부위에 따라 휠체어를 사용하기도 하며, 클러치 보행이 가능하기도 하고, 심지어 보조기구 없이 보행하기도 한다. 이들이 가지고 있는 운동능력은 너무나 큰 차이를 보인다. 또한 측정방법의 적용에 있어서도 하지근력 측정 시 측정이 가능한 장애인이 있는 반면, 측정 자체가 불가능한 장애인이 있다. 따라서 장애인의 체력 측정평가는 다양한 측정방법을 준비하여 다양한 능력을 측정해야 한다. 즉 근지구력을 측정하기 위해 윗몸일으키기, 턱걸이만 하는 게 아니라 팔굽혀펴기, 변형 윗몸일으키기, 휠체어 밀기 등 다양하게 적용하고 측정기구나 평가기준도 고려해야 한다. 이를 위해 측정방법이나 측정기구의 변형이 필요하다.

③ '0점'이 없는 측정을 하라

미국의 공법 94-142에서는 "어떠한 장애인이라도 장애유형과 정도에 상관없이 적절한 프로그램에 참여할 수 있어야 한다."고 강조한다. 이를 위해 제로-리젝션(zero-rejection), 즉 '0점' 없이 측정하여 가능성을 찾아야 한다는 것이다.

2) 체력 측정평가 시 고려사항

장애인을 위한 측정평가 시 고려해야 할 몇 가지 사항은 다음과 같다.
- 측정방법 선정 시 측정방법은 신뢰도와 타당도가 확보되어야 한다.
- 측정자는 검사에 대한 충분한 지식과 경험이 있어야 한다.

- 측정 시 적절한 장소를 선정하고, 필요 시 수행보조자나 수화통역사 등을 배치한다.
- 체력뿐만 아니라 준비상태(예비검사), 자세, 기본운동기능, 성장발달 정도, 사회성 등 다양한 부분을 측정하여 체력 측정을 보완하고 프로그램 구성에 반영한다.
- 체력요인별 측정방법을 다양하게 준비해야 한다.
- 지적장애의 경우 측정 종목 자체가 학습과정이 안 되도록 익숙한 종목이어야 한다.
- 그대로 사용하지 못하는 검사는 장애에 맞게 종목과 도구를 변형시킨다.
- 가급적 규준지향검사(N-R test)보다는 준거지향검사(C-R test)를 활용하라.
- 체력기준표가 없을 경우 개인의 향상도에 근거를 둔다.
- 체력기준표가 없을 경우 장애유형과 정도를 고려하여 자체 기준을 만들어 사용한다.
- 일반 체력기준을 적용할 수 있는 장애유형과 정도라도 심리적 요인을 고려하여 신중하게 적용해야 한다.

3) 체력 요인별 측정방법

일반적으로 체력의 요인별 측정에서는 체격을 포함한 체력 각 요인을 측정한다. 체력 각 요인으로 근력(힘), 순발력, 지구력, 심폐지구력, 유연성, 평형성, 반응시간, 동작의 속도, 협응성 등이 있다. 또한 체격은 형태 측정을 의미하는 것으로 길이, 무게, 너비, 둘레, 모양 등을 말한다.

장애인의 체력 측정평가의 딜레마는 규준(평가표)이 없다는 것이다. 비장애인의 규준을 그대로 적용하는 것도 문제가 되지만, 측정종목에 대해 변형했을 때는 더욱 심각한 딜레마에 빠진다. 따라서 첫째, 검사자는 개인 수행능력의 향상도에 항상 관심을 가져야 한다. 주기적인 측정을 통해 수행능력의 변화를 기록하고 평가해야 한다. 둘째, 적정 인원 확보와 수차례의 측정을 거듭하면서 자체 평가 규준을 만들어야 한다. 이때는 장애유형과 정도를 세밀하게 고려해야 하며, 규준의 일반화에 유의해야 한다.

① 근력(힘)

근육이나 근조직이 한 번에 발휘할 수 있는 최대의 힘으로, 운동단위인 근섬유의 크기와 수와 연관되어 발휘되는 힘을 말한다. 근섬유 길이가 변함없이 수축하여 힘을 내는 정적 근력(등척성 수축)과 근섬유의 길이를 단축시키면서 수축하여 힘을 내는 동적 근력(등장성 수축)이 있다.

측정방법으로 1RM(최대 근력), 악력테스트, 배근력검사 등이 있다.

일반적으로 장애인의 근력과 지구력 및 순발력 검사에서는 장력계나 프리웨이트, 등속성 운동 장비를 사용할 수 있다. 상지 측정은 턱걸이, 팔굽혀펴기 등을 변형할 수 있고, 하지 측정은 멀리뛰기와 높이뛰기 등을 응용할 수 있다. 그러나 이러한 측정에서 장애인은 비장애인에 비해 상당히 저조한 점수가 나올 수 있다. 대부분의 측정에서는 신장이나 체중, 장애 특성이 많이 반영되기 때문에 측정방법의 변형이 중요할 것이다. 가령 아령 들기, 휠체어 경사로 밀기, 변형 윗몸일으키기 등과 같은 형태이다.

② 근지구력

근수축의 반복 능력, 즉 같은 동작을 반복적으로 계속 사용할 수 있는 능력을 말한다.
- 동적 지구력: 턱걸이, 윗몸일으키기(sit-up), 팔굽혀펴기(push-up), 버피테스트(burpee test)
- 정적 지구력: 오래 매달리기, 벽 밀기

③ 순발력

순간적으로 빠르게 발휘할 수 있는 힘으로 단위시간당 이루어지는 작업량으로, 가능한 한 짧은 시간에 폭발적인 힘을 발휘할 수 있는 능력을 말한다.
순발력의 측정방법으로 제자리높이뛰기, 제자리멀리뛰기, 50M 달리기, 공 던지기, 메디신 볼던지기 등이 있다.

④ 심폐지구력(전신지구력)

심장, 폐, 혈관과 연관되어 있으며, 운동 시 근육에 지속적인 폐나 기관지의 산소공급 능력 및 심장과 혈관, 혈액의 순환능력 등 유산소성 운동능력을 결정하는 요소이다.
측정방법은 하버드 스텝, 왕복 오래달리기(셔틀런), 오래달리기(1,000m, 1,200m, 2,000m 등), 12분 달리기 등이 있다. 또한 호흡계와 관련하여 폐활량, 최대환기량, 최대산소부채량을 검사할 수 있으며, 순환계 검사로는 추가로 맥박수, 혈압을 검사할 수 있다.
장애인들의 심폐지구력 검사는 상당한 어려움이 있다. 지속해서 운동할 수 있는 방법들이 상당히 제한적이기 때문이다. 특히 휠체어 사용자의 경우는 더 어려움이 있다. 따라서 다양한 응용방법을 고안해야 한다. 또한 척수장애인의 경우는 상당수가 폐기능의 저하가 있기 때문에 이를 고려해야 하며, 개인차가 심하기 때문에 측정목적에 맞는 변형을 고려해야 한다. 가령 휠체어 밀기는 상지장애가 일부 있거나 근력이 아주 약한 장애인에게는 심폐지구력 측정이 아니라 근력측정이 될 수 있다는 점에 유의해야 한다. 장애인을 위해 암에르고미터, 록포트 걷기검사, 스텝검사 등의 측정방법을 응용할 수 있다.

⑤ 유연성

관절의 가동범위를 의미하며, 근육·관절·인대의 상태와 직접적인 관계가 있다. 또한 동작의 효율성과 연관된다.

유연성 측정방법에는 앉아서 윗몸 앞으로 굽히기, 서서 윗몸 앞으로 굽히기, 엎드려 윗몸일으키기, 몸통 돌리기, 어깨와 손목의 유연성, 어깨 돌리기 등이 있다.

유연성 측정에 영향을 미치는 변인으로 동기, 이완의 정도, 준비운동, 근육 통증, 환경의 온도 등이 있는데, 장애인의 경우 대개 유연성 훈련 기회가 부족하며 뇌성마비의 경우 근육의 고긴장성과 구축이 있어서 유연성이 아주 낮다. 또 경련성 뇌성마비는 주변 온도, 각성수준, 근육이완제 등에 민감하여 많은 변수가 있으며, 근이양증은 근육 위축으로 유연성이 저하되고 류머티즘 관절염이 있는 장애인은 관절의 통증으로 유연성이 저하된다(전혜자·강승애·송채훈, 2013). 반면 다운증후군의 경우 근육의 탄성이 떨어져 몸이 과신전되어 측정 시 상당히 높은 수치가 나오므로 유연성 측정 시 다양한 특성을 고려하고, 관절마다 다양한 측정방법을 변형해야 한다.

⑥ 평형력

운동 시 신체의 균형 및 안정된 자세를 유지하는 능력을 의미하며, 동작의 연속적인 발현과 연관이 있다. 측정방법으로는 눈 감고 한 발로 서 있기, 평균대 위에서 제자리 돌기, 눈 감고 한 발로 서기, 평균대 걷기, 물구나무서기, 직선보행검사 등이 있다.

⑦ 민첩성

몸을 빠르게 움직일 수 있는 능력으로, 기술 수준을 결정짓는 가장 중요한 요소이다. 신경과 근의 관계, 근수축의 속도 등 생리학적 요소가 기초로 되어 있다. 측정방법으로 전신반응검사, 봉반응검사, 태핑검사, 사이드스텝, 왕복달리기 등이 있다.

⑧ 협응성

얼마나 매끄럽고 정확하게 신체의 움직임을 수행하는가에 대한 신체 각 분절의 조화를 말한다. 눈과 각 근육의 협응 등 두 개 이상의 신체 부위의 조화를 목표로 하는 능력을 포함하고 있다. 측정방법은 클린 앤 저크, 클린, 푸시 저크, 파워클린, 파워스내치 등을 통해 알 수 있다.

⑨ 신체조성

신체를 구성하고 있는 뼈, 근육, 지방 그리고 그 밖의 조직들의 비율을 '신체조성'이라 한다.

측정방법으로는 피부두겹집기법, BMI, 수중체중법, 생체전기저항분석법, X-레이 흡광계, 근적외선법, 허리-엉덩이 둘레비율법 등이 있다.

⑩ 형태측정

신체의 길이나 무게, 너비, 둘레, 모양 등을 측정하는 것을 '형태측정'이라 한다. 이러한 형태측정도 체력의 한 요소로서, 신체활동 프로그램 제공에서 고려해야 할 중요한 요소이다.

형태측정에는 다음과 같은 유형이 있다.
- 길이: 신장, 좌고, 하지장, 족장, 수장 등
- 무게: 체중, 체지방률(%), 근육량 등
- 너비: 어깨 폭, 가슴 폭, 허리 폭 등
- 둘레: 흉위, 두위, 상완위, 복위 등
- 모양: 척추굴곡, 엉덩이 모양, 족형 등

장애인에 대한 체형측정 시 장애에 대한 부분을 고려해야 한다. 신장의 경우 휠체어 사용자는 줄자를 이용해 누워서 측정하여 변형할 수 있으며, 체중의 경우 휠체어나 보조기를 사용한 채 측정할 수 있다. 체지방의 경우 하지마비나 그립이 어려운 경우, 그리고 서기가 어려운 장애인에게는 생체전기저항법을 적용하기 어려우므로 피부두겹집기법을 적용하는 등의 노력이 필요하다. 또 다른 고려사항으로 형태측정 시 뇌성마비나 절단 및 마비장애인 등은 장애부위 노출에 대한 민감한 반응이 있으므로 세심한 주의가 필요하다.

다. 체력의 육성

1) 체력육성의 원칙

장애인의 체력육성의 일반적인 기본원칙은 다음과 같다(장명재 등, 1998).
- 객관적이고 일률적인 적용을 피한다.
- 개인의 능력에 맞게 적용한다.
- 운동 강도를 개인의 특성에 맞게 서서히 올린다.
- 운동 횟수를 서서히 늘린다.
- 지속적으로 오래 수행할 수 있게 한다.
- 흥미를 상실하지 않게 한다.

2) 운동량 설정

장애인들은 체력의 개인 차이가 심하여 개인에 맞는 운동량의 설정이 무엇보다 중요하다. 자신의 신체에 맞지 않는 운동은 오히려 독이 될 수 있다. 따라서 장애유형, 장애정도, 운동 목적, 성, 연령, 체격조건, 요인별 체력수준, 운동 욕구와 관심, 병력, 습관, 생활환경, 선호운동 등을 고려해야 한다.

장애인의 운동량 설정에는 운동강도, 시간, 빈도 등이 포함된다.

3) 운동종목

운동종목의 결정은 운동의 지속 여부를 결정하는 데 중요한 요인이 된다. 개인종목이나 단체종목, 정적인 종목이나 경쟁적인 종목, 실내종목이나 실외종목, 계절스포츠, 수중활동 등 다양한 유형을 고려할 수 있다. 중요한 것은 개인의 욕구와 선호가 우선되어야 지속적인 활동이 가능하다는 것이다. 운동종목을 선정할 때 고려해야 할 사항은 다음과 같다.

- 개인의 선호와 관심이 있는 종목
- 개인 또는 단체, 통합이 가능한 종목
- 자신의 장애와 신체조건에 맞는 종목
- 개인이 처한 상황에서 접근이 용이한 종목
- 자신의 운동기능에 맞는 종목
- 강습이나 지도, 향후 동호회(클럽) 등의 활동이 가능한 종목
- 개인의 경제적인 부담이 적절한 종목

4) 운동 강도(intensity)

운동 강도를 정하는 방법은 심박수에 의한 운동 강도 설정과 운동자각도(ratings of perceived exertion: RPE) 등이 있다.

심박수에 의한 운동 강도 설정은 아래 공식을 사용하면 간단하게 활동할 수 있다. 이 공식은 1분 동안 개인의 안정 시 심박수와 운동 목적에 따른 운동 강도만 적용하면 쉽게 운동 중 목표심박수를 정할 수 있을 것이다. 일반적으로 자신이 가진 최대능력의 60~70%가 적정하지만, 운동 목적에 따라 차이가 있다. 가령 운동 초보자와 숙련자, 심장질환, 비만, 고혈압이나 당뇨가 있는 사람 등 다양한 목적에 따라 운동 강도를 적용해야 한다.

목표심박수(THR) = [220 − 나이 − 안정 시 심박수(RHR)] × 운동 강도 + 안정 시 심박수(RHR)

운동자각도에 따른 운동 강도의 설정은 주로 Borg(1998)가 개발한 척도를 많이 사용한다. 이 방법은 참여자가 운동 중 갖는 느낌, 노력, 피로나 통증, 호흡 정도 등 전체적인 주관적 느낌을 물어보는 것으로 참여자의 체력수준, 피로수준 등을 예측할 수 있다. 일반적으로는 12~16까지의 범위에서 운동을 추천하지만, 개인마다 차이가 있다.

표 2-6. Borg 척도의 운동자각도(PRE)

범주	기준척도
6	
7	몹시 가볍다
8	
9	매우 가볍다
10	
11	적당히 가볍다
12	
13	다소 힘들다
14	
15	힘들다
16	
17	매우 힘들다
18	
19	몹시 힘들다
20	

5) 운동시간(duration)

운동시간은 운동 목적에 따라 결정되어야 한다. 유산소성 운동의 경우 일반적으로 20~30분 이상 지속해야 하지만, 초보자의 경우 10분 단위로 휴식을 취하며 운동을 조절할 수 있으며, 숙련자의 경우 1시간 이상도 가능하다. 또한 유산소 운동의 목적에 따라 달라질 수 있는데, 가령 체중조절을 위해 운동을 할 경우 낮은 강도에서 1시간 이상 지속적인 운동시간을 확보하는 것이 중요하다.

장애인의 경우 비장애인에 비해 신체활동량이 부족할 수 있으므로 적응단계를 거치는 것이 필요하다. 특별히 다운증후군의 경우 심장이상이 있는 경우가 많고, 고도비만이 있는 장애인의 경우

운동시간 사이에 충분한 휴식을 취할 수 있도록 조절해야 한다. 또한 휠체어 이용자의 경우 상지 근육으로만 유산소성 운동을 실시했을 때 쉽게 피로해질 수 있으므로 충분한 시간배정으로 피로를 줄일 수 있다.

6) 운동 빈도(frequency)

운동의 빈도는 운동 간의 간격이나 반복 횟수를 의미한다. 일·주·월 단위의 횟수를 말한다. 생리학적으로 신체나 근육에 부하를 주었을 때 효과가 지속되는 시간과 연관되어 그 효과가 반복 축적되는 것이다. 운동 효과는 많이 하고 자주할수록 좋을 수 있지만, 개인마다 차이가 있다. 운동 초보자나 체력이 약한 사람의 경우 매일 운동을 실시했을 때 피로누적이나 부상, 통증 등으로 운동 의욕 감소가 야기되므로 개인의 체력이나 신체 상태에 따라 횟수 조절이 필요하다.

운동 빈도를 정할 때 중요한 부분은 주기적으로 운동을 반복해야 한다는 것이다. 또한 초기에는 주 1~2회로 시작해서 주 3~4회, 거의 매일 단계로 발전시켜야 한다. 특히 체력이 약하거나 신체활동이 부족한 장애인의 경우 운동 강도는 약하게 하고 운동 빈도는 많이 하여 운동을 생활화하도록 유도하는 것이 필요하다. 많은 장애인들은 장애로 인하여 신체활동이 제한되고 심리적으로도 위축되어 있다. 따라서 운동 강도를 얼마나 높게 하느냐보다 얼마나 자주 운동하느냐가 더 중요한 부분이다.

7) 체력육성의 원리

① 과부하(overload)의 원리

적정한 운동부하로 기관계나 조직을 자극해야만 발달이 이루어 진다는 원리이다.

② 점진적 과부하의 원리

신체가 주어지는 부하나 자극에 감당할 수 있는 자극이 필요하다는 것으로 단계적 부하적용이 필요하다. 무리한 자극은 운동의욕 저하, 통증 유발, 피로 누적, 운동 상해를 초래할 수 있다.

③ 특이성의 원리

운동형태나 트레이닝의 방법에 따라 효과가 나타난다는 것으로, 유산소 및 무산소 트레이닝에 따라 효과와 운동 목표는 결정된다. 즉 다양한 운동 형태에 따라 목표하는 효과는 수행 방법에 따라 결정된다는 것이다.

④ 개별성의 원리

동일한 운동 형태라도 각 개인의 체력, 유전, 장애특성, 영양상태, 수면 등에 따라 운동 효과가 다르게 나타난다는 것이다.

⑤ 가역성의 원리

과부하가 이루어지지 않거나 운동이 중지되었을 때, 운동 능력이 빠르게 감소한다는 의미이다.

7. 프로그램의 개발과 적용

가. 장애인스포츠 프로그램의 개념

1) 목적과 목표

장애인스포츠의 궁극적인 목적은 장애인들의 '삶의 질 향상'이라 할 수 있다. '적응체육(adapted physical activity: APA)'의 개념에서 지적한 것과 같이 장애인스포츠는 '신체활동'으로서 '평생체육'의 가치를 가지고 있다. 따라서 '체육'이나 '스포츠', 더 큰 의미에서 '신체활동'을 통하여 개인의 신체적·인지적·정서적·사회적인 발달과 자립을 돕고 이를 통해 삶의 질을 향상시키는 활동이라 할 수 있다.

이러한 장애인체육 프로그램은 그 효과 및 가치와 연계하여 크게 다음과 같은 4가지 측면의 목표를 가질 수 있다.

① 신체적 발달(physical development)로 체력관리나 건강, 재활, 운동기능 발달 등과 같은 신체적인 측면의 발달을 목표로 한다.
② 사회적 발달(social development)로 대인관계 및 사회성 향상, 사회적 참여촉진 등의 사회 구성으로서의 자질과 역할을 감당하도록 돕는다.
③ 인지적 발달(cognitive development)은 인지적인 장애를 가지고 있는 장애인에게 신체활동을 통하여 감각, 지각 등의 인지적 발달을 촉진시킨다.
④ 정서적 발달(emotional development)은 장애인들의 좌절, 불안, 공포 등의 심리적 지지와 스트레스 해소, 자신감 향상, 자아존중감과 신체 효능감을 향상시켜줌으로써 심리적·정서적인 안정을 돕는 목표를 가진다.

2) 효과와 가치

스포츠활동이 장애인에게 주는 효과와 가치를 몇 가지로 요약하면 다음과 같다.

① 건강과 체력 증진을 포함하여 치료에 효과적인 수단이다.

장애인들의 체육활동도 비장애인들과 마찬가지로 동일한 효과를 기대할 수 있다. 근력과 지구력, 심폐지구력, 유연성, 순발력, 민첩성 등 체력 요인을 발달시킨다. 또한 신체활동 부족에 동반되는 고혈압, 당뇨, 고지혈증, 심장병, 비만 등에 대한 예방과 치료의 효과적인 수단으로 사용된다.

예를 들어 많은 지체장애인들은 장애로 인하여 신체 움직임의 제약을 받게 되고, 그 제약이 원인이 되어 신체활동의 부족이 초래된다. 이러한 결과로 비만을 초래하며, 혈압이나 당뇨 같은 문제를 동시에 유발한다. 체육활동은 이러한 문제를 근본적으로 예방하고 치료하는 수단으로 사용될 수 있다. 또한 장애인의 잔존기능 회복과 장애부위에 대한 치료적 수단으로도 유용하게 사용될 수 있다. 따라서 기존의 많은 장애 관련 기관의 체육활동 프로그램은 운동을 치료적 수단으로 도입한 다양한 운동치료 프로그램을 적용하여 실시하고 있다.

② 신체의 기능 증진, 운동기능 증진과 발달을 위한 수단이다.

장애인들의 스포츠 활동은 휠체어농구나 좌식배구, 탁구, 수영 등 다양한 종목들의 운동기능을 증진시킨다. 나아가 이러한 활동을 통하여 관절의 가동범위를 증가시키며, 신체기능 발달과 운동능력을 향상시키는 데 효과적이다. 이와 같은 운동기능 증진은 여가활용의 중요한 수단이 되기도 한다.

③ 심리적 안정과 스트레스 해소에 효과적이다.

스포츠 활동은 긴장, 공격성 및 좌절 같은 파괴 본능을 방출하며, 신체적 활동욕구를 충족시켜주고 이로 인한 정신적 긴장과 불안, 초조 그리고 피로를 해소할 수 있다. 뿐만 아니라 욕구불만 해소, 정신적 스트레스와 불안 해소, 자신감 증진을 도모하며, 생활의 만족도를 높일 수 있다.

④ 대인관계 형성과 다양한 사회 경험에 효과적인 수단이다.

많은 장애인들이 사회로부터 소외받아왔으며 사회적 경험의 기회가 저하되어 사회적 상호관계에 있어서도 어려움을 호소하고 있다. 체육활동은 이러한 장애인들에게 원만한 대인관계 형성과 사회 경험에 긍정적인 역할을 할 수 있다. 자폐아동이 갖고 있는 대표적인 성향은 사회로부터의 회피, 대인관계 부적응 등이다. 또한 지적장애인이 가지는 중요한 장애는 사회적응의 문제일 것이다. 장애인들이 재미와 즐거움을 느끼며 자발적이고 자연스럽게 참여하고 몰입하게 할 수 있는 수단이 바로 체육 및 스포츠라 할 수 있다. 또한 체육활동은 일반인들과 장애인이 즐거우면서도 자연스럽게 어우러짐과 동시에 통합 효과를 기대할 수 있는 유용한 수단이 될 수 있다.

⑤ 체육활동은 건전한 여가 선용에 효과적인 수단이다.

장애인의 체육활동은 증가하는 여가시간 활용에 크게 도움을 줄 수 있을 뿐만 아니라 운동을 통하여 각종 스트레스 해소와 긴장된 생활에서 오는 정신적 문제해결에 긍정적으로 영향을 미친다. 건전한 여가 선용과 여가활동을 통한 삶의 질 향상에 도움을 줄 수 있다는 것이다. 조재훈(2003)은 체육활동 참여는 증가하는 여가시간 활용에 크게 도움을 줄 수 있을 뿐만 아니라 운동을 통하여 각종 스트레스 해소와 긴장된 생활에서 오는 정신적 문제해결에 긍정적으로 영향을 미친다고 하였다.

3) 프로그램 구성과 영역

장애인 체육활동의 구성과 영역은 연구자의 관점에 따라 차이가 있지만, 다음과 같은 구성과 영역으로 제시하고자 한다(나사렛대학교재활스포츠연구소, 2010).

① 감각운동의 구성

감각운동은 신체의 시각, 청각, 촉각, 후각 등의 감각과 움직임과 관련된 운동을 말한다. 주로 회전, 균형과 움직임, 중력에 대한 움직임, 위치 등의 느낌을 말하는 전정감각 그리고 근육 및 관절에 분포되어 있는 수용기를 통해 근육과 관절의 움직임을 알게 되어 자세, 힘, 방향, 움직임 등을 조절하는 고유수용성감각 운동으로 구분된다. 장애아동은 감각을 움직임으로 발달시키는 데 어려움을 겪게 되므로 감각-지각을 자극하는 활동이 매우 중요하다.

② 기본운동기술

기본운동기술은 주로 대근육을 사용하여 소근육의 움직임까지 포함하는 활동으로, 주로 아동기까지의 움직임에서 중요하게 다루는 기술이다. 걷기, 달리기, 차기, 던지기, 받기, 오르기, 구르기 등의 기본적 동작을 말한다. 신체이동 운동능력, 기초 물체조작기술, 일반 물체조작기술로 구분한다.
- 신체이동 운동능력: 기기, 서기, 걷기, 날리기, 수평-수직점프, 호핑, 갤로핑, 슬라이딩, 리핑, 스키핑 등의 이동운동 기술
- 기초 물체조작기술: 뻗기, 쥐기 → 물체를 잡거나 제어하는 기술 습득, 물체를 향해 뻗고 만지고, 잡고, 조작하는 기술 발달
- 일반 물체조작기술: 던지기, 차기, 치기, 받기, 트래핑, 튕기기 등

③ 체력활동

체력은 건강과 관련한 신체적 체력과 스포츠와 관련된 체력으로 나눌 수 있다(Stephen, 1997).

건강과 관련된 신체적 체력은 심폐지구력, 근력, 근지구력, 유연성, 평형성, 신체조성으로 구성되어 있는 반면 스포츠와 관련된 체력은 장애아동들이 신체활동을 효율적으로 수행하게 도와서 자신감을 갖게 하며, 신체활동 참여에 대한 긍정적인 마음을 갖도록 돕게 된다. 결국 건강 관련 체력의 향상을 위한 밑바탕이 된다. 체력요소를 강화시키는 것은 장애인들의 건강한 삶과 자립생활에 중요한 요소이다.

④ 수중활동

수중활동은 수중놀이와 수중운동, 수영으로 구분할 수 있다.

수중놀이는 물과 친숙하지 못한 사람에게 물의 특성인 부력, 수압, 수온, 저항을 느끼는 환경 속에서 다양한 도구를 이용한 놀이를 통해 흥미를 유발하고 프로그램에 자발적인 참여를 유도한다. 수중놀이는 지도자와 동료들과의 긍정적인 상호관계를 맺는 데 효과적이다.

수중운동(aqua therapy)은 '수치료'라고 불리기도 했으며, 물의 부력, 수온, 저항력 등의 성질을 이용하여 질병이나 사고 또는 내재적인 손상으로 인하여 신체적(근골격계, 순환계, 신경계)·정신적·정서적으로 도움을 주는 프로그램이다. 수중운동은 물의 특성(수압, 수온, 저항, 부력)을 이용한 여러 가지 수중기법(WATSU, Bad Ragaz Ring Method, Halliwick, Ai chi etc) 등을 통하여 정상패턴으로 회복 또는 증진시켜준다. 수중운동은 통증 감소, 근경직 감소 및 이완, 유연성 향상, 근력 및 지구력 증가, 감각기능 향상, 비만(성인 및 소아비만), 체형관리, 신체교정, 골다공증 예방, 스트레스 해소 및 불안 해소 등 다양한 효과가 있다.

수영은 자유형, 배영, 평영, 접영으로 구분되는 대표적인 유산소 운동으로 심폐능력의 강화, 신체 각 부위의 균형 있는 발달을 가져와 건강유지 및 증진에 탁월한 효과를 가져오는 좋은 전신운동이다. 수영장 이용방법 익히기, 수영장 내에서 실서 지키기, 독립적인 착·탈의, 스스로 샤워하기, 수영기술 익히기, 대인관계 형성 등 다양한 효과를 얻을 수 있다.

⑤ 리듬운동

리듬운동은 참여자에게 소리를 듣게 하고, 느끼게 하고, 신체를 움직이게 하면서 자연스러운 움직임, 즉 움직임 자체가 즐거움이 되는 활동을 하게 돕는다. 리듬을 이용한 활동은 음악, 율동, 리듬을 이용한 다양한 활동들을 통해 참여자의 흥미를 이끌어내고 능동적인 참여를 유도하며, 걷기, 달리기, 점프하기, 구르기, 흔들기 등의 동작들은 자신의 신체에 대한 이해를 증진시킬 수 있다.

리듬을 이용한 활동은 몸의 각 부분들과 관절을 평소보다 과도하게 사용할 수 있으므로 준비운동과 정리운동 시간을 가져야 상해를 예방할 수 있다.

⑥ 스포츠 활동

게임과 스포츠 활동은 감각-지각 자극활동, 기본운동기술 습득 활동, 체력강화 활동 등의 향상을 통해 효과적으로 참여시킬 수 있다. 스포츠 활동은 재미, 흥미, 경쟁 등의 요소를 통해 장애인에게 신체활동 수준을 높일 수 있고 사회적 관계 향상과 체력 향상, 스트레스 해소 등 다양한 신체적·심리적·사회적 효과를 기대할 수 있다.

⑦ 다양한 체험활동

체험활동은 장애아동들이 쉽게 접하지 못한 프로그램을 아동의 능력에 맞게 수정하여 진행할 수 있다. 장애아동은 생활에 필요한 다양한 경험과 지역사회 이용을 통해 자립생활의 기본능력을 배울 수 있다. 또한 사회적 관계 형성 방법을 습득하는 등 자연스러운 통합 기회를 제공한다.

지역사회 체험은 쉽게 이용할 수 있다는 장점이 있으며, 기관의 특성을 이해하여 스스로 이용할 수 있는 기술을 습득하고, 정서적 안정에도 도움이 된다. 원예활동은 식물을 직접 재배하면서 생명을 느끼고 작업능력과 협동을 배우는 유익한 체험활동이다. 또한 캠프활동은 가족과 분리되는 경험을 통하여 가족의 소중함과 자립생활 기술을 자발적으로 습득하게 하는 데 효과적이다.

나. 프로그램의 기본조건

프로그램의 기본조건으로 참여자와 지도자, 장소, 운동 용·기구, 보조지도자, 자원봉사자 등의 역할과 기본적인 준비사항에 대해 살펴본다.

1) 참여자

프로그램이 성공적으로 진행되기 위해서는 참여자에 대한 명확한 정보를 수집해야 하며, 이에 대한 분석으로 프로그램이 준비되고 진행되어야 한다. 이런 차원에서 프로그램 참여자를 명확하게 구분할 수 있어야 한다. 많은 프로그램이 장애유형에 따라 구분되기 때문이다. 장애인 신체활동 프로그램의 참여자는 장애유형과 정도가 다양하게 나타난다. 경우에 따라 비장애인과의 통합 프로그램으로 진행됨에 따라 비장애인이 될 수도 있다. 또한 이들의 체력수준과 운동기능, 참여목적과 경험 정도, 환경 등이 다르게 나타나고 있기 때문에 참여자들에 대해 명확하게 구분하는 것은 중요한 문제이다. 장애인 신체활동 프로그램의 장애유형별 주요 참여자는 다음과 같다.

- 지체장애인: 척수장애, 절단 및 마비장애, 근육장애, 관절장애, 성장장애, 변형장애 등

- 뇌병변장애인: 뇌성마비, 뇌졸중, 외상성 뇌손상, 기타 뇌기능 저하
- 시각장애인: 전맹, 약시 등
- 청각장애인: 농, 난청, 시각·청각 중복장애인 등
- 지적장애인: 다운증후군 포함
- 자폐성장애인 및 ADHD(주의력 결핍 과잉행동장애)
- 정신장애인
- 노인성 장애
- 기타 장애영역

2) 지도자

지도자는 성공적인 프로그램에 있어서 가장 중요한 부분이다. 장애인 신체활동 서비스를 휴먼 서비스(Human Service) 차원으로 규정할 때 지도자의 자격과 역할은 프로그램의 성패를 좌우하는 중요한 요소이다.

우리가 생각하는 전통적인 지도자상은 이미 정립되어 있다. 지도자는 이론과 실기는 물론, 장애인에 대한 권리옹호와 사회 변화에도 관심을 가져야 한다. 즉, 지도자는 장애인들의 신체활동 욕구를 파악하고 참여목적을 이해함과 동시에 체육활동의 안내자이자 정보제공자, 권리옹호자, 프로그램 진행자 및 관리자가 되어야 한다. 따라서 체육이론과 장애인체육 이론 등의 전문지식, 체육 및 장애현장에 대한 이해, 스포츠기술, 기본지식과 소양, 인격적 성숙, 행정능력, 자기관리, 사명감 등 다양한 측면에서 자질을 갖추어야 할 것이다.

3) 체육시설

신체활동에 적절한 체육시설과 활동 공간 마련은 매우 중요한 요소이다. 장애인들이 활동하는 체육공간이 갖추어야 할 기본 조건은 지리적 접근성과 편의시설, 사고로부터의 안전성, 흥미를 유발할 수 있는 흥미성, 프로그램을 적절하게 진행할 수 있는 효율성 등을 고려하여야 한다.

4) 운동 용·기구

지도자는 참여자의 장애유형과 정도, 체력, 운동기능, 활동 문제 등을 바탕으로 신체활동에 적절한 용·기구의 종류와 사용용도를 미리 잘 파악해야 한다.

프로그램에 맞는 기구 및 장비의 준비도 중요한 사항으로, 우선 '안전성'을 고려해야 한다. 장애인들이 사용하기에 위험성이 없는지와 프로그램 중 돌발적인 문제가 일어날 수 있는지를 사전에 점검해야 한다. 또한 '적절성'이 중요한데, 종목과 프로그램에 적합한 장비인지 재질, 사이즈, 색

상, 기능성 등을 충분히 고려해야 한다. 추가로 '흥미성'이 있어야 한다. 특히 아동들에게는 색이나 디자인이 중요하다. 만져보고 싶거나 갖고 싶은 장비와 기구는 호기심을 유발하고 적극적인 참여와 프로그램의 재미를 향상시킬 것이다. 프로그램 영역별 기구와 장비의 준비사항은 다음과 같다(김의수, 2003).

표 2-7. 프로그램별 주요 용·기구의 예

프로그램	용·기구
감각-지각자극활동	풍선, 스카프, 감촉판, 모래, 타이어, 호각, 여러 가지 재질의 도형, 비누(물), 평균대, 다양한 재질의 공, 평형판, 리본, 콩주머니, 해먹, 튜브, 볼풀, 낙하산, 거울 등
리듬을 이용한 활동	이동용 앰프, 리듬스틱, 스카프, 줄, 리본, 각종 그림판, 음악 테이프 및 CD, 방석 등
기본운동기술 습득활동	유아용 평균대, 훌라후프, 평균대, 스쿠터, 줄넘기 줄, 보행용 바, 트램펄린, 풍선, 비치볼, 콩주머니, 다양한 형태의 공, 리본, 라켓 및 패들, 낙하산, 스틱, 굴렁쇠, 줄, 깡통, 야구배트, 볼링핀 등
게임 스포츠 활동	각 종목별 기본 장비, 다양한 경기용 공, 배트, 고깔, 대형 풍선, 콩주머니, 자전거, 롤러블레이드, 양궁, 썰매, 간이골대 등
체력강화활동	각종 헬스기구, 계단, 훌라후프, 줄넘기 줄, 자전거, 도르래, 암에르고미터, 터널, 철봉, 메디신볼, 튜브, 구름다리, 늑목, 스쿠터, 스펀지, 풀, 매트(삼각, 원통), 트램펄린, 고정 자전거 등
체험활동	앰프, 다양한 재질의 나무 등
수중활동	비치볼, 킥판, 스틱, 패들, 튜브, 다양한 형태의 공 등

5) 보조지도자 및 자원봉사자

성공적인 장애인체육 프로그램을 위해서는 보조지도자나 자원봉사자, 부모들의 역할과 활용이 필요하다. 지적장애인이나 자폐성장애인의 경우 일대일 지도를 원칙적으로 하고 있으므로 지도자 혼자만의 지도는 질적 프로그램을 보장할 수 없다. 이는 장애 특성으로 나타나는 학생들의 주의산만과 과잉행동, 혼자만의 행동 등으로 인하여 보조지도자나 자원봉사자가 반드시 필요하다. 지체장애의 경우에도 장애가 심할 경우는 휠체어나 장비이동 및 설치, 경우에 따라 게임이나 시합을 보조해야 한다. 이는 시각장애인의 경우에도 동일하다. 이동 보조와 체육활동 시의 움직임 보조를 반드시 필요로 한다. 따라서 질 높은 프로그램을 위해서는 보조지도자나 자원봉사자를 활용해야 한다.

자원봉사자에게 요구되는 몇 가지 준비사항은 다음과 같다.
- 프로그램에 대한 충분한 이해와 자신의 역할을 이해한다.
- 지도자의 지시에 적극적으로 반응해야 한다.
- 참여자나 봉사활동의 정보를 정확히 파악해야 한다.

- 스스로 책임감을 가지고 주어진 일에 최선을 다해야 한다.
- 문제해결을 위해 관계자와 협력하고, 스스로 해결할 수 없다고 판단되는 문제는 지도자와 의논해야 한다.
- 자신의 필요와 관심에 따라 판단하거나 참여해서는 안 된다.
- 기관이나 지도자, 대상자의 비밀을 반드시 지켜야 한다.
- 자신의 스타일이나 성격, 행동 등이 프로그램에 지장을 주어서는 안 된다.

다. 프로그램의 개발과 유형

1) 프로그램의 개발 및 진행순서

일반적으로 프로그램 개발 및 진행순서는 계획단계, 준비단계, 실행단계, 평가단계로 구분할 수 있다.

① 계획단계

계획단계는 욕구조사, 단기목표, 장기목표, 예산확보, 시설, 지도자, 프로그램 구성, 사업계획서 작성 등 사업계획을 수립하는 단계이다.

② 준비단계

준비단계는 사업계획에 의해 실질적인 사업 준비가 진행되는 단계로 대상자 선정, 홍보 및 접수, 진단 및 사정, 상담, 배치 및 그룹 형성 등 프로그램 실시에 필요한 제반 사항을 준비하는 단계이다.

③ 실행단계

실행단계는 계획하고 준비한 내용들을 사업계획서에 의거하여 실제 프로그램을 실시하는 모든 과정을 말한다.

④ 평가단계

평가단계는 프로그램 실시 후 프로그램을 통하여 이루어진 효과성(effectiveness)과 효율성(efficiency), 만족도(satisfaction) 등을 평가하는 단계를 말한다.

표 2-8. 프로그램 단계별 진행 순서

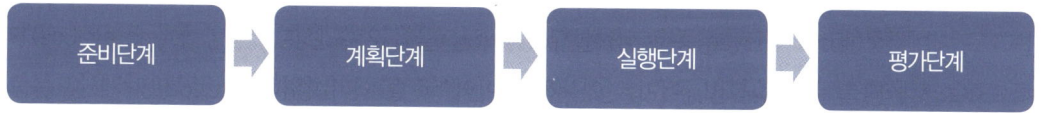

2) 프로그램의 유형

일반적으로 프로그램 유형은 다양하게 구분할 수 있다. 재활과 치료를 중심으로 한 프로그램, 기초체력 증진이나 건강관리, 운동기능 습득, 스포츠 활동 등 다양한 형태의 프로그램이 제시될 수 있을 것이다. 이러한 문제는 다음 몇 가지 기본적인 프로그램 구성 유형으로 요약할 수 있다.

① 감각운동

시각, 청각, 촉각자극 등 오감 발달에 중심을 둔 프로그램으로, 성장 발달기에 있는 유아와 아동, 중증장애인에게 제공할 수 있는 프로그램이다(예: 감각운동교실).

② 이완운동

뇌성마비나 뇌졸중 장애인들의 마비 및 긴장된 근육의 이완과 스트레칭 등의 점진적 긴장완화 프로그램으로 구성된다. 최근 유행하는 요가를 스트레칭 중심의 프로그램과 연계시켜 제공한다면 마비장애인과 중증장애인들에게 효과적인 프로그램이 될 것이다. 또한 지적장애인이나 정서장애인의 심리적·정서적 안정을 위한 프로그램도 효과적으로 운영될 수 있다(예: 뇌졸중 장애인 스트레칭 교실, 심리운동 프로그램, 수중재활운동).

③ 근육의 움직임을 이용한 기본운동

첫째, 대근육을 중심으로 한 운동으로 걷기, 달리기, 구르기, 오르기, 기기, 점프, 던지기, 치기, 잡기, 차기 등 움직임의 기본동작을 강조한 내용으로 프로그램을 구성할 수 있다. 특히 발달기에 있는 대상자들에게 필요한 운동이다.

둘째, 소근육의 움직임을 강조한 운동으로 블록 쌓기, 수저 사용, 조립하기, 단추 끼우기, 신발 신기 등 일상생활동작훈련(ADL) 차원에서 접근이 용이한 프로그램으로 현재는 각 기관마다 작업치료사를 배치하여 프로그램을 진행하고 있다.

셋째, 운동발달에 중심을 두어 신생아기는 반사운동, 아동기 대근육운동, 청소년기 운동기술, 청년기 스포츠와 여가활동과 관련된 프로그램을 권장한다(예: 지적장애아동 체육교실, 각 종목별 운동기술지도).

④ 체력 증진 및 비만관리

근력, 지구력, 심폐지구력, 유연성 등 기본체력 요소를 향상시키는 프로그램과 민첩성, 평형성, 협응력, 스피드 등 운동기능을 향상시키는 요소, 그리고 신체조성에 영향을 주는 프로그램으로 구성될 수 있다. 특히 비만의 문제는 장애인에게 있어서 해결해야 할 문제로, 식이요법과 행동수정요법 등과 연관시킨 운동 프로그램 구성이 필요할 것이다(예: 비만교실, 헬스교실).

⑤ 수중운동 및 수중활동

수중체조, 수중치료, 수영 등 다양한 수중활동 프로그램을 권장한다. 수중활동은 체력과 신체발달, 운동 중 상해 예방, 심리적 안정, 즐거움 등 다양한 효과를 제공한다. 시설 이용에 많은 어려움이 있지만 프로그램 중 만족도가 높은 프로그램 중 하나이다(예: 수중운동교실, 장애유형별 수영교실, 아쿠아로빅교실).

⑥ 야외활동

캠프, 등산, 하이킹, 각종 체험활동 등 다양한 야외활동 프로그램은 다양한 사회경험과 사회적응력 향상, 통합 기회 제공, 즐거움을 동시에 얻을 수 있다(예: 장애아동과 함께하는 인라인교실, 친구들과 함께하는 주말등반, 통합캠프).

⑦ 놀이 및 게임 프로그램

누구나 쉽고 즐겁게 참여할 수 있도록 다양한 놀이와 게임을 제공하되 활발한 신체활동 프로그램을 준비시키고 보완할 수 있도록 연계해야 한다[예: 엄마와 함께하는 운동놀이교실, 모아(母兒)운동, 치료레크리에이션 프로그램].

⑧ 뉴스포츠

기존의 각 종목이나 활동 외에 동 연령층이 즐겨하고 그 시대의 문화를 담고 있는 새로운 스포츠 및 신체활동을 개발하고 제공해야 한다. 이러한 스포츠는 참여자에게 흥미와 재미를 제공하여 체육활동에 참여할 수 있다(예: 지적장애 아동 뉴스포츠 교실, 함께하는 티볼교실, 파워발야구 게임).

⑨ 중증장애인을 위한 프로그램

수중체험, 전동휠체어 경기, 댄스 등 심리적 체험과 스릴을 통하여 신체활동을 직·간접적으로 경험할 수 있는 특별히 고안된 프로그램을 제공한다(예: 휠체어댄스교실, 중증장애인 수중체험교실, e-스포츠교실).

⑩ 스포츠 활동

기본적인 운동기능을 습득한 후 경쟁과 스릴, 고도의 기술력과 경기력을 필요로 하는 스포츠에 참여하여 선수 및 전문체육 활동에 참여하게끔 지원할 수 있다(예: 뇌성마비 축구부, 휠체어농구단, 장애인 스포츠단).

2장 장애유형별 스포츠 지도전략

 학습목표

- 장애의 유형별 정의, 원인, 특성을 이해할 수 있다.
- 우리나라 장애인스포츠의 접근방법을 이해할 수 있다.
- 장애의 유형별 특성에 적합한 지도방법을 이해하고 지도전략을 수립할 수 있다.

    우리나라 특수체육에서의 접근방법은 스포츠, 재활운동, 학교체육의 3가지 유형으로 구분된다. 접근방법에 따라 담당하는 정부 부처도 스포츠는 문화체육관광부, 재활운동은 보건복지부, 학교체육은 교육부로 각각 다르다. 이러한 문제로 인해 특수체육의 정체성에 대한 논란이 지속되고 있을 뿐만 아니라, 장애인스포츠지도사의 정체성 또한 혼란스럽다. 하지만 장애인스포츠지도사의 관할 부처가 문화체육관광부라는 점, 이들이 담당해야 할 역할이 생활체육과 전문체육이라는 점을 고려한다면 장애인스포츠지도사는 스포츠 측면에서 접근하는 것이 타당하다고 하겠다.

    세계보건기구(World Health Organization: WHO)에서는 건강관련 상태를 표현하는 국제적 표준체계와 통일된 표준분류를 제시하기 위하여 국제 기능·장애·건강 분류(International Classification of Functioning, Disability and Health: ICF)를 개발하였다. ICF에서는 장애를 신체 기능과 구조, 활동과 참여의 측면에서 정의하였으며, 이를 통해 장애에 대한 국제적인 정의가 수립되었다. 하지만 장애의 정의는 개별 국가의 문화와 사회적 환경에 따라 서로 다르게 정의되고 있으며, 우리나라 또한 보건복지부(장애인복지법 제32조)와 교육부(장애인 등에 대한 특수교육법 제15조)에서 서로 다르게 정의되고 있다. 이 책에서는 우리나라의 법적 정의를 위주로 설명하되, 필요한 경우에는 외국의 정의 또한 기술하였다.

    장애인에 대한 스포츠 지도 방법은 장애유형과 장애정도뿐만 아니라 체력, 연령, 성별, 선호활동, 문제행동, 인지 및 운동발달 정도 같은 개인적 요인들과 체육시설, 장비, 프로그램 등과 같은 환경적 요인들이 함께 고려되어야 한다. 하나의 장애유형을 지도하는 방법이 오직 한 가지일 수는 없으며, 무엇이 더 옳다고 할 수도 없다. 이 장에서는 장애유형별 대표적인 스포츠 지도 방법을 제시하지만, 각 지도 방법들은 서로 혼용해서 사용하는 경우가 많다. 현장의 장애인스포츠지도사들은 이와 같은 다양성을 고려하여 지도하여야 한다.

표 2-9. 장애인의 분류(장애인복지법, 2013)

장애의 종류	기준
신체적 장애	주요 외부 신체 기능의 장애, 내부기관의 장애
정신적 장애	발달장애 또는 정신 질환으로 발생하는 장애

표 2-10. 우리나라의 장애인 분류

대분류	중분류	소분류	세분류
신체적 장애	외부 신체기능의 장애	지체장애	절단장애, 관절장애, 지체기능장애, 변형 등의 장애
		뇌병변장애	뇌의 손상으로 인한 복합적인 장애
		시각장애	시력장애, 시야결손장애
		청각장애	청력장애, 평형기능장애
		언어장애	언어장애, 음성장애, 구어장애
		안면장애	안면부의 추상, 함몰, 비후 등 변형으로 인한 장애
	내부기관의 장애	신장장애	투석치료 중이거나 신장을 이식받은 경우
		심장장애	일상생활이 현저히 제한되는 심장기능 이상
		간장애	일상생활이 현저히 제한되는 만성·중증의 간기능 이상
		호흡기장애	일상생활이 현저히 제한되는 만성·중증의 호흡기기능 이상
		장루·요루장애	일상생활이 현저히 제한되는 장루·요루
		간질장애	일상생활이 현저히 제한되는 만성·중증의 간질
정신적 장애	발달장애	지적장애	지능지수가 70 이하인 경우
		자폐성장애	소아청소년 자폐 등 자폐성장애
	정신장애	정신장애	정신분열병, 분열정동장애형, 양극성정동상애, 반복성우울장애

1. 지적장애(intellectual disability)

우리나라의 장애인복지법 시행령 제2조에서는 지적장애를 "정신 발육이 항구적으로 지체되어 지적 능력의 발달이 불충분하거나 불완전하고 자신의 일을 처리하는 것과 사회생활에 적응하는 것이 상당히 곤란함"으로 정의하고 있다. 이것은 지적 기능성과 적응행동의 두 가지 측면을 모두 고려한 접근방법이며, 1959년에 American Association on Mental Retardation(AAMR)

에서 처음 시도되었다. AAMR●은 지적장애의 정의와 관련한 가장 권위 있는 기관이며, 2007년에 American Association of Intellectual Disabilities(AAIDD)로 명칭을 변경하였다. AAMR에서 AAIDD●로의 명칭 변경은 정신지체(mental retardation)에서 지적장애(intellectual disability)로의 변화를 나타낸다. 이것은 장애의 원인이 개인의 정신적·영구적 결손(deficit) 때문이 아니라 개인의 인지적 기능과 그와 관련된 사회적 기능 수행의 제한 때문이며, 기능을 습득하면 더 이상 장애로 간주되어서는 안 된다는 것을 의미한다. 이로 인해 지적장애에 대한 교육의 중요성과 낙인화를 방지하는 이론적 기틀이 마련되었다.

가. 정의

우리나라의 장애인복지법 시행령 제2조, 장애인 등에 대한 특수교육법 시행령 제10조, 미국지적장애협회에서 제시하고 있는 지적장애의 정의는 다음과 같다.

장애인 복지법
정신 발육이 항구적으로 지체되어 지적 능력의 발달이 불충분하거나 불완전하고 자신의 일을 처리하는 것과 사회생활에 적응하는 것이 상당히 곤란한 사람

장애인 등에 대한 특수교육법
지적 기능과 적응행동상의 어려움이 함께 존재하여 교육적 성취에 어려움이 있는 사람

미국지적장애협회(AAIDD)
지적장애는 지적 기능성과 개념적, 사회적 및 실제적 적응기술로서 표현되는 적응행동 두 영역에서 유의한 제한성을 가진 것으로 특징 지워진다. 이 장애는 만 18세 이전에 시작한다.

지적장애에 대한 AAIDD(2010)의 정의에서는 지적 기능성, 적응행동 그리고 만 18세의 3가지 측면이 고려되었으며, 지적장애의 진단은 이 3가지가 모두 충족되어야 가능하다. 첫째, 지적 기능성은 일반적인 정신 능력(a general mental ability)인 추론, 문제해결, 추상적 사고 등에 대한 검사를 통해 IQ(intelligence quotient)로 나타내며, IQ 평균의 2표준편차(Standard Deviation : SD)인 70 미만이어야 한다(그림 2-3).

AAMR과 AAIDD: 동일한 기관. 2007년에 AAMR이 AAIDD로 개칭됨
장애정도(DSM-Ⅳ, 2010): 경도(mild), 중등도(moderate), 중도(severe), 최중도(profound)

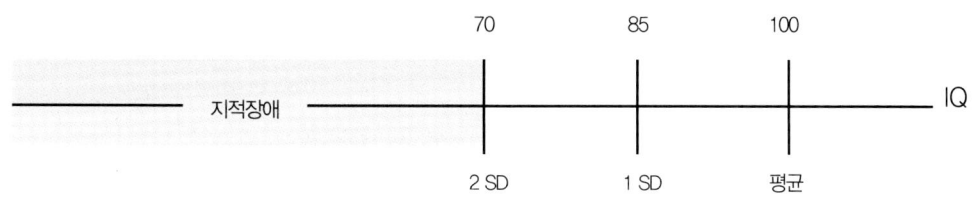

그림 2-3. IQ에 의한 지적장애 진단 기준

  둘째, 적응행동은 동년배의 집단에게 사회적으로 요구되는 개념적·사회적·실제적 기술이 유의미하게 제한되어야 한다(표 2-11). 셋째, 만 18세 미만은 지적장애 발생 시기가 학령기 동안으로 한정됨을 의미한다. 지적장애는 일반적으로 출생 전후에 발생하지만, 후천적인 질병과 손상에 의해 발생하는 경우와 발달기 동안에 진단되지 못하는 경우가 있다. 이 경우 만 18세 미만이라는 기준에 의해 소급 진단(retrospective diagnosis)될 수 있다.

표 2-11. 적응행동의 3가지 영역

영역	적응행동
개념적 기술	언어(읽기와 쓰기), 돈·시간·수 개념 등
사회적 기술	대인관계, 사회적 책임감, 자존감, 규칙 따르기, 사회적 문제 해결 등
실제적 기술	일상생활 활동, 계획수립, 이동, 돈 사용, 작업기술, 안전·건강관리 등

나. 원인

  지적장애의 원인에 대한 AAIDD(2010)의 접근은 다요인적이며 시기적으로 구분된다. 다요인적 접근은 생의학적, 사회적, 행동적, 교육적이라는 4가지 원인으로 범주화되며, 시기적 접근은 출생 전, 출생 시, 출생 후로 구분된다. 지적장애에 대한 다요인적 접근은 생물학적 요인만으로는 설명할 수 없었던 다양한 원인들의 설명을 가능하게 하였으며, 지적장애 예방을 위한 지원의 필요성을 인식하게 하였다. 다요인과 시기적 원인에 대한 설명은 〈표 2-12〉와 같다.

  또한 AAIDD(2010)는 지적장애의 다요인적 접근이 표현형 진단과 관련이 있으며, 표현형은 개인의 신체적·발달적·정신적·행동적·사회적 특성에 따라 관찰되는 행동 수행에서 원인을 진단한다고 하였다. 표현형에 의한 원인적 진단은 다음과 같다.

표 2-12. 지적장애의 원인(AAIDD, 2010)

	생의학적	사회적	행동적	교육적
출생 전	• 염색체 이상 • 단일유전자 장애 • 증후군 • 대사장애 • 뇌 발생 장애 • 산모 질병 • 부모 연령	• 빈곤 • 산모 영양실조 • 가정폭력 • 산전관리 부족	• 부모의 약물복용 • 부모의 음주 • 부모의 흡연 • 부모의 미성숙	• 인지적 장애를 보이는 부모에 대한 지원 결여 • 부모가 될 준비 부족
출생 시	• 조산 • 출생 시 손상 • 신생아 질환	산전관리 부족	• 부모의 양육 거부 • 부모의 아동 유기	퇴원 시 중재 서비스를 위한 의료적 의뢰의 결여
출생 후	• 외상성 뇌손상 • 영양실조 • 뇌막염 • 발작장애 • 퇴행성 장애	• 아동-양육자 간 상호작용 문제 • 적절한 자극의 결핍 • 가정 빈곤 • 가정 내 만성 질환 • 시설 수용	• 아동학대 및 방치 • 가정폭력 • 부적절한 안전조치 • 사회적 박탈 • 다루기 힘든 아동의 행동	• 잘못된 양육 • 지체된 진단 • 부적절한 조기중재 서비스 • 부적절한 특수교육 서비스 • 부적절한 가족 지원

1) 염색체 이상

다운증후군(Down Syndrome)

- 21번 염색체가 3개(총 염색체 수가 47개)
- 삼염색체성 다운증후군의 발생빈도는 산모의 연령과 관련(발생확률: 20세는 1/1200, 35세는 1/250, 40세는 1/70, 45세는 1/20)
- 선천성 심장결함 및 백혈병 가능성이 높고 호흡계 감염이 잦음
- 신체적 특징: 머리가 작고 뒷머리가 납작함. 눈꼬리가 위로 올라감. 작은 구강으로 인해 혀가 내밀어짐. 평평하고 낮은 코, 짧은 손가락. 50%에서는 손금이 일자로 가로지르는 원선이 있음. 엄지 및 검지발가락 사이가 넓음. 땅딸막한 체형. 언어적 또는 청각적 과제보다는 시·공간적 과제수행에 강점
- 지능에 비해 강한 적응기술
- 명랑하고 사회적인 성격
- 성인기에 흔한 우울증

터너 증후군(Turner Syndrome)

- 45번 염색체에 X 성염색체 하나만 있음(여자에게만 나타남)
- 여아 2,500~3,500명당 1명꼴로 발생
- 2차 성징이 나타나지 않음
- 신장 및 심장의 이상이 나타나기도 함
- 신체적 특징: 저신장, 림프부종, 삼각형의 얼굴형, 앞쪽으로 향해 있는 귀, 물고기 모양의 입, 좁고 높은 구개, 작은 턱, 두껍고 짧은 목, 방패형 가슴, 몸의 중심에서 밖으로 향해 있는 팔꿈치, 손톱의 발육부전, 짧은 4번째 손가락과 4번째 발가락
- 운동능력 결손, 주의집중 및 시지각 기술에서의 문제 발생
- 사회성 기술의 부족

윌리엄스 증후군(Williams Syndrome)

- 7번 염색체 이상과 관련된 근접 유전자 증후군
- 2만 명당 1명꼴로 발생
- 심장과 혈관의 기형이 나타나기도 함
- 신체적 특징: 위로 솟은 작은 코끝, 긴 인중, 큰 입, 두툼한 입술, 작은 볼, 부은 듯한 눈두덩이, 손톱의 형성부전, 엄지발가락의 외반증
- 언어, 청각, 기억력과 얼굴인식에 강점
- 시공간적 기능성, 지각-운동 계획과 소근육 기술에서의 제한
- 마음이론에 강함(인간 상호 간 지능)
- '칵테일 파티 매너'라고도 표현되는 매우 사교적이고 친숙한 성격
- 낯선 사람을 두려워하지 않고 자신의 또래보다는 어른들과 더 가까이하려고 하는 성향
- 모든 연령대에 걸쳐 흔한 불안장애

2) 유전자 오류

약체 X 증후군(Fragile X Syndrome)

- 1969년 Lubs가 X 염색체에서 취약부위를 처음 관찰한 이래 명명
- X 염색체 장완의 끝이 유약(약체)한 부분임
- 남자 1,000명당 0.5~0.9명, 여자 보인자율은 2배 높음

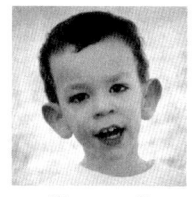
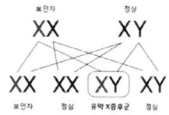

- 우리나라 지적장애의 약 6% 정도
- 행동장애가 나타나며, 특히 강박증, 과잉행동, 집중력 결핍, 기분변동, 자폐증 등이 나타남
- 신체적 특징: 턱과 코가 커지며, 사춘기 이후 고환의 크기가 매우 커짐. 신장과 체중은 일반적임
- 시공간적 기술에 비해 더 나은 음성언어 기술
- 일상생활과 신변관리기술에서 비교 우위
- 모든 연령대에 걸쳐 흔한 불안장애
- 관절의 과신전, 사시, 잦은 삼출성 중이염, 경련 등

프래더-윌리 증후군(Prader-Willi Syndrome)

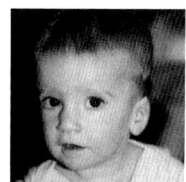

- 15번 염색체에서 아버지로부터 특정 유전자를 물려받지 못한 경우
- 불임, 저혈압, 당뇨병, 사시, 척추측만증, 비만이 나타나기도 함
- 신체적 특징: 작은 손과 발, 높고 좁은 이마, 아몬드 모양의 눈
- 손상된 포만감, 탐식행동과 비만
- 시각적 처리와 퍼즐을 해결하는 데 강점
- 모든 연령대에 걸쳐 흔한 강박장애와 충동조절장애
- 관절의 과신전

출처: 유전적 장애들의 행동적 표현형(AAIDD, 2010) & 서울아산병원(2014)

다. 특성

1) 인지적 특성

지적장애의 인지적 능력은 지능을 통한 지적 기능성으로 나타낸다. 지적 기능성은 주로 웩슬러(Wechsler) 또는 스탠퍼드-비네(Stanford-Binet)가 개발한 지능검사들로 평가하고 있으며, 이 검사들을 통해 개인의 주의집중, 모방, 기억, 지식, 추론 등과 관련한 일반적 지능(general intelligence)을 확인할 수 있다.

지적장애는 오랫동안 주의집중을 할 수 없어서 지도자의 설명과 시범 중에 나타나는 소리나 사물 등에 쉽게 주의가 분산된다. 낮은 주의집중력은 대상에 대한 관찰을 정확히 할 수 없게 하여 입력된 감각정보는 단기기억과 장기기억에 저장되기 어렵다. 이로 인하여 지적장애는 자신과 환경 그리고 사회적응에 필요한 지식의 습득에 어려움을 겪으며, 새롭게 요구되는 상황에서 추론을 통한 문제해결이 어렵다.

표 2-13. 지적장애의 인지적 능력

인지적 능력	개 념
주의집중	• 여러 가지 감각정보 중에서 중요한 한 가지에만 선택적으로 집중하는 능력 • 주의집중을 하는 상황에서 새로운 자극(방해요인)에 주의가 분산되지 않도록 하는 능력
모방	관찰 → 기억 → 수행으로 이루어진 능력
기억	감각기억 → 단기기억 → 장기기억으로 이루어진 능력
지식	현재 이해·기억하고 있는 정보
추론	현재 알고 있는 지식을 통해 새로운 요구를 알아내는 능력

2) 심동적 특성

지적장애의 운동발달 및 기능은 일반적으로 지체되지만, 이것은 신체적 능력보다는 인지적 능력과 관련이 있으며, 장애의 정도가 심할수록 지체 수준이 심하다. 체력 또한 비장애인에 비해 낮을 뿐만 아니라, 장애의 정도가 심할수록 낮게 나타난다. 이와 같이 지적장애의 심동적 특성은 대부분 인지적 능력과 관련이 있다.

3) 정의적 특성

지적장애는 자신의 감정을 표현하거나 여러 가지 사회적 상황에서 적절하게 행동하는 데 어려움을 겪는다. 이것은 사회적 기술과 관련된 대인관계, 사회적 책임감, 자존감, 규칙 따르기, 사회적 문제 해결 등의 적응행동과 관련이 있으며 이에 대한 적절한 교육이 이루어지면 사회적 기술은 전반적으로 향상된다.

라. 스포츠 지도전략

지적장애인은 동년배에 비해 운동수행 능력과 체력 수준이 낮은 것으로 알려져 있으며, 이것은 지적장애인의 인지능력과 관련이 있다. 정보처리적 관점에서 보면, 운동과제를 수행하기 위해서는 시각과 청각을 통해 입력된 정보를 두뇌가 이해하고(입력), 두뇌가 신체 각 부분이 운동과제를 실행하도록 명령을 내려서(처리), 신체 각 부분이 운동과제를 실행하는(출력) 것이다. 하지만 지적장애인은 과제에 대한 선택적 주의집중이 어렵고(입력), 과제에서 중요한 것과 중요하지 않은 것을 판단하는 것, 신체를 제어하는 신호를 빠르게 보내는 것, 그리고 동기를 부여하는 것이 어려우며(처리), 신체 각 부분이 이를 처리하는 것(출력)에서 어려움을 겪는다.

표 2-14. 공차기 수행 단계

1단계	2단계	3단계	4단계
공을 보기	기억 인출	공에 다가가기	차기 수행
입력	처리		출력

1) 스포츠 과제 분석

일반적으로 정지해 있는 축구공을 차는 운동과제는 '공을 차다'와 같이 하나의 과제로 표시한다. 하지만 지적장애인이 과제를 수행하기 위해서는 〈표 2-14〉와 같이 더 세분화된 단계의 과제로 표시해야 할 경우도 있으며, 이것을 '과제분석'이라고 한다. 과제분석은 시간의 순서 또는 과제의 난이도 순서로 분석하는 것이 일반적이며, 장애가 심할수록 과제분석은 더욱 세분화된다.

2) 스포츠 과제 변형

장애인스포츠지도사가 지적장애인에게 제시하는 운동과제가 모두 변형될 필요는 없다. 지나친 과제의 변형과 낮은 난이도는 지적장애인의 참여 동기를 낮출 수 있으며, 운동의 효과 또한 미미해질 수 있다. 하지만 지적장애로 인해 운동과제의 수행이 명확하게 어려울 경우에는 운동규칙, 장비 등의 변형을 통해 활동으로부터의 소외를 방지해야 한다.

> **스포츠 과제 유형**
> - 연속 과제: 시작과 끝이 임의적임(수영: 팔 돌리기, 사이클: 페달 돌리기 등)
> - 불연속 과제: 시작과 끝이 분명함(축구: 공차기, 야구: 공치기 등)
> - 계열적 과제: 불연속 과제를 단계적으로 수행(축구: 달려가서 공차기, 야구: 달려가서 공받기 등)
>
> 운동과제의 유형은 과제분석 결과에 따라 달라지기도 한다. 일반적으로는 불연속 운동과제로 분석되는 공차기도 지적장애인에게는 〈표 2-14〉와 같이 계열적 운동과제로 분석될 수 있다. 장애가 심하거나 운동경험이 없는 지적장애인에게는 대부분의 불연속 운동과제가 계열적 운동과제로 분석될 수 있다.

3) 스포츠 과제 지도

지적장애인에게 스포츠를 지도하는 방법은 언어지도-시범(모델링)지도-직접지도가 있다. 언어지도는 과제 수행에 성공했거나 성공할 것으로 예상되는 지적장애인을 대상으로 실시한다. 언어지도 시에는 명확한 단어를 사용하여야 하며, 지나치게 긴 언어적 설명은 지적장애인의 주의력을 분산시켜 교육장소를 이탈하게 할 수도 있다. 시범(모델링)지도는 언어지도를 통해 과제수행에 성공하지 못하는 지적장애인을 대상으로 실시한다. 시범(모델링)을 보일 때에는 크고 과장된 동작으로 해야 하며, 복잡한 동작은 과제분석을 통해 단순화하여 보여준다. 직접지도는 시범(모델링)지도를 통해 과제 수행에 성공하지 못하는 지적장애인을 대상으로 실시한 다. 직접지도는 최소한의 신체접촉을 통해 이루어져야 하며, 스스로 할 수 있는 동작까지 지도해서는 안 된다. 직접 지도해야 하는 동작이 점차 줄어들어 독립적으로 운동과제 수행이 가능하면, 과제분석 상의 다음 단계 운동과제를 지도한다.

지적장애인에게 운동과제를 지도할 때는 쉬운 과제에서 어려운 과제로, 익숙한 과제에서 새로운 과제 순으로 해야 한다. Piaget(1952)는 이러한 방법을 '조직화'라는 개념으로 설명하였으며, 조직화는 동화와 조절에 의한 적응(adaptation)에 의해 이루어진다고 하였다. 동화는 '패스'를 배운 사람이 '러닝 패스'를 보며 '저것도 패스구나'라고 이해하는 것이며, 조절은 '던지는 것은 모두 패스'라고 알고 있는 사람이 '슛'을 배운 후에 '던지는 것이 다 패스가 아니구나'라는 것을 알게 되는 것이다. 동화와 조절을 통해 새로운 운동과제인 러닝 패스와 슛을 배웠다면 지적장애인은 그 과제에 적응된 것이라 할 수 있다.

표 2-15. 농구 지도 방법

언어지도	시범(모델링)지도	직접지도

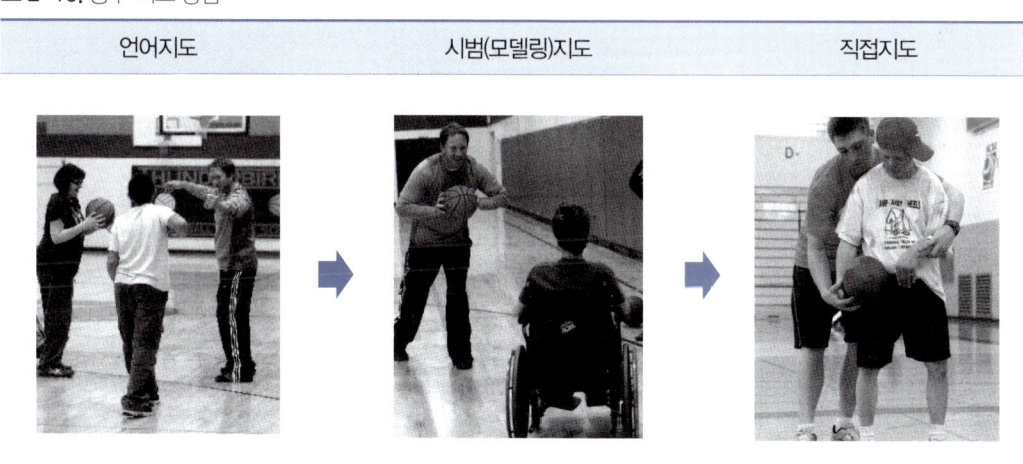

> **도식(schema):** 개인이 습득한 자신과 외부세계에 대한 지식, 개념, 책략 등으로 행동도식, 상징도식, 조작도식으로 구분됨
> **조직화:** 기존의 도식에 새로운 도식을 더하여 더 복잡한 도식을 형성하는 것

> **Tip!**
> - 지도시간은 짧게, 활동시간은 길게(집중력 유지)
> - 장애가 심할수록 더 작은 소그룹
> - 명확한 시범과 동시에 짧고 간단한 언어 사용
> - 스포츠 동작은 올바른 자세로
> - 인지적 수행 능력과 신체적 수행 능력을 동시에 고려한 프로그램 구성
> - 지도시간 중에 적절한 휴식시간
> - 장애정도에 맞는 스포츠 규칙
> - 모든 참여자가 수행할 수 있는 스포츠 용·기구, 환경
> - 지속적인 안전지도
> - 즉각적이고 일관된 피드백
> - 지속적인 스포츠 수행 능력 평가
> - 간단한 동작에서 복잡한 동작으로(단계별 지도)
> - 지속적이고 반복적인 지도
> - 특별한 환경이 아닌 일반적인 환경에서 스포츠 활동(일반화)
> - 반복적인 성공을 통한 흥미 유도
> - 스포츠 활동을 통한 리더십 유도
> - 부적절한 행동에 대한 즉각적이고 명확한 지도 및 관리
>
> 출처: Texas Woman's Univ.
>
> **참고자료**
>
>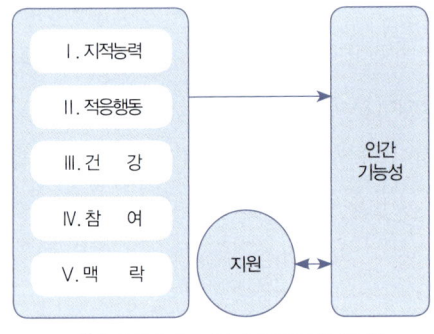
>
> 그림 2-4. 인간 기능성의 개념 틀(AAIDD, 2010)
>
> 정신지체의 정의에는 장애가 개인의 결함(a defect)이며, 불변하다는 배경이 포함되어 있다. 반면, 지적장애는 장애가 개인의 기능성과 그를 둘러싼 환경에 대한 적응기술로 진단되며, 지적능력·적응행동·건강·참여·맥락의 역동적 상호작용에 의해 결정되는 개인의 기능성이 개별적이고 적절한 지원을 통해 향상될 수 있다는 배경이 포함되어 있다.
>
> AAMR(1992)에서는 인간 기능성에 대한 지원의 강도를 간헐적(intermittent), 제한적(limited), 확장적(extensive), 전반적(pervasive)으로 구분하였다. 간헐적 지원은 실직 또는 의료적 손상과 같이 특정한 상황에서만 필요한 지원으로, 그 상황이 해결됨과 동시에 지원이 필요하지 않은 경우를 의미한다. 제한적 지원은 특수교육대상자에 대한 진로 및 직업교육과 같이 특정한 시기 동안 일관성 있게 지원되지만 시간적으로 제한되는 경우를 의미한다. 확장적 지원은 학교, 가정, 지역사회 등과 같은 특정 환경에서만 정규적으로 장기간 지원되는 경우를 의미한다. 전반적 지원은 전반적인 환경에서 제공되어 삶의 유지에 필수적인 지원을 의미한다.
>
> AAIDD(2010)에서는 지적장애에 대한 지원을 생태학적 체계를 통해 설명하고 있다. 장애에 대한 국가(사회·문화)의 지원은 지역사회(이웃)를 변화시키고, 지역사회의 변화는 가정을, 가정은 개인을 변화시킨다. 또한 개인에 대한 지원은 가정 → 지역사회 → 국가를 변화시키는 상호작용 효과를 일으킨다.
>
>
>
> 그림 2-5. 생태학적 지원체계

2. 정서 및 행동장애(emotional or behavioral disorder)

정서 및 행동장애는 우리나라의 장애인복지법에 규정되지는 않은 장애이지만(시행령 제2조), 장애인 등에 대한 특수교육법 제15조에서는 특수교육대상자로 선정되어야 한다고 하였다. 정서 및 행동장애에 대한 정의는 다양하지만 우리나라의 장애인 등에 대한 특수교육법 시행령, 미국의 Individuals with Disabilities Education Act(IDEA)와 Council for Children Behavioral

Disorder(CCBD)의 정의가 대표적이다.

가. 정의

우리나라의 장애인 등에 대한 특수교육법 시행령 제10조, 미국의 IDEA와 CCBD에서 제시하고 있는 정서 및 행동장애의 정의는 다음과 같다.

장애인 복지법
정서 및 행동장애는 장애인복지법에서는 규정되지 않음

장애인 등에 대한 특수교육법
장기간에 걸쳐 다음 각 목의 어느 하나에 해당하여 특별한 교육적 조치가 필요한 사람
가. 지적·감각적·건강상의 이유로 설명할 수 없는 학습상의 어려움을 지닌 사람
나. 또래나 교사와의 대인관계에 어려움이 있어 학습에 어려움을 겪는 사람
다. 일반적인 상황에서 부적절한 행동이나 감정을 나타내어 학습에 어려움이 있는 사람
라. 전반적인 불행감이나 우울증을 나타내어 학습에 어려움이 있는 사람
마. 학교나 개인 문제에 관련된 신체적인 통증이나 공포를 나타내어 학습에 어려움이 있는 사람

미국 장애인교육법(IDEA)
(i) 아래의 5가지 특성 중 하나 또는 그 이상이 장기간에 걸쳐 현저한 정도로 나타나되, 그것이 교육적 수행에 부정적인 영향을 미치는 상태를 의미한다.
　(a) 지적, 감각적 혹은 건강상 요인에 의해 설명될 수 없는 학습 무능력
　(b) 또래 및 교사들과 만족스러운 대인관계를 형성하거나 유지하지 못함
　(c) 정상적인 상황에서 보이는 부적절한 형태의 행동 혹은 감정
　(d) 일반적이고 만연한 불행감 혹은 우울함
　(e) 개인 또는 학교문제와 관련하여 신체적 증상, 통증, 공포가 나타나는 경향
(ii) 심한 정서장애는 정신분열증을 포함하되, 정서장애로 판명되지 않는 한 사회 부적응 아동을 포함하지 않는다.

아동기행동장애협회(CCBD)
(i) 정서 및 행동장애는 학교에서의 행동이나 정서 및 행동 반응이 적절한 연령, 문화, 인종 규준과 너무 달라 학업, 사회, 직업, 또는 개인적 기술을 포함한 교육적 수행에 부정적 영향을 미치는 장애로,
　(a) 환경 내 스트레스 사건에 오랫동안 지나치게 반응함
　(b) 서로 다른 두 환경에서 일관적으로 나타나고, 적어도 이들 중 하나는 학교와 관련됨

(c) 아동과 청소년이 이력상 효과적일 것이라는 판단 하에 제공된 교육 프로그램 내 개별적 중재에도 불구하고 지속됨
(ii) 정서 및 행동장애는 다른 장애들과 동시에 나타날 수 있다.
(iii) 만약 (i)에서처럼 교육적 수행에 영향을 미친다면, 정신불열장애, 정동장애, 불안장애, 기타 품행장애 또는 적응장애가 포함된다.

나. 원인

정서 및 행동장애의 원인은 생물학적, 가족, 학교 및 문화적 요인과 관련이 있으며, 각 요인들은 독립적인 원인으로 존재하는 것이 아니라 상호관련성을 가지는 것으로 알려져 있다.

1) 생물학적 요인

정서 및 행동장애는 신경심리학적 문제를 가지고 있는 경우가 많으며, 이에 대한 원인들의 상당수는 유전학, 생리학, 의학기술 등에 의해 설명되고 있다. 많은 과학자들은 중추신경계에 의한 신경화학적 작용에 의해 인간의 행동은 제어되고 있으며, 유전적 문제, 뇌손상, 뇌기능장애, 바이러스성 질병, 알레르기, 생화학적 불균형 등에 의해 정서 및 행동장애가 발생한다고 주장하고 있다.

2) 가족 요인

가족(또는 가정)은 아이들의 양육과 더불어 사회적응에 필요한 지식과 기술의 교육, 그리고 타인과의 상호관계를 형성할 수 있는 정서적 태도들을 형성시키는 매우 중요한 기능을 가지고 있다. 가족(특히 부부) 간의 불화는 가족의 구성형태를 손상(가정파탄, 이혼)시키고, 이로 인한 부적절한 가족관계 속에서 양육된 아이의 경우에는 정서 및 행동장애가 발생하는 경우가 많다. 특히 부모로부터 당한 신체적·심리적·성적 학대 등의 가정폭력은 정서 및 행동장애를 심화시킬 수 있다. 하지만 이러한 가족 요인만으로 정서 및 행동장애를 설명하는 것은 매우 위험하며, 다른 원인들과 마찬가지로 다양한 환경적 요인과 함께 이해하려는 노력이 필요하다.

3) 학교 요인

학교는 가정과 더불어 아이들의 사회화에 중요한 역할을 한다는 것이 널리 알려져 있다. 우리나라와 같이 입시, 진학, 취업, 진로 등과 관련된 학업 스트레스가 심하고, 시험 성적에 의한 서열화가 또래관계 형성에 많은 영향을 주는 경우에는 아이들이 학교에서의 사회성 형성에 어려움을 겪게 된다. 특히 심한 학업 스트레스와 학업에서의 낙오는 아이들의 불안감을 야기하고, 이로 인한

정서 및 행동장애가 발생할 가능성을 높이게 된다. Kauffman(2009)은 학교가 정서 및 행동장애에 영향을 주는 이유를 다음과 같이 설명하고 있다.

- 학생의 개별성에 민감하지 못함
- 학생에 대한 기대가 부적절함
- 행동관리에 일관성이 없음
- 비기능적이며 의미 없는 기술들을 지도함
- 성공적인 학교생활을 위해 필요한 기술을 효과적으로 지도하지 못함
- 강화를 잘못 사용함
- 학교에 바람직하지 못한 행동을 보이는 모델들이 많음

4) 문화 요인

또래관계, 가정, 지역사회의 문화는 인간의 태도와 행동을 결정하는 중요한 요인이며, 문화적인 차이로 인한 갈등은 정서 및 행동장애의 원인이 되기도 한다. 이미 다문화사회로 전환된 우리나라는 언어, 사회적 행동, 인식 등에서 다양한 문화적 충돌이 일어나고 있다. 특히 학교에서 경험하는 또래 간의 갈등은 문화의 차이에서 발생함에도 불구하고 특정 대상을 문제아로 낙인찍는 문제가 발생하기도 한다.

다. 특성

정서 및 행동장애의 특성을 분류하는 기준은 많이 있지만 여기서는 교육적 분류, 임상적 분류, 차원 및 통계적 분류, 외현 및 내면화 분류에 따라 구분하였으며(표 2-16), 이중 주의력 결핍 과잉행동장애와 품행장애는 구체적으로 설명하였다.

1) 주의력 결핍 과잉행동장애(Attention Deficit Hyperactivity Disorder: ADHD)

ADHD는 학령기에 주로 나타나지만 ADHD 장애로 진단받는 성인들의 수도 점차 늘어나고 있다. ADHD 발생은 남자아이가 여자아이보다 3배 정도 높고, 전체 어린이의 3~6%가량이 ADHD로 판정된다. ADHD는 장애인가 특정 정서적 상태인가에 대한 논란이 있지만, ADHD는 과잉행동, 부주의, 충동성이 주요 특징이다. ADHD는 품행장애(Conduct Disorder: CD), 학습장애(Learning Disorder: LD), 주의력 결핍 장애(Attention Deficit Disorder: ADD) 등과의 유사성 때문에 독립적 진단이 어려우며 주요 특징인 주의력 결핍은 자신의 주의력을 조절하지 못하여 학습의 문제를 야기하지만, 과잉행동은 가정과 학교생활에서 더욱 심각한 문제를 일으키게 된다.

표 2-16. 정서 및 행동장애의 분류

분류	하위 유형	설명
교육적 분류	분열행동	자리이탈, 교실 배회, 지시 불응 등
	미숙한 행동	심하게 울기, 분노발작 등
	사회적 위축	주변 환경에 잘 대처하지 못하는 행동
	상동행동	동일한 행동을 반복하는 것
	공격행동	사람이나 사물에 위해행동을 하는 것
임상적 분류	주의력 결핍 및 분열적 행동장애	주의력 결핍 과잉행동 장애(ADHD), 품행장애
	틱 장애	뚜렛장애, 만성적 운동 및 음성 틱 장애
	기분장애/우울장애	기분부전장애, 주요우울장애
	불안장애	일반불안장애, 공황장애
	충동-통제장애	간헐적 폭발장애, 도벽, 방화벽
	적응장애	불안, 우울, 품행장애, 불안-우울 혼합
	인격장애	편집성, 분열성, 반사회적, 경계선 인격장애
차원적/ 통계적 분류	품행장애	개인적 분열행동, 공격행동 및 불복종 행동
	사회화된 공격행동	공격적 및 분열적 행동
	주의력 문제-미숙 행동	일상적인 학급활동에 영향을 미치는 대부분의 행동
	불안-위축 행동	활동수행에 대한 두려움이나 활동을 회피하는 행동
	정신증 행동	정상적인 사고나 행동패턴을 왜곡시키는 행동
	운동 과다	일상생활을 방해할 정도로의 지나친 행동
외현화/ 내면화 분류	외현화 행동	공격행동과 같이 억압된 감정을 행동으로 표출
		충동적이거나 자기 통제력이 부족하며 반항적·공격적·분열적 특성을 보임
	내면화 행동	위축, 회피, 강박관념 등의 자기-지향적 행동으로 표출
		지나치게 수줍어하고, 위축되고, 공포를 느끼거나 환상에 빠지는 등의 행동을 보임

특히 수업시간에 돌아다니거나 소리를 지르는 행동, 또래들과의 다툼 등은 교사와 또래들로부터 스스로를 고립시고 또래관계를 비롯한 사회적 관계 형성을 어렵게 만든다.

> **ADHD 진단 기준**
>
> (ⅰ) (1) 또는 (2) 중에서 한 가지가 해당되며, 아래 9가지의 부주의 증상 중에서 6가지 증상이 6개월 동안 발달 수준에 맞지 않는 부적응행동 양상으로 지속된다.
>
> (1) 부주의
> - 세부적인 면에 대해 면밀한 주의를 기울이지 못하거나, 학업 또는 다른 활동에서 부주의한 실수를 저지른다.
> - 일을 하거나 놀이를 할 때 지속적으로 주의를 집중할 수 없다.
> - 다른 사람의 말을 경청하지 않는 것처럼 보인다.
> - 지시를 따르지 못하고 학업, 잡일, 작업장에서의 임무를 수행하지 못한다(반항적 행동이나 지시를 이해하지 못해서가 아님).
> - 과제나 활동을 체계화하지 못한다.
> - 지속적인 정신적 노력을 요구하는 과제에 참여하기를 피하고 싫어하고 저항한다.
> - 활동하거나 과제를 수행하는 데 필요한 물건들을 잃어버린다.
> - 외부 자극에 의해 쉽게 산만해진다.
> - 일상적으로 익숙한 활동을 잊어버린다.
>
> (2) 과잉행동-충동성
> - 손발을 가만히 두지 못하거나 의자에 앉아서도 몸을 움직인다.
> - 앉아 있도록 요구되는 교실이나 다른 상황에서 자리를 떠난다.
> - 부적절한 상황에서 지나치게 뛰어다니거나 기어오른다.
> - 조용히 여가활동에 참여하거나 놀지 못한다.
> - '끊임없이 활동하거나' 마치 '무엇인가에 쫓기는 것'처럼 행동한다.
> - 지나치게 말을 많이 한다.
> - 질문이 미처 끝나기 전에 성급하게 대답한다.
> - 차례를 기다리지 못한다.
> - 다른 사람의 활동을 방해하고 간섭한다.
>
> (ⅱ) 장애를 일으키는 과잉행동-충동 또는 부주의 증상이 7세 이전에 있었다.
>
> (ⅲ) 증상으로 인한 장애가 2개 이상의 장면(예: 학교, 작업장, 가정)에서 존재한다.
>
> (ⅳ) 사회, 학업, 직업 기능에 임상적으로 심각한 장애가 초래된다.
>
> (ⅴ) 증상이 전반적 발달장애, 정신분열증 또는 기타 정신증적 장애의 경과 중에만 나타나는 현상이 아니며, 다른 정신장애 (예: 기분장애, 불안장애, 해리성장애, 성격장애)에 의해 잘 설명되지 않는다.
>
> 출처: DSM-Ⅳ-TR, 2000

2) 품행장애(Conduct Disorder : CD)

품행장애는 1950년대에 '청소년 비행(juvenile delinquency)'으로 소아기에 나타나는 행동장애로 간주되었고, 1990년대에 와서야 품행장애(conduct disorder)라는 용어를 사용하였다. 품행장애는 여자보다는 남자에게서 훨씬 높게 나타나며 주로 청소년 초기에 처음 발현된다. 10세 이전에 발생하면 잘 개선되지 않으며, 청소년기에 발생하면 나이가 들어서 반사회적 행동이 줄어드는 경향이 있다. 품행장애는 사람과 동물에 대한 공격성, 재산의 파괴, 사기 또는 도둑질, 심각한 규칙 위반 등의 행동 양상을 적어도 6개월 이상 지속할 경우에 진단되며, 드러나는 공격행동과 드러나지 않는 반사회적 행동으로 구분된다. 드러나는 공격행동은 타인에 대한 언어 및 신체적 공격행동을 의미하며, 드러나지 않는 반사회적 행동은 타인에게 숨기며 행동하는 재산의 파괴, 도둑질 등을 의미한다. 우리나라에서는 14세~20세 때 형법 법령에 저촉되는 행위를 하면 범죄행위, 12세~14세 때는 촉법행위라고 하고 범죄는 아니지만 범죄를 저지를 우려가 있다고 인정되는 행위를 우범행위로 규정한다. 스포츠를 통한 중재 프로그램은 품행장애인의 긍정적 사회적응을 지원하게 될 것이다.

품행장애 진단 기준

(ⅰ) 다른 사람의 기본적 권리를 침해하고 나이에 맞는 사회적 규범 및 규칙을 위반하는 지속적이고 반복적인 행동 양상으로서, 다음 가운데 3개(또는 그 이상) 항목이 지난 12개월 동안 있어왔고 적어도 1개 항목이 지난 6개월 동안 있어왔다.

(1) 사람과 동물에 대한 공격성
- 다른 사람을 괴롭히거나 위협하거나 협박한다.
- 육체적인 싸움을 도발한다.
- 다른 사람에게 심각한 신체적 손상을 일으킬 수 있는 무기를 사용한다.
- 사람에게 신체적으로 잔혹하게 대한다.
- 동물에게 신체적으로 잔혹하게 대한다.
- 피해자와 대면한 상태에서 도둑질을 한다(예: 노상강도, 날치기, 강탈, 무장강도).
- 다른 사람에게 성적 행위를 강요한다.

(2) 재산의 파괴
- 심각한 손상을 입히려는 의도로 일부러 불을 지른다.
- 다른 사람의 재산을 일부러 파괴한다(방화는 제외).

(3) 사기 또는 도둑질
- 다른 사람들의 집, 건물, 차에 무단침입한다.
- 물건이나 호감을 얻기 위해 또는 의무를 회피하기 위해 흔히 거짓말을 한다.
- 피해자와 대면하지 않은 상황에서 귀중품을 훔친다.

(4) 심각한 규칙 위반
- 13세 이전에 부모의 금지에도 불구하고 밤 늦게까지 집에 들어오지 않는다.
- 부모와 함께 사는 동안 적어도 두 번 가출한다.
- 13세 이전에 무단결석이 시작된다.

(ⅱ) 행동의 장해가 사회적, 학업적 또는 직업적 기능에 임상적으로 심각한 장해를 일으킨다.

(ⅲ) 18세 이상일 경우에는 반사회성 인격장애의 진단기준에 맞지 않아야 한다.

출처: DSM-Ⅳ-TR, 2000

표 2-17. ADHD와 유사 장애 간 비교(김미경 · 문장원 · 서은정 · 윤점룡 · 윤치연 · 이상훈, 2007)

ADHD		
전반적인 ADHD	주의력 결핍 장애(ADD)	
	과잉행동을 수반한 ADD	과잉행동 없는 ADD
· 증상이 더 많다. · 파괴적인 행동을 더 많이 한다. · 내재화 장애를 더 많이 보인다. · 수행 수준이 더 낮다. · 가정환경이 불우하다. · 예후가 더 나쁘다.	· 행동 문제를 더 많이 갖고 있다. · 자기 파괴적인 행동을 더 많이 한다. · 품행장애일 가능성이 높다.	· 사회적으로 위축되는 경향이 있다. · 인지 처리 속도가 느리다. · 자기의식이 더 많다. · 학습장애일 가능성이 더 높다.

ADHD와 품행장애(CD)		
ADHD	ADHD + CD	CD
· 인지적인 어려움이 더 심하다. · 성취 부족이 더 많다. · 과제와 관련된 행동을 잘하지 않는다. · 유력한 기질적인 병인을 갖는다.	· 학업성취가 더 낮다. · 반사회적인 행동을 더 많이 한다. · 약물 남용의 경우가 더 많다. · 직업에 대한 적응력이 약하다. · 적대적인 부모를 갖는 경향이 있다.	· 가족관계가 적대적일 수 있다. · 사회적 기술이 더 많다. · 예후가 더 나쁘다.

ADHD와 학습장애(LD)		
ADHD	ADHD + LD	LD
지속적인 주의에 곤란을 겪는 경우가 많다.	대부분 전반적인 주의력 결핍을 갖고 있다.	선택적인 주의에 어려움을 보이는 경우가 더 많다.

라. 스포츠 지도전략

정서 및 행동장애인의 운동발달이나 체력이 동년배의 비장애인에 비해 낮다는 증거는 발견되지 않고 있으나, 자기-방임 행동(소리 지르기, 놀아다니기, 화내기 등), 불순종적 행동(지도자의 지시에 반항적인 태도를 보이거나 스포츠 규칙을 지키지 않는 것 등), 공격적 행동(자해 또는 주변 사람에 대한 폭력, 기물 파손 등), 자기-자극 행동(머리 · 몸통 · 손 흔들기, 특정 물건 만지작거리기 등) 등과 같은 문제행동은 스포츠 활동의 참여를 방해한다. 정서 및 행동장애인에 대한 스포츠 지도는 문제행동에 대한 중재를 통해 긍정적 행동을 형성하는 것이 선결되어야 하며, 긍정적 행동이 형성된 정서 및 행동장애인은 아무런 제약 없이 스포츠 활동에 참여할 수 있다.

인간의 행동을 관찰할 수 없는 두뇌활동에 대한 이론적 추정에 근거하지 않고, 관찰 가능한 행동을 통해 판단하는 것을 '행동주의(behaviorism)적 접근'이라고 한다(Watson, 1913). 정서 및 행동장애인의 문제행동은 기능적 행동 사정을 통한 긍정적 행동 중재를 통해 수정할 수 있다.

1) 기능적 행동 사정(functional behavioral assessment)

정서 및 행동장애인의 관찰된 문제행동들을 조작적으로 정의하고, 문제행동이 발생한 원인과 환경을 분석하여 평가하는 것을 '기능적 행동 사정'이라고 한다. 장애인스포츠지도사들은 반복적으로 발생하는 문제행동들을 '자리이탈-대기장소 이탈', '자해-얼굴 때리기', '자기-자극-몸통 흔들기' 등으로 정의한 후에 문제행동의 형태·빈도·지속시간 등을 기록하며, 문제행동이 발생하기 전의 환경과 상황을 정확히 확인해야 한다. 이를 통해 정서 및 행동장애인들의 문제행동이 발생하는 환경과 상황을 제거하여 문제행동을 제거할 수 있다.

표 2-18. 기능적 행동 사정의 유형(정대영, 2006)

유형	방법
비형식적 방법	문제행동을 하고 있는 개인이나 집단을 잘 이해하고 있는 사람과 면담하여 문제행동과 연관되어 있거나 중요한 상황적 특징 밝힘 • 문제행동 정의 • 문제행동의 앞선 상황과 문제행동의 정도 • 문제행동을 지속시키는 환경과 상황
직접 관찰	문제행동을 나타내는 개인을 직접 관찰 • 문제행동 정의 • 문제행동과 문제행동이 발생하는 환경과 상황(언제, 어디서, 누구와, 무엇을 할 때 발생) 기록 • 문제행동을 지속시키는 환경과 상황
기능 분석	문제행동과 연관된 특정 행동변인을 조작 • 특정 행동변인(과제 난이도, 과제 길이, 활동 내용 등)을 조작하여 문제행동을 제거하고 목표 행동을 형성시킴

2) 긍정적 행동 중재(positive behavioral intervention)

긍정적 행동 중재는 선행사건-대체행동 지도-후속결과에 대한 중재를 통해 긍정적인 절차를 강조하고, 긍정적 행동에 영향을 미치는 환경과 맥락을 강조한다. 긍정적 행동지원은 기능적 행동 사정에 기초하여 중재 계획이 수립되어야 하며, 긍정적 행동 중재 계획은 개인의 행동 문제를 제거하기보다는 바람직하고 적절한 행동을 보일 가능성을 최대화시키도록 환경을 조정하는 것에 그 목적이 있다.

장애인스포츠지도사들은 기능적 행동 사정을 통해 문제행동의 동기가 되는 상황이나 맥락을 확인하고, 문제행동이 발생하지 않도록 상황과 맥락을 조정하여 긍정적 행동 중재를 위한 지원계획을 수립한다. 수립된 계획에 의해 문제행동의 동기가 된 원인(맥락이나 상황)을 제거하거나, 적절한 행동 연습과 강화 등을 통해 문제행동을 대체할 긍정적 행동을 형성하여 정서 및 행동장애인이 스포츠 활동에서 성공하도록 지원해야 한다(그림 2-6).

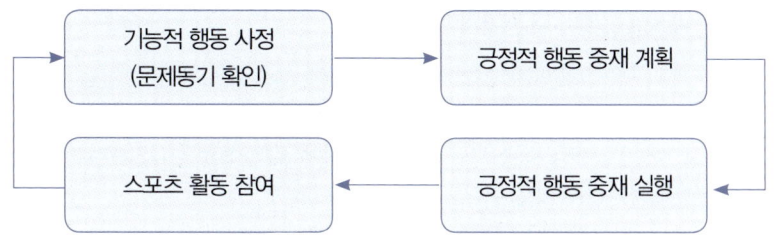

그림 2-6. 긍정적 행동 중재 절차

 Tip!
- 안정적이고 편안한 호흡운동이 동반된 스포츠 추천(체조, 요가)
- 유산소 운동과 무산소 운동의 적절한 조화
- 스포츠를 통한 성공을 경험할 수 있는 환경
- 성공적인 동작 수행 시 지도자가 성공의 기쁨을 표시함
- 격렬한 스포츠 활동 시 주의
- 스포츠 활동의 유연성 적용(횟수, 강도, 시간의 조절)
- 스포츠 활동 시 스트레스의 최소화

출처: Texas Woman's Univ.

3. 자폐성장애(autism)

자폐성장애는 1943년 미국의 Leo Kanner 박사에 의해 처음 사용되었으며, DSM-Ⅳ-TR에서는 자폐성장애를 전반적 발달장애(Pervasive Developmental Disorder: PDD)의 한 범주에 포함시키고 있다. PDD에는 자폐성장애 외에도 레트장애, 소아기 붕괴성 장애, 아스퍼거장애, 기타 달리 분류되지 않는 전반적 발달장애가 있다.

가. 정의

우리나라의 장애인복지법 시행령 제2조, 장애인 등에 대한 특수교육법 시행령 제10조, DSM Ⅳ-TR에서 제시하고 있는 자폐성장애의 정의는 다음과 같다.

장애인복지법
소아기 자폐증, 비전형적 자폐증에 따른 언어·신체표현·자기조절·사회적응 기능 및 능력의 장애로 인하여 일상생활이나 사회생활에 상당한 제약을 받아 다른 사람의 도움이 필요한 사람

장애인 등에 대한 특수교육법
사회적 상호작용과 의사소통에 결함이 있고, 제한적이고 반복적인 관심과 활동을 보임으로써 교육적 성취 및 일상생활 적응에 도움이 필요한 사람

DSM-Ⅳ-TR
(i) 아래의 5가지 특성 중 하나 또는 그 이상이 장기간에 걸쳐 현저한 정도로 나타나되, 그것이 교육적 수행에 부정적인 영향을 미치는 상태를 의미한다.
　(a) 지적, 감각적 혹은 건강상 요인에 의해 설명될 수 없는 학습 무능력
　(b) 또래 및 교사들과 만족스러운 대인관계를 형성하거나 유지하지 못함
　(c) 정상적인 상황에서 보이는 부적절한 형태의 행동 혹은 감정
　(d) 일반적이고 만연한 불행감 혹은 우울함
　(e) 개인 또는 학교문제와 관련하여 신체적 증상, 통증, 공포가 나타나는 경향
(ii) 심한 정서장애는 정신분열증을 포함하되, 정서장애로 판명되지 않는 한 사회 부적응 아동을 포함하지 않는다.
(iii) DSM Ⅳ-TR( )에서는 다음 영역 가운데 적어도 두 가지 이상에서 사회적 상호작용에 있어서의 질적인 결함이 나타난다고 하였다.
　(a) 사회적 상호작용을 위한 표정, 눈 맞춤, 몸짓 같은 비언어적인 행동을 사용함에 있어서 현저한 결함
　(b) 발달 수준에 적합한 또래관계 형성 실패
　(c) 자발적으로 다른 사람들과 기쁨, 관심, 성공을 나누지 못함
　(d) 사회적·정서적 반응의 상호교류 결여
(iv) 다음 영역 가운데 적어도 한 가지 이상에서 의사소통의 질적인 결함이 나타난다.
　(a) 구두언어 발달의 지연 또는 전반적 발달 결여
　(b) 다른 사람과 대화를 시작하거나 지속하는 능력의 현저한 장애
　(c) 상동적이고 반복적인 언어나 특이한 언어의 사용
　(d) 자발적인 가상놀이의 결여
(v) 다음 영역 가운데 적어도 한 가지 이상에서 반복적이며 상동적인 행동유형이 나타난다.
　(a) 강도나 초점에 있어서 비정상적인 한 가지 이상의 상동적이고 제한적인 관심거리에 집착
　(b) 특이하고 비효율적인 틀에 박힌 일이나 의례적인 행동에 융통성 없이 집착
　(c) 상동적이고 반복적인 동작성 매너리즘
(vi) 다음 영역 가운데 적어도 한 가지 이상에서 기능이 지체되거나 비정상적인 모습이 나타난다.
　(a) 사회적 상호작용
　(b) 사회적 의사소통에 사용되는 언어
　(c) 상징적 또는 상상적 놀이
(vii) 레트장애 또는 소아기 붕괴성 장애로 잘 설명되지 않는다.

나. 원인

자폐성장애의 원인에 대해서는 정확히 밝혀지지 않고 있다. 일부 학자들은 유전적인 영향에 의해 발생할 가능성과 신경학적 정보를 전달하는 뇌기능의 일부에 손상이 있을 가능성을 주장하기도 하였다.

다. 특성

자폐성장애는 1만 명당 4~5명의 출현율을 보이며, 남녀의 비율은 3~4 : 1이다. 또한 약 50%의 자폐성장애인들은 성인이 되어서도 음성언어를 사용하지 못한다. 자폐성장애의 대표적 특성은 의사소통과 사회적 상호작용 능력의 현저한 발달지체, 그리고 상동행동이다. 장애가 심할수록 의사소통의 문제는 심각하여 전혀 말을 하지 못하거나 타인의 말을 이해하지 못하기도 한다. 자폐성장애인은 타인의 감정을 이해하고 그에 대한 반응을 하는 것에 어려움을 겪으며, 같은 동작을 반복적으로 하거나 또는 동일한 상황에서 같은 행동을 하는 것과 같은 상동행동을 한다. 이와 같은 상동행동들은 타인에 의해 문제행동으로 받아들여지기도 하며, 가족이나 주변 사람들을 당황시키는 원인이 된다.

자폐성장애의 의사소통 문제는 스포츠 학습을 어렵게 만들고, 학습의 실패로 인한 장애인스포츠지도사의 실망, 질책 등은 자폐성장애인의 학습된 무기력과 문제행동을 일으키는 원인이 되기도 한다.

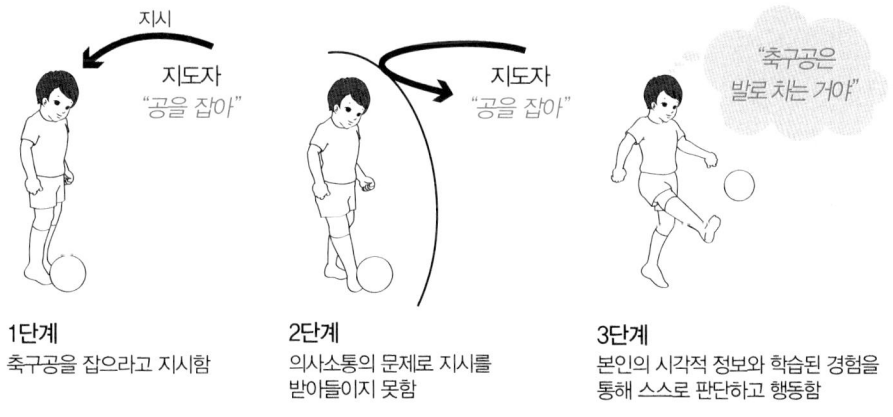

그림 2-7. 자폐성장애의 운동행동 3단계

라. 스포츠 지도전략

자폐성장애는 의사소통의 문제와 함께 인지적 장애를 동반하기 때문에 스포츠를 지도하기 가장 어려운 장애 중 하나이다. 의사소통의 문제와 외부세계와의 단절은 다양한 형태의 문제행동을 일으키는 원인이 되며, 문제행동의 원인은 4가지로 구분된다(그림 2-7). 자폐성장애인의 문제행동에 대한 스포츠 지도전략은 행동주의적 접근을 활용할 수 있으며, 기능적 행동 사정과 긍정적 행동중재는 정서 및 행동장애와 동일하게 적용하면 된다.

표 2-19. Motivation Assessment Scale(MAS)

문제행동의 동기	관찰된 내용
감각(자기-자극)	• 혼자 있을 때 반복적으로 일어남 • 바라보기, 냄새 맡기, 맛보기, 듣기 등을 좋아함
회피	• 어려운 과제를 지시받거나 요구받을 때 일어남 • 지시나 요구를 철회하면 곧 중단됨
관심 끌기	• 지도자가 다른 사람과 말하거나 지도할 때 일어남 • 지도자가 자신에게 관심을 보이지 않을 때 일어남
선호 물건 · 활동	• 특정한 물건을 못 가지게/음식을 못 먹게/활동을 못하게 하면 일어남 • 요구를 들어주면 곧 중단됨

자폐성장애인의 스포츠 지도를 위해서는 종목 선정에서부터 주의를 기울여야 한다. 축구·농구·야구 등과 같이 불연속(혹은 계열적) 동작으로 구성된 스포츠들은 자폐성장애인들에게 부적합하며, 수영·사이클·인라인스케이트 등과 같이 연속 동작으로 구성된 스포츠들이 적합하다.

Tip!
• 다양한 장소에서 각기 다른 스포츠를 경험하게 함
• 선호하는 스포츠를 우선 선정
• 주의를 분산시킬 수 있는 환경 제거
• 언어지시와 동시에 시각적 단서를 제공하는 지도
• 일상적으로 접하기 쉬운 스포츠 활동 위주
• 음악, 댄스, 수중스포츠 등과 같이 감각자극을 통한 활동으로 자기자극 소거
• 시각정보(예: 그림카드)를 이용한 의사전달을 통해 지도
• 같은 스포츠 활동 시, 같은 환경과 장비들로 구성

출처: Texas Woman's Univ.

4. 시각장애(visual impairment)

가. 정의

시각장애를 진단하기 위해 사용되는 기준은 시력(visual acuity)과 시야(visual field)이며, 맹(실명)과 저시력(저시각)으로 구분된다. 우리나라의 장애인복지법 시행령 제2조, 장애인 등에 대한 특수교육법 시행령 제10조, IDEA에서 제시하고 있는 시각장애의 정의는 다음과 같다.

장애인복지법
가. 나쁜 눈의 시력이 0.02 이하인 사람
나. 좋은 눈의 시력이 0.2 이하인 사람
다. 두 눈의 시야가 각각 주시점에서 10도 이하로 남은 사람
라. 두 눈의 시야 2분의 1 이상을 잃은 사람

장애인 등에 대한 특수교육법
시각계의 손상이 심하여 시각기능을 전혀 이용하지 못하거나 보조공학기기의 지원을 받아야 시각적 과제를 수행할 수 있는 사람으로서 시각에 의한 학습이 곤란하여 특정의 광학기구·학습매체 등을 통하여 학습하거나 촉각 또는 청각을 학습의 주요 수단으로 사용하는 사람

IDEA
시각장애란 시력교정 후에도 시각이 손상된 상태, 즉 교육활동에 지장이 있는 경우를 말한다. 이는 부분적인 시각장애와 맹을 모두 포함한다.

나. 원인

시각장애는 눈과 말초신경의 손상으로 인한 중심시력장애와 시신경 교차에서부터 뇌영역까지의 신경이 손상되어 발생되는 중추성 시각장애로 나눌 수 있다. 중심시력장애란 시야에 있는 물체를 상세한 부분까지 구분해내는 능력을 말하며, 굴절 이상으로 망막에 초점이 잘못 맺히거나 눈을 이루고 있는 여러 부분이 손상을 입어 근시, 원시, 난시가 발생하면 중심시력장애가 나타난다. 중추성 시각장애란 시각 자체에는 문제가 없지만 뇌에서 시각 정보를 처리하는 시각피질 손상에 의해 발생하며, 이러한 시각피질 손상은 출산 시의 산소부족, 뇌 손상, 뇌 수종, 중추신경계 감염 등으로 발생한다. 시각장애의 원인을 출생 전과 출생 후로 구분한다면, 출생 전의 백색증, 망막아세포종, 미숙아 망막증과 출생 후의 백내장, 대뇌피질 손상, 녹내장, 황반변성, 망막 색소변성 등으로 구분할 수 있다.

다. 특성
1) 심동적 특성
시각장애는 신체활동의 제약에 의해 운동발달이 지연되거나 관찰과 모방의 어려움에 의해 운동

저시력: 교정 시력이 0.3에 이르지 못하는 상태
맹: 시력이 극히 나쁘거나 아무것도 볼 수 없는 상태. 교정 시력이 20/200 이하이거나, 시야각이 20° 이하

학습 동기가 저하되기도 한다. 후천적 시각장애의 경우에는 신체활동에 대한 학습경험을 통해 새로운 신체활동을 익힐 수 있으나, 장애의 정도가 심하고 장애발생 시기가 오래될수록 그리고 신체활동 경험이 오래될수록 새로운 운동학습에 어려움을 겪는다.

시각장애는 개인의 이동 및 자세유지에 제한을 미치게 하여 발 끌며 걷기, 보폭 줄여서 걷기, 한쪽 방향으로 기울인 자세로 걷기 등의 보행 특성이 나타나며, 편향된 자세들은 고착화된다.

2) 정의적 특성

신체 일부 흔들기, 눈 찌르기 등의 행동을 반복적으로 하는 것은 시각장애의 대표적인 자기자극이다. 자기자극은 심리적으로 불안한 상황에서 발생하기 시작하지만, 오랜 시간 동안 지속될 경우에는 불안과 상관없이 발생하기도 한다. 또래와의 관계 형성에 어려움을 겪는 시각장애 아동들은 또래 사이에서 고립되어 심리적으로 위축되거나 낮은 자존감을 나타내기도 한다.

라. 스포츠 지도전략

일반적으로 시각장애인의 체력과 운동수행 능력은 동년배의 비장애인에 비해 낮은 것으로 알려져 있으나, 시각장애가 직접적인 원인이 되는 것은 아니다. 단지 사고의 위험을 걱정하는 가족들에 의해 신체활동이 제약되거나 스스로 신체활동에 적극적이지 않은 것에 그 원인이 있는 경우가 많다.

1) 현재의 시각 능력 평가

시각장애인은 시각적인 어려움을 제외하면 아무런 제한 없이 스포츠 활동에 참여할 수 있기 때문에 현재의 시각 능력을 평가하는 것이 가장 중요하다. 특히 약시인 시각장애인은 다양한 형태의 잔존 시력을 가지고 있기 때문에 과소평가되거나 과대평가되어 장애인스포츠지도사와의 의사소통에서 문제가 생기기도 한다. 장애인스포츠지도사는 시각장애인과의 대화를 통해 개개인의 능력을 확인하고, 그에 따른 환경구성, 규칙·장비 변형 등을 포함한 IEP를 수립하여야 한다.

2) 운동 환경

시각장애인이 참여하는 스포츠 활동에서는 안전을 위한 환경구성이 중요하다. 스포츠 활동 중에 경험하는 충돌, 넘어짐 등은 시각장애인의 신체활동을 위축시키며, 스포츠 활동에 대한 만족도를 떨어뜨린다. 따라서 장애인스포츠지도사들은 환경구성을 단순화해야 하며, 스포츠 활동 전에 시각장애인이 환경을 탐색할 수 있도록 해야 한다.

3) 운동지도

일반적인 운동지도 방법은 언어지도-시범(모델링)지도-직접지도의 단계를 따르지만, 시각장애인에 대한 운동지도는 언어지도-촉각 탐색-직접지도의 단계를 따른다. 언어지도 시에는 방향에 대한 기준을 명확히 한 후에 운동과제에 대한 설명을 해야 하며, 운동 용·기구, 참여 동료, 시설 등의 환경도 설명해야 한다. 촉각 탐색은 시각을 대신하여 과제에 대한 정보를 수집하는 방법으로 상체와 하체, 좌측과 우측 등으로 구분하여 설명한다. 탁구채, 야구 배트 등과 같은 운동 장비를 사용하는 경우에는 장비에 대한 사용법을 미리 지도하고 그와 관련된 협응 동작을 지도한다. 직접지도 시에도 언어적 설명을 자세히 하여 과제에 대한 이해를 충분히 할 수 있도록 해야 한다.

> **Tip!**
> - 최대한의 활동 기회가 보장된 환경구성
> - 스포츠 활동을 위한 환경은 잔존시력을 이용할 수 있는 최적의 밝기 유지
> - 바닥 색과 대비되는 장비 사용(예: 초록색 운동장, 빨간색 야구 배트)
> - 장비들의 위치가 바뀌지 않도록 유지
> - 소리가 나는 공 또는 콩주머니 활용
> - 다양한 질감의 장비 사용
> - 고글 등과 같이 눈을 보호할 수 있는 장비 착용
>
> 출처: Texas Woman's Univ.

5. 청각장애(deafness)

가. 정의

인간이 외부의 소리를 지각하기 위해서는 소리가 외이 → 중이 → 내이 → 청신경의 경로를 거쳐야 한다. 만약, 이 경로 중 일부에 손상이 발생하여 외부의 소리를 지각하는 것에 어려움이 생기는 경우를 청력손실이라고 하며, 청력의 수준은 데시벨(dB)로 나타낸다. 청각장애는 청력의 손실 정도에 따라 농(deaf)과 난청(hard of hearing)으로 구분되며, 농은 보청기를 사용해도 소리를 청각적으로 이해할 수 없으나 난청은 일부의 소리를 청각적으로 이해할 수 있다. 우리나라의 장애인복지법 시행령 제2조, 장애인 등에 대한 특수교육법 시행령 제10조, IDEA에서 제시하고 있는 청각장애의 정의는 다음과 같다.

장애인복지법
가. 나쁜 눈의 시력이 0.02 이하인 사람
나. 좋은 눈의 시력이 0.2 이하인 사람
다. 두 눈의 시야가 각각 주시점에서 10도 이하로 남은 사람
라. 두 눈의 시야 2분의 1 이상을 잃은 사람

장애인 등에 대한 특수교육법
가. 두 귀의 청력손실이 각각 60데시벨(dB) 이상인 사람
나. 한 귀의 청력손실이 80데시벨 이상, 다른 귀의 청력손실이 40데시벨 이상인 사람
다. 두 귀에 들리는 보통 말소리의 명료도가 50퍼센트 이하인 사람
라. 평형 기능에 상당한 장애가 있는 사람

IDEA
청각장애란 보청장치 사용과 관계없이 청각을 통한 언어 이해 과정이 극히 어려울 정도의 청력 손상이며, 이 손상은 반드시 학생이 교육적인 수행을 하는 데 있어서 부정적인 영향을 미치는 것이어야만 한다.

나. 원인

1) 선천적 원인

선천적 원인에 의한 청각장애는 유전, 모자 혈액형 불일치, 이경화증, 외이 기형 등이 있다. 유전에 의한 청각장애는 선천적 농의 약 1/2이며, 아동기 청각장애의 약 60%에 달한다. 임신부와 태아의 Rh 혈액형 불일치에 의한 청각장애의 경우에는 임신부의 혈액에 항체가 형성되어 태아의 혈액을 파괴하여 발생하며, 약 70% 이상이 중복장애를 갖게 된다. 이경화증에 의한 청각장애의 경우에는 중이의 등골이 증식되어 점진적으로 청력을 잃게 되어 발생하며, 한쪽 귀에 먼저 생긴 후 다른 쪽 귀에도 순차적으로 나타난다. 청년층에서 주로 나타나며, 여자가 남자보다 2배 이상 더 잘 발생한다. 그리고 외이의 기형 등에 의해서도 청각장애가 발생한다.

2) 환경적 원인

임신부의 감염과 질병에 의해 발생하는 환경적 요인은 풍진감염, 중이염, 뇌막염 등이 있다. 임신부의 풍진감염은 태아도 감염시켜 출생 이전 혹은 이후에 청력손실을 일으킨다. 임신부가 풍진에 감염되면 태아의 청력손실 발생률이 대단히 높으나, 백신 접종에 의해 대부분 예방할 수 있다. 중이염은 중이에 발생하는 염증으로, 영유아 난청의 가장 흔한 원인이다. 급성 중이염은 일시적인 난청을 일으키지만 치료가 쉽고 회복이 빠르기 때문에 크게 문제되지 않으나, 만성적인 중이염은 심각한 난청을 일으킬 수도 있다. 뇌막염은 '언어 습득 후 청각장애'의 대표적 원인이며, 뇌와 척수로 구성된 중추신경계를 보호하는 뇌척수막에 염증이 생긴 것을 말한다.

> **유전적과 선천적**
> • 유전적 : 유전자에 의함   • 선천적 : 출생 이전

다. 특성

1) 의사소통

청각장애인의 의사소통은 수화와 구화로 구분할 수 있다. 국내에서의 수화교육은 크게 농아인을 위한 교육과 비장애인을 위한 교육으로 구분할 수 있으며, 농아인을 위한 교육은 1983년 제3차 농학교 교육과정 중학부와 고등부 요육활동의 언어표현 영역에서 유사 수어체계인 표준수화 익히기가 포함되면서 시작되었다. 농학교에서의 수화교육은 다른 교과목과 같이 정규적인 교육과정 안에서 지속적으로 시행되는 것이 아니라, 학교 사정에 따라 재량 시간 등에서 이루어지며 소수의 학교에서 교육하고 있다. 비장애인을 위한 수화교육은 봉사단체, 대학동아리, 종교단체 등에서 제한적으로 시작되었으나, 최근에는 나사렛대학교 수화통역학과와 같이 전문적인 교육기관에서 체계

표 2-20. 청력손실 정도와 듣기 특성(김수진, 2012)

청력 수준	듣기 특성
16 ~ 25dB	• 조용한 환경에서는 말을 알아듣는 데 아무 어려움이 없으나 시끄러운 곳에서는 작은 말소리를 잘 알아듣지 못한다. • 교실이 시끄러우면 회화의 10% 정도를 놓쳐버린다.
26 ~ 40dB(mild)	• 조용한 환경에서 알고 있는 주제에 대해 일반적인 어휘 수준으로 이야기를 할 때 의사소통의 어려움을 느끼지 않는다. 조용한 곳이라도 희미하거나 먼 소리는 듣기 어렵다. • 말하는 사람의 입모양이 보이지 않는 경우에는 듣는 것이 힘들다. • 고주파수에 청력손실이 있는 경우 자음을 놓쳐버린다. • 실내에서의 토론을 따라가기 위해서는 노력이 요구된다.
41 ~ 55dB(moderate)	• 일상 대화하는 말은 듣기 어려우나 아주 가까운 거리에서만 들을 수 있다. • 토론과 같은 집단활동에서는 의사소통의 어려움을 겪는다.
56 ~ 70dB(severe)	• 대화할 때 크고 분명한 말소리만 들을 수 있고, 여러 명이 있을 때는 훨씬 어려움이 크다. • 보청기가 없으면 이해하기 어렵다. • 말할 때 다른 사람이 알아들을 수는 있지만 명료하지 않다. • 일대일 대화, 그룹 대화에 있어서 음성언어에 대한 의사전달이 곤란하다.
71 ~ 90dB(profound)	• 큰 소리로 말하지 않으면 대화하는 말을 알아듣지 못하고, 알아들을 때도 잘못 알아듣는 단어가 많다. • 환경음은 감지하지만 항상 그런 것은 아니다.
91dB 이상(deaf)	• 일부 환경음을 들을 수 있다. • 말을 할 수 있다고 해도 알아듣기 어렵다.

적으로 교육하여 수화통역사를 양성하고 있다.

구화는 손과 얼굴 등을 사용하는 수화와 달리 상대의 말을 그 입술의 움직임과 얼굴 표정을 보고 이해하거나(독화), 청각을 통하여 습득한 음성언어로 말하는(발화) 의사소통 방법이다. 청각장애 특수학교의 경우에는 인공와우 시술 또는 보청기를 착용하고 구화법을 사용하는 학생의 수가 수화법을 사용하는 학생의 수보다 더 많다.

2) 읽기와 쓰기

듣기와 말하기 능력의 제한은 어휘, 구문, 통사※ 등의 습득 능력 발달을 지체시켜 청각장애의 중요한 의사소통인 읽기와 쓰기 능력도 지체된다. 청각장애는 부족한 통사 능력 때문에 문장을 문법적으로 해석하기보다는 의미적으로 해석한다. 따라서 의미가 부정확하거나 추상적인 경우에는 해석에 어려움을 겪는다.

3) 정서

청각장애는 장애로 인해 발생하는 특별한 정서적 특성이 따로 존재하지 않으며 지극히 평범하다. 따라서 청각장애의 정서적 특성은 그들이 처한 환경 속에서 이해해야 한다. 다만 영아는 시각, 청각, 촉각, 후각 등을 이용하여 부모와 의사소통을 하거나 애착을 형성해나가기 때문에 건청 부모에게서 양육되는 대부분의 청각장애인들은 의사소통의 문제로 인하여 애착형성에 어려움을 겪기도 한다. 학령기의 청각장애인들은 또래와의 의사소통이 어려워 사회적 관계 형성에 어려움을 겪기도 하며, 의사소통의 문제는 청각장애인의 사회적 고립을 야기하기도 한다.

라. 스포츠 지도전략

청각장애인의 체력과 운동수행 능력은 동년배의 비장애인과 비교해서 차이가 없으나, 내이의 반고리관이 손상된 경우에는 평형성 능력이 비장애인보다 낮을 수 있다.

의사소통과 운동지도

청각장애인의 스포츠 활동에서는 의사소통 외의 제한점은 발생하지 않는다. 최근에는 농(deaf)인 청각장애인들의 상당수가 구화를 할 수 있으며, 난청인 청각장애인들도 인공와우를 이식하여 의사소통이 불가능한 경우는 많지 않다. 하지만 장애인스포츠지도사들은 청각장애인을 마주보고 설명해야 하며, 수업 중간중간에 운동과제에 대한 이해의 정도를 확인해야 한다.

> **통사**: 주어와 서술어로 구성되어 의미를 나타내는 완결된 문장

Tip!

- 지도자는 청각장애인이 지도자의 입과 눈을 볼 수 있는 위치에 배치
- 시범 또는 설명 시에 청각장애인을 등지지 않도록 함
- 청각장애인의 의사소통 능력(수화 또는 구화)을 확인
- 언어적 설명보다 시각적인 설명을 위주로 지도
- 인공와우를 사용하는 청각장애인의 안전을 고려한 지도
- 청각장애인이 잘 이해하고 있는지 중간중간 확인
- 스키, 스킨스쿠버와 같은 야외 스포츠의 경우에는 수화통역사의 참여범위와 내용에 대한 사전협의 필요

출처: Texas Woman's Univ.

참고자료

청각장애는 청력손실 시기, 손상된 청각기관의 부위에 따라 구분할 수 있다. 청력손실 시기는 언어습득 시기를 기준으로 하여 언어습득 전 청각장애와 언어습득 후 청각장애로 구분된다. 손상된 청각 부위에 따라서는 전음성 청각장애, 감음성 청각장애, 혼합성 청각장애로 구분된다.

분류 기준	청각장애 유형
청력 손상 시기	← 언어습득 → 언어습득 전 청각장애 언어습득 후 청각장애
청각기관 손상 부위	고막, 달팽이관 외이 — 중이 — 내이 — 청신경 전음성 청각장애 감음성 청각장애 혼합성 청각장애

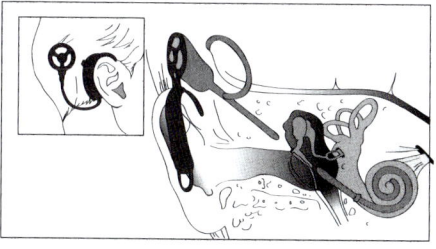

청각기관은 외부의 소리를 전달하는 전음기(외이, 중이)와 전달받은 소리를 감지하는 감음기(내이, 청신경)가 있다. 감음기는 전달받은 소리를 다시 청각중추로 전달한다. 인공와우(달팽이관) 이식수술은 보청기 착용을 통해서도 소리를 듣기 어려운 경우에 하는 수술이다. 인공와우 이식수술을 한 경우에는 머리에 충격이 가해지거나 심하게 흔들리는 스포츠 활동을 삼가야 한다.

6. 지체장애(physical disability)

가. 정의

지체(肢體)는 팔·다리, 즉 사지(四肢)를 의미하며, 지체장애의 한자적 해석은 사지의 장애이다. 하지만 장애인복지법 시행령 제2조, 장애인 등에 대한 특수교육법 시행령 제10조에서는 사지뿐만 아니라 몸통의 지탱과 기능도 포함하고 있다. 따라서 지체장애란 사지와 몸통에 대한 장애라고 할 수 있다. 보건복지부의 장애등급 판정기준(2013)에서는 이를 세분하여 '절단장애, 관절장애, 지체기능장애, 변형 등의 장애'로 규정하고 있으며, 흔히 말하는 척수장애는 지체기능장애에 해당한다.

장애인복지법
가. 한 팔, 한 다리 또는 몸통의 기능에 영속적인 장애가 있는 사람
나. 한 손의 엄지손가락을 지골(指骨: 손가락뼈) 관절 이상의 부위에서 잃은 사람 또는 한 손의 둘째손가락을 포함한 두 개 이상의 손가락을 모두 제1지골 관절 이상의 부위에서 잃은 사람
다. 한 다리를 리스프랑(Lisfranc: 발등뼈와 발목을 이어주는) 관절 이상의 부위에서 잃은 사람
라. 두 발의 발가락을 모두 잃은 사람
마. 한 손의 엄지손가락 기능을 잃은 사람 또는 한 손의 둘째손가락을 포함한 손가락 두 개 이상의 기능을 잃은 사람
바. 왜소증으로 키가 심하게 작거나 척추에 현저한 변형 또는 기형이 있는 사람
사. 지체(肢體)에 위 각 목의 어느 하나에 해당하는 장애정도 이상의 장애가 있다고 인정되는 사람

장애인 등에 대한 특수교육법
기능·형태상 장애를 가지고 있거나 몸통을 지탱하거나 팔다리의 움직임 등에 어려움을 겪는 신체적 조건이나 상태로 인해 교육적 성취에 어려움이 있는 사람

장애 판정 기준
가. 절단장애: 외상에 의한 결손뿐만 아니라 선천적인 결손도 포함된다.
나. 관절장애: 관절장애라 함은 관절의 강직, 근력의 약화 또는 관절의 불안정(동요 관절, 인공관절 치환술 후 상태 등)이 있는 경우를 말한다. 관절강직이라 함은 관절이 한 위치에서 완전히 고정(완전강직)되었거나 관절운동범위가 감소된 것(부분강직)을 말한다.

다. 지체기능장애: 지체기능장애는 팔, 다리의 장애와 척추장애로 대별된다. 팔, 다리의 기능장애는 팔 또는 다리의 마비로 팔 또는 다리의 전체 기능에 장애가 있는 경우를 말한다. 마비에 의한 팔, 다리의 기능장애는 주로 척수 또는 말초신경계의 손상이나 근육병증 등으로 운동기능장애가 있는 경우로서, 감각손실 또는 통증에 의한 장애는 포함되지 아니한다. 척수장애의 판정은 척수의 외상 또는 질환에 의하여 척수가 손상된 경우를 대상으로 한다. 따라서 추간판탈출증, 척추협착증 등으로 인한 신경근 병증에서 나타나는 마비는 해당되지 않는다.

라. 변형 등의 장애: 한 다리가 건강한 다리보다 5cm 이상 건강한 다리 길이의 15분의 1 이상 짧은 경우, 척추측만증이 있으며 만곡각도가 40도 이상인 경우, 척추후만증이 있으며 만곡각도가 60도 이상인 경우, 성장이 멈춘 만 18세 이상의 남성(여성)으로서 신장이 145(140)cm 이하인 경우, 연골무형성증으로 왜소증에 대한 증상이 뚜렷한 경우(만 2세 이상에서 적용)

나. 원인과 특성

1) 출현과 발생

장애인실태조사(2011)에 의하면, 우리나라 장애인 출현율(인구 100명당 장애인 수)은 5.61%이며, 지체장애인의 출현율은 약 2.8%로 15개의 법정 장애유형 중에서 가장 높다. 특히 30세 이상에서 80세 이전까지 꾸준히 출현율이 증가한다. 발생 시기는 남자의 경우에는 주로 20~40대에서 고르게 나타나며, 여자의 경우에는 40대 이후부터 증가하여 60대 이후에는 급격한 증가를 보인다. 장애부위별로는 하지(48.2%), 상지(23.5%), 척추(28.2%) 순이며, 장애형태별로는 관절장애(67.2%), 마비(15.5%), 절단(12.2%), 변형(5.0%)의 순으로 나타났다. 성별로는 남자의 경우 절단, 여자의 경우 관절장애가 특히 많은 비율을 나타냈다.

2) 질환과 사고

장애인실태조사(2011)에 의하면, 지체장애의 후천적 원인은 질환과 사고로 나눌 수 있다. 질환에 의한 원인 중에서는 근골격계 질환이 36.7%로 가장 높고, 사고로 인한 원인 중에서는 기타 사고 및 외상이 27%, 교통사고가 16.5% 순으로 나타났다. 여자는 근골격계 질환, 남자는 기타 사고 및 교통사고에 의한 원인이 가장 높다.

> **장애인 출현율과 발생률**
> 출현율 = 전체 장애인/전체 인구
> 발생률 = 새로 발생한 장애인/전체 인구

3) 특성

지체장애의 특성은 정의와 대부분 일치하므로 여기서는 척수손상의 특징만 소개한다.

척수손상은 외상성 손상, 질병, 유전 및 환경 등의 원인에 의해 발생할 수 있으며, 손상의 정도에 따라 하지 또는 사지의 마비가 발생할 수 있다. 사고에 의한 척수손상의 경우에는 일상생활의 제약, 욕창, 배뇨작용 등 신체적인 어려움뿐만 아니라 장애를 수용하는 심리적 문제 또한 심각하게 나타날 수 있다.

근육이나 신경의 문제로 척주가 좌우로 휜 상태를 척추측만증, 뒤로 휜 상태를 척추후만증이라고 하며, 아동-청소년기에 자주 발생한다. 가벼운 상태일 경우에는 운동과 의학적 치료를 통해 쉽게 회복되지만, 심할 경우에는 신경학적 문제가 발생할 수도 있다.

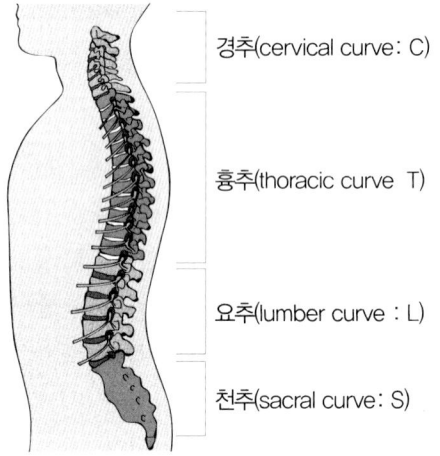

그림 2-8. 척추의 구조

다. 스포츠 지도전략

대부분의 지체장애인들은 근골격계 질환이나 사고에 의해 장애를 가지게 되며, 수술-의학적 재활-운동재활-스포츠 활동의 단계를 거치게 된다. 오랜 시간 지속되는 수술과 재활은 지체장애인들의 체력을 급격히 저하시키며, 운동수행 능력에서도 한계를 가지게 한다. 따라서 지체장애인들의 스포츠 참여 시에는 체력뿐만 아니라, 재활의 정도와 운동 동작의 가능성이 함께 고려되어야 한다.

1) 스포츠의 변형

지체장애인은 보조 기구를 이용하여 대부분의 스포츠 활동에 참여할 수 있으나, 일부의 경우에는 용·기구나 규칙의 변형이 필요하다. 장애인스포츠가 'adapted sports'라고 불리는 이유가 여기에 있으며, 대부분의 adapted sports가 지체장애인을 대상으로 하고 있는 것도 분명한 사실이다.

2) 재활, 건강, 여가 그리고 스포츠

많은 지체장애인들은 손상된 신체부위를 강화시키기 위한 목적으로 수중운동, 웨이트트레이닝 등의 스포츠 활동에 참여한다. 이러한 활동이 재활인지, 건강을 위한 활동인지는 명확하게 구분하기 어렵지만, 두 활동 모두 개인의 체력과 신체활동 능력을 강화한다는 공통점을 가진다. 재활은 손상된 부위의 능력을 강화하는 것인 데 반해 건강을 위한 활동은 전반적인 신체의 강화를 목적으로 한다는 데 차이점이 있다.

지체장애인을 위한 우리나라의 스포츠 프로그램들은 대부분 일과 시간(오전, 오후)에 이루어진다. 따라서 여가시간에만 스포츠 활동에 참여할 수 있는 직장 지체장애인들의 참여는 제한되어 재가 지체장애인들 위주의 스포츠 활동이 이루어지고 있다. 따라서 직장 장애인들을 위한 여가 스포츠 프로그램의 활성화가 필요하다.

> **Tip!**
> - 보조 장비를 효과적으로 사용할 수 있도록 지도
> - 절단부위의 근육 강화를 위한 스포츠 활동
> - 평형성과 보행능력 향상을 위한 스포츠 활동
> - 대근운동 능력 향상을 위한 스포츠 권장
> - 낙상방지를 위한 기술 지도
>
> 출처: Texas Woman's Univ.
>
> **참고자료**
> 척수손상은 손상 부위 이하의 감각 또는 운동기능 보전 유무에 따라 완전손상(Complete Lesion)과 불완전손상(Incomplete Lesion)으로 구분할 수 있으며, American Spinal Injury Association(ASIA)에서는 척수손상의 수준에 따른 감각 및 운동기능 정도를 〈표 2-21〉와 같이 나타냈다.
>
> **표 2-21. 척추손상의 수준에 따른 감각 및 운동기능**
>
> | 손상 부위 | | 운동기능 | 감각 |
> |---|---|---|---|
> | 경추 | C1~C3 | 운동기능 없음. 호흡 유지 | 상지감각, 유두 위 3인치까지 감각 손실 |
> | | C4 | • 상지, 체간, 하지의 수의적 기능 상실
• 휠체어 사용 불가능 | 흉벽 전방 상부의 감각 존재 |
> | | C5 | 삼각근, 상완이두근 기능 잔존 | 흉부 전방 상부와 어깨에서 주관절 외측면까지 감각 존재 |
> | | C6 | • 요측 수근 가능
• 전동휠체어 조작 가능 | 상지 전체 외측면과 엄지·검지·장지의 절반에 감각 존재 |
> | | C7 | 삼두근, 손목 굴근·신근 가능 | 가운뎃손가락에 감각 존재 |
> | | C8 | 상지 기능 정상, 잡기 동작은 어려움 | 상지 외측면 전체, 손 전체, 전완 내측 주관절 |
> | 흉추 | T1 | 상지 기능 정상, 하반신 마비 | 전체 상지, 유두 부위, 흉부 전면 정상 |
> | 요추 | L4 | 고관절 굴곡근·내전근, 대퇴사두근 정상, 전경골근 운동 가능, 발목·둔부근육 약화 | 대퇴부 모두, 하퇴부의 내측 및 발 감각 정상 |
> | | L5 | 중둔근·내측 슬곡근 부분적 가능, 대둔근 기능상실로 고관절 굴곡 변형 | 하퇴 외측, 발의 족저면을 제외하고 정상 |
> | 천추 | S1 | 고관절근·슬관절근은 정상. 대둔근·비복근·가자미근의 약화, 발의 내전근 약화 | 하지감각 정상, 항문 주위는 무감각 |

척수손상 부위에 따른 운동 반사 및 감각 수준

7. 뇌병변장애(neurological disorder)

가. 정의

뇌병변장애는 뇌성마비, 외상성 뇌손상, 뇌졸중을 통합한 용어이며 뇌손상에 기인한다. 우리나라의 장애인복지법 시행령 제2조에서는 "뇌성마비, 외상성 뇌손상, 뇌졸중(腦卒中) 등 뇌의 기질적 병변으로 인하여 발생한 신체적 장애로 보행이나 일상생활의 동작 등에 상당한 제약을 받는 사람"이라고 정의하고 있다.

나. 원인 및 특성

1) 뇌성마비(Cerebral Palsy: CP)

뇌성마비는 출생 전, 출생 중 또는 출생 후 몇 년 안에 발생하기 때문에 발달장애로 분류될 수 있다. 뇌 일부의 손상 정도에 따라 수의적 신체활동과 의사소통에 어려움을 겪거나 지적장애를 동반하기도 한다. 뇌성마비의 발생 시기별 원인은 〈표 2-22〉과 같다.

운동피질
- 신체의 동작 제어
- 좌측 운동피질은 신체의 우측, 우측 운동피질은 신체의 좌측 제어

표 2-22. 뇌병변장애의 발생 시기별 원인

발생 시기	원인
출생 전	두뇌 기형, 유전적 증후군, 선천적 감염 등
출생 중	질식, 감염 등
출생 후	수막염, 독소, 무산소증, 교통사고, 아동학대 등

① 경직형 뇌성마비(spasticity cerebral palsy)는 전두엽의 운동피질과 운동피질에서 척수로 내려가는 경로인 추체계(pyramidal system)의 손상에 의해 발생하며, 뇌성마비의 70% 이상을 차지한다. 경직성 뇌성마비는 근육의 과다긴장성에 의해 상하지의 근육이 갑자기 강하게 수축하기도 하며, 편마비·양하지마비·사지마비로 구분된다. 상지에는 손가락, 손목, 팔꿈치 등의 구축이 일어나고, 하지에는 다리와 골반이 안쪽으로 회전하여 무릎끼리 교차하는 현상(가위 보행)이 나타난다.

② 무정위운동형 뇌성마비(athetosis cerebral palsy)는 추체계처럼 운동제어를 담당하는 대뇌핵의 손상에 의해 발생하며, 뇌상마비의 약 20%를 차지한다. 무정위운동형 뇌성마비는 느리고 온몸이 뒤틀리거나, 빠르고 무작위적인 불수의적 움직임 패턴이 나타난다. 불수의적인 운동은 수의적 동작의 시도와 흥분했을 경우에 발생하며, 인지능력의 손상이 없는 경우가 많다. 드물게는 근긴장을 제어하는 대뇌핵의 일부가 손상이 되어 높은 근긴장이 발생하는 근긴장이상 자세가 나타날 수 있다.

③ 운동실조형 뇌성마비(ataxia cerebral palsy)는 운동동작의 빠르기, 평형성, 협응 능력을 제어하는 소뇌의 손상에 의해 발생하며, 비연속 걸음걸이와 몸통을 흔들며 걷는 특징을 나타낸다.

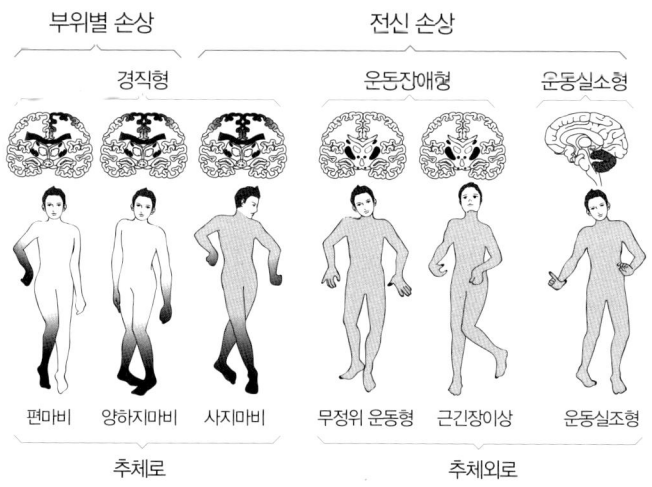

그림 2-9. 뇌성마비의 유형별 특징(Batshaw, 1977)

2) 외상성 뇌손상(Traumatic Brain Injury: TBI)

외상성 뇌손상은 뇌가 외부의 압력이나 충격에 의해 손상된 경우를 말하며, 뇌손상에 의해 신체활동, 의사소통, 인지능력 등의 영구적인 손상을 일으킨다. 원인으로는 뇌진탕, 미만성축삭 손상, 두개골 손상, 혈종과 뇌출혈, 뇌부종 등이 있다. 뇌진탕은 경도의 외상성 뇌손상으로 일시적인 기억 및 의식 상실이 발생하지만, 몇 시간 후에 정상화된다. 미만성축삭 손상은 외상성 뇌손상 이후에 의식 상실이 6시간 이상 지속되는 경우를 말하며, 신체활동, 의사소통, 인지능력 등의 손상이 발생한다. 몇 주 혹은 몇 년에 걸친 재활 이후에 회복되기도 한다. 두개골 손상은 외상성 뇌손상에 의해 두개골이 골절되거나 금이 간 경우를 말하며, 두개골 골절에 의한 손상은 출혈을 일으켜 심각한 뇌손상이 발생할 수도 있다. 이러한 출혈을 '뇌출혈'이라 하고, 혈액이 특정부위에 모인 것을 '혈종'이라고 한다. 뇌부종은 외상성 뇌손상에 의해 뇌에 부종◉이 발생하는 것이며, 뇌압 상승은 뇌의 조직을 파괴하여 사망을 일으키기도 한다.

3) 뇌졸중(Cerebral Vascular Accident: CVA)

뇌졸중은 비만, 흡연, 스트레스 등에 의해 뇌에 혈액을 공급하는 혈관이 파열되거나 막히는 경우에 발생하며, '중풍'이라고 불리기도 하였다. 과거에는 노인들에게서 많이 발생하였으나, 최근에는 발생 연령층이 점차 어려지고 있는 추세이다. 뇌에 혈액을 공급하는 혈관이 파열되는 경우를 '출혈성 뇌졸중(hemorrhagic stroke)'이라고 하고, 혈관이 막히는 경우를 '허혈성 뇌졸중(ischemic stroke)'이라고 한다. 두 가지 모두 뇌에 혈액이 공급되는 것을 방해하여 뇌의 신경조직을 파괴할 수 있으며, 출혈성 뇌졸중이 전체의 20%, 허혈성 뇌졸중이 전체의 80%를 차지한다.

뇌졸중은 대뇌의 운동피질을 손상시켜 손상된 부위의 반대편 상·하지에 마비를 일으키는 편마비를 일으키기도 한다. 언어중추가 있는 좌측 대뇌의 손상은 우측 편마비와 함께 언어장애와 함께 발음장애(구음장애)를 일으킨다.

다. 스포츠 지도전략

뇌성마비는 신경학적 손상에 의해 발생하는 장애이기 때문에 수의근을 제어해서 신체활동을 수행하는 것에 한계가 있다. 스포츠 활동에 참여하는 것을 통해 뇌성마비인의 신체 기능을 회복시키기는 어렵지만, 근육과 제어능력을 나빠지지 않게 하고 추가적인 손상이 발생하는 것을 예방한다. 뇌성마비인은 신체의 중심을 유지하며 이동하는 것에 어려움이 있으며, 이로 인해 보행 시 기저면◉

부종: 신체조직의 틈에 조직액이 괸 상태
기저면: 신체의 중심이 미치는 바닥의 면적

이 넓은 특징이 있다. 따라서 뇌성마비인이 스포츠 활동에 참여하기 위해서는 안전한 바닥을 갖춘 시설이나 매트 등이 필요하며, 보행운동에서부터 시작하는 것이 바람직하다.

외상성 뇌손상과 뇌졸중에 의한 장애는 사고나 질병 등에 의해 발생하기 때문에 의학적 재활과 운동학적 재활을 거친 후에 스포츠 활동에 참여하게 된다. 외상성 뇌손상 장애인은 오랜 기간 동안의 치료로 인해 폐용성 근 위축을 갖게 되며, 이로 인한 신체활동의 제약은 스포츠 활동의 제약으로 이어진다. 외상성 뇌손상과 뇌졸중도 뇌손상에 의한 장애이기 때문에 신체의 일부 기능은 제어하기 어려울 수도 있다. 장애인스포츠지도사들은 이들의 잔존 능력을 확인하고, 잔존 능력을 강화하기 위한 트레이닝을 실시한 후에 스포츠 활동에 참여시키는 것이 바람직하다.

> **Tip!**
> - 안전을 위해 규칙과 환경을 변형함
> - 뇌병변장애인들은 작은 움직임에도 시간적 여유가 필요
> - 손 부위의 경직인 경우에는 큰 공 사용
> - 손의 과신전 반사로 인하여 공을 잡지 못할 경우에는 손목을 함께 이용하여 공을 잡게 하고, 어깨를 이용한 패스 지도
> - 근육 이완운동을 스포츠 활동 중간에 삽입
> - 주중 운동이 최적의 활동
>
> 출처: Texas Woman's Univ.

참고자료
인간의 신경계는 중추신경계와 말초신경계로 구분할 수 있으며, 중추신경계는 두뇌와 척수, 말초신경계는 체성신경계와 자율신경계로 구분된다. 전두엽은 운동·인지·감정, 두정엽은 공간·신체감각, 측두엽은 청각·언어, 후두엽은 시각과 관련된 역할을 한다.

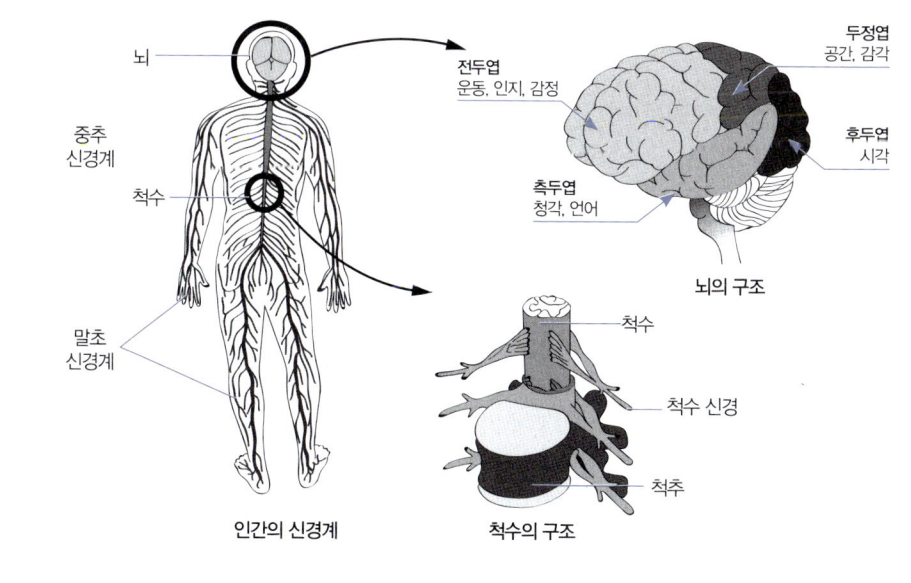

참고문헌

I 부. 특수체육론 개관

1장 특수체육의 개요

- 손석정. 장애인 체육 진흥을 위한 법정책적 고찰(2014). 한국체육정책학회지, 12(4)
- 최승권·노형규·임찬규. 장애인체육의 현실적 문제와 행정부서 변경(2005). 한국특수체육학회지, 13(1), 87-98
- 최승오. 생활체육학과는 예비 장애인스포츠지도사들에게 무엇을 어떻게 가르칠 것인가?(2014) 한국사회체육학회 학술대회, 37-69
- 최승오. 특수체육의 역할과 미래 방향. 한국특수체육학회지(2013), 21(3), 1-15
- 최승오. 적응체육의 용어 및 철학적 배경에 대한 고찰(1999). 한국체육과학학회지, 8(2), 3-10
- 최승오·최대원·배종진. 장애인스포츠의 주요관점과 가치 논제에 대한 고찰(2012). 한국특수체육학회지, 20(4), 1-16
- Bloom, Benjamin S. Taxonomy of educational objectives(1956). Boston, MA: Allyn & Bacon
- Bricout, J. C., Porterfield, S. L., Tracey, C. M., & Howard, M. O.(2004). Linking models of disability for children with developmental disabilities. Journal of Social Work in Disability and Rehabilitation, 3(4), 45-67
- Deegan, P. E.(1988). Recovery: The lived experience of rehabilitation. Psycho-social Rehabilitation Journal, 11(4), 11-19
- DePauw, K., & Gavron, S. Sport and disability(1995). Champaign, IL: Human Kinetics
- DePauw, K., & Karp, G.(1994). Integrating knowledge of disability throughout the physical education curriculum: An infusion approach. Adapted Physical Activity Quarterly, 11(1), 3-13
- Dickerson, F. B.(1998). Strategies that foster empowerment. Cognitive and Behavioral Practice, 5, 255-275
- Dunst, C. J., Trivette, C. M., Gordon, N. J., & Pletcher, L. L. Building and mobilizing informal family support networks(1989). In G. H. Singer & L. Irvin (Eds.), Support for care giving families: Enabling positive adaptation to disability (pp. 121-141). Baltimore: Brookes
- Falvo, D. R. Medical and psychosocial aspects of chronic illness and disability(1999). Gaithersburg, MD: Aspen Publishes
- Freire, P. Pedagogy of the oppressed(1970). New York: Herder and Herder
- Hutzler, Y. A systematic ecological modification approach to skill acquisition in adapted physica activity(2007). In W. E. Davis & J. Broadhead (Eds.), Ecological perspectives on movement (pp.179-195). Champaign, IL: Human Kinetics
- Jansma, P., & French, R. Special physical education: Physical activity, sports, and recreation(1994). Englewood Cliffs, NJ: Prentic-Hall
- Kiphard, E. J. Adapted physical education in Germany. In R. L. Eason, T. L. Smith, & F. Caron (Eds)(1983).

- Adapted physical activity: From theory to application: Proceedings of the 3rd ISAPA (pp. 25-32). Champaign, IL: Human Kinetics
- Lorenzen, H. Lehrbuch des Versehrtensport [Textbook of disabled sports] Stuttgart(1961). Germany: Enke Verlag
- Maslow, A. Toward a psychology of being (2nd ed.)(1968). Princeton, NJ: Van Nostrand
- Maslow, A. Motivation and personality (2nd ed.)(1970). New York: Harper & Row Lessinger, L. Every kid a winner: Accountability in education(1970). New York: Simon & Schuster
- Lorenzen, H. Lehrbuch des Versehrtensport [Textbook of disabled sports] Stuttgart (1961). Germany: Enke Verlag
- Piaget, J. Play, dreams, and imitation in childhood(1962). New York, W. W. Norton
- Rappaport, J.(1981). In praise of paradox: A social policy of empowerment over prevention. American Journal of Community Psychology, 9(1), 1-25
- Rimmer, J. H.(1999). Health promotion for people with disabilities: The emerging paradigm shift from disability prevention to prevention of secondary conditions: Physical Therapy, 79(5), 495-502
- Rosenberg, M. Society and the adolescent self-image(1965). Princeton, NJ: Princeton University Press
- Rotter, J. B.(1966). Generalized expectancies for internal versus external control of reinforcement. Psychological Monographs, 80 (Whole No. 609)
- Sainsbury, T.(2004). Paralympics: Past, present, and future: University lecture on the Olympics [online article]. Barcelona: Centre d'Estudis Olimpics.⟨http://olympicstudies.uab.es/lectures/web/pdf/sainsbury.pdf⟩
- Seaman, J. A., & DePauw, K. P. The new adapted physical education: A developmental approach(1989). Mountain View, CA: Mayfield
- Sherrill, C. Leadership training in adapted physical education(1988). Champaign, IL: Human Kinetics
- Sherrill, C. Adapted physical activity, recreation, and sports(1993). Dubuque, USA: Wm. C. Brown
- Sherrill, C. Adapted physical activity, recreation, and sport: Crossdisciplinary and lifespan (6th ed.)(2004). New York, NY: McGraw-Hill
- Turnbull, H. R.(1975). Accountability: An overview of the impact of litigation on professionals. Exceptional Children, 41, 427-433
- Turnbull, H. R. Free appropriate public education: Law and education of children with disabilities(1990). Denver: Love Publishing
- Winnick, J. P. Adapted physical education and sport (4th ed.)(2005). Champaign, IL: Human Kinetics

2장 특수체육의 사정과 측정도구
- 김의수 역. 특수체육(2006). Winnick, J. P., 2005
- 오광진. 특수체육의 이해(2010). 서울: 레인보우북스
- 여광응·조용태 역. 장애유아의 조기교육(1994). 서울: 특수교육
- 한동기. 특수체육의 이론과 실제(2판)(2009). 서울: 무지개사
- Auxter, D., Pyfer, J., & Huetting, C. principles and methods of adapted physical education and recreation(10th ed.)(2005). NY: McGraw hill
- Burton, A. W. Movement skill assessment(1997). Champaign, IL: Human Kinetics.

참고문헌

- Davis, W., & Burton, A.(1991). Ecological task analysis: Transition movement behavior theory into practice. Adapted Physical Activity Quarterly, 8(2), 154-177
- Davis, W. & Broadhead, G. D. Ecological task analysis: and movement(2007). Champaign, IL: Human Kinetics
- Gibson, J. J. The theory of affordances. In R. Shaw, & J. Bransford(Eds.). perceiving, acting, and knowing: Toward an ecological psychology(1977). Hillsdale, NJ: Erlbaum, 67-82
- Jansma, P. & French, R. W. Special physical education: physical activity, sports, and recreation(1994). Englewood Cliffs, New Jersey, Prentice-Hall, Inc. 25-48
- King, H. A., & Summa-Aufsesser, K.(1988). Criterion-referenced testing: An ongoing process Journal of physical Education, Recreation and Dance, 59(1), 58-63
- King-Thomas, L, & Hacker, B. A therapist's guide to pediatric assessment(1987). Boston: Little Brown
- Lewins, k. Field Theory in social science, D. Cartwight(ed)(1951). New York: Harper
- Mitchell, S. & Oslin, J. Ecological task analysis in games teaching: Tactical games model. In W. E. Davis & G. E. Broadhead (Eds.), Ecological task analysis and movement(2007). Champaign, IL: Human Kinetics
- Safrit, M. J. Introduction to measurement in physical education and exercise science (2nd ed.)(1990). st. Louis: Time Mirror Mosby
- Salvia, J. & Yesseldyke, J. Assessment(6th Ed.)(1995). Princeton, NJ: Houghton Mifflin
- Seaman, J. A. & DePauw, K. P. The new adapted physical educa-tion: A developmental approach(1989). Mountain View, CA: Mayfield
- Sherrill, C. Adapted physical activity, recreation and sport: Crossdisciplinary and lifespan (4th ed)(1993). Madison, WI: Brown & Benchmark
- Sherrill, C. Adapted physical activity, recreation, and sport: Cross-disciplinary and lifespan (5th Ed.)(1998). Boston: WCB/McGraw-Hill
- Sherrill, C. Adapted physical activity, recreation and sport (6th ed)(2004). New York, NY: McGraw Hill Company
- Ulrich, D. Current assesment practices in adapted physical education: Implications for future training and research activities(1985a). Unpublished manuscript, Indiana University, Department of physical Education, Bloomington
- Ulrich, D. Test of gross motor development(1985b). Austin, TX: RPO-ED
- Wessel, J. A., & Kelly, L. Achievemnet based curriculum development in physical education(1986). Philadelphis: Lea & Febiger
- Winnick, J. P.(1984). Recent advances related to special physical education and sports. Adapted Physical Activity Quarterly, 1, 197-206
- Zittel, L. L.(1994). Gross motor assessment of preschool childern with special needs: Instrument selection consideration. Adapted Physical Activity Quarterly, 11(3), 245-260

II부. 특수체육 지도전략

1장 _ 특수체육 지도전략

- 김의수. 장애아동 체육교실의 이론과 실제(2003). 서울: 무지개사
- 나사렛대학교재활스포츠연구소, PAPA프로그램(2010). 미간행
- 대한장애인체육회(2009)
- 성동진. 장애아동 신체활동 측정평가(2013). 서울: 대한미디어
- 오광진. 특수체육의 이해(2010). 서울: 레인보우북스
- 이소연 · 박은혜. 특수아동 교육(2006). 서울: 학지사
- 장명재 · 김경숙 · 장경호 · 최원현. 특수체육 이론과 실기(1998). 서울: 태근문화사
- 전혜자 · 강승애 · 송채훈. 장애아동 신체활동 측정평가(2013). 서울: 대한미디어
- 한동기. 특수체육의 이론과 실제(2004). 서울: 무지개사
- Auxter, D. & Pyfer, J. Principles and Methods of Adapted Physical Education and Recreation (5th ed)(1985) (1985). St. Louis: Mosby
- Durand, V.M. The Motivation Assessment Scale. In M. Hersen & A. S. Beelleck(Eds.), Dictionary of Behavioral assessment techniques(1988). New York: Pergamon Press
- Evans, I.M. & Meyer, L.M. An Educative Approach to Behavior Problems(1985). Baltimore: P.H. Brookes
- 13 Gallahue, D. & Ozmun, J. C. Understanding motor development: Infants, children, adolescents, adults (5th ed)(2002). NY: McGraw-Hill Companies
- Janney, R., & Snell, M. E. Teachers' guides to inclusive practices: Behavioral support(2000). Baltimore, MD: Paul H. Brookes
- Kasser, S.L, Lytle R. Inclusive physical activity across the lifespan(2005). Champaign, IL: Human Kinetics Publishers
- Lieberman, L.J. & Houston-Wilson, C. Strategies for Inclusion: A Handbook for Physical Educators(2002). Champaign, IL: Human Kinetics
- Seaman, J.A. & DePauw, K. P. The new adapted physical education: A developmental approach(1989). Mountain View, CA: Mayfield
- Stephen, R.B., Andy, S., Kate, J., Armstrong, N, & Welsman. Physical activity and aerobic fitness. In Young people and physical activity(1997). Oxford: Oxford University Press
- Winnick, J.P. Adapted physical education and sport (4th ed)(2005). Champaign, IL: Human Kinetics

2장 _ 장애유형별 스포츠 지도전략

- 김미경 · 문장원 · 서은정. 정서 및 행동장애아 교육(2009). 서울: 학지사
- 김미경 · 문장원 · 서은정 · 윤점룡 · 윤치연 · 이상훈. 정서 및 행동장애아 교육(2007). 서울: 학지사
- 김수진. 교사와 부모를 위한 청각장애아동 교육(2012). 서울: 학지사
- 김정권 · 여광응 · 이상춘 · 조인수. 정신지체아 교육과 지도의 실제(2000). 경기도: 양서원
- 김진호 · 노진아 · 박지연 · 방명애 · 황복선 역. 정서행동장애(2011). James M. Kauffman & Timothy J. Landrum, 2011

참고문헌

- 박순희. 시각장애아동의 이해와 교육(2014). 서울: 학지사
- 박승희 · 김수연 · 장혜성 · 나수현 역. 지적장애 정의, 분류 및 지원체계(2011). AAIDD, 2010
- 박은혜 · 강혜경 · 이명희 · 김정연 · 표윤희 · 임장현 · 김경양 역. 지체, 건강 및 중복 장애 학생에 대한 이해(2013).
- Kathryn, W.H., Paula, E.F., Paul, A.A., Sherwood, J.B. & Morton, N.S., 2009
- 서울아산병원. 질환백과(2014). http://www.amc.seoul.kr/asan/healthinfo.
- 장애인 등에 대한 특수교육법. 법률 제12127호. http://www.lawnb.com.
- 장애인복지법. 법률 제11977호(2013). http://www.lawnb.com.
- 장애인복지법 시행규칙. 보건복지부령 제283호(2015). http://www.lawnb.com.
- 장애인복지법 시행령. 대통령령 제25840호(2014). http://www.lawnb.com.
- 정대영. 이상행동 발생 환경요인의 분석적 대처(2006). 한국정서행동장애아교육학회 제30회 행동치료사 자격연수 자료집
- 한국청각언어장애교육학회(2012). 청각장애아동교육. 경기도: 양서원
- Council for Children Behavioral Disorders(2014). http://www.ccbd.net/home.
- Texas Woman's University(2014).http://www.twu.edu/.
- WHO (2001). ICF: International classification of functioning, disability and health
- Kauffman, J.M. Emotional and behavioral disorders. In E. M. Anderman (Ed.), Psychology of classroom learning: An encyclopedia(2009). Detroit: Macmillan Reference USA

찾아보기

[ㄱ]

가족 요인 ·· 138
가치부여 ··· 48
간헐적(intermittent) ····································· 136
감각운동 ·· 117, 123
감각(자기-자극) ·· 148
감음성 청각장애 ·· 155
강화(reinforcement) ······································· 97
개념 ·· 47
개념적 기술 ·· 129
개별화교육 ·· 76
개별화교육계획 ··· 49
개별화교육지원팀 ·· 81
개별화교육 프로그램 ································ 40, 76
개별화된 교육 계획(IPE) ································ 13
개별화 프로그램 ··· 32
개인과 프로그램 ··· 48
개인적인 효능감(a sense of personal competence) ···
 ·· 27
건강 ·· 158
건강 관련 체력검사 ··· 53
건강에 대한 국제 분류 ··································· 31
건강체력 ··· 106
검사(testing) ·· 14
검사 결과 ··· 48
검사 및 평가도구 유형 ··································· 56
검사 자료 ··· 49
경직형 뇌성마비(spasticity cerebral palsy) ······ 161
계획 ·· 13
고정간격(fixed-interval schedule) ··················· 98
고정비율(fixed-ratio schedule) ························ 98
공격행동 ·· 142
과잉교정(overcorrection) ······························ 100
과잉행동 ·· 139
과잉행동-충동성 ··· 141
과제분석 ··· 69
과제형 지도 방식 ·· 92
관련 기준단위 ··· 48
관련 서비스 ··································· 23, 40, 44, 46

관리지침 ··· 48
관심 끌기 ·· 148
교사 주도 전략 ··· 93
교수마당 ··· 92
교수-상담-코칭 ··· 13
교육적 모델 ·· 11, 32
교육적 분류 ·· 140
교정체육(corrective) ······································· 31
구화 ·· 153, 154
국민체육진흥법 ·· 41, 43
국민체육진흥법 시행령(2014) ························· 16
국제 기능·장애·건강 분류 ························ 126
국제파랄림픽위원회(International Paralympics
 Committee: IPC) ··· 37
규준적 결과 ·· 55
규준지향검사 ····························· 52, 54, 55, 108
규준지향검사와 준거지향검사의 장점과 단점 ······ 57
규준지향도구 ·· 48
규준지향 사정 ··· 48
규칙의 변형 ·· 84
근력 및 근지구력 ·· 65
근력(힘) ·· 108
근지구력 ·· 109
긍정적 행동 중재 ································· 143, 144
긍정적 행동 중재 절차 ································· 145
기능 ·· 31
기능 분석 ·· 144
기능 손상의 문제 ·· 49
기능적 접근법(top-down approach) ·············· 93
기능적 행동 사정 ································· 143, 144
기본운동 ·· 105
기본운동기술 ·· 117
기본운동능력과 체력 ······································· 53
기본 움직임 기술과 자세 검사 ························ 52
기저면 ·· 162
기초운동 ·· 103

[ㄴ]

난청 ·· 151, 154

169

찾아보기

내용지향검사 · 54
넓은 진단 영역 · 54
농(deaf) · 151, 154
뇌병변장애 · 160, 161
뇌부종 · 162
뇌성마비 · 160
뇌졸중 · 160, 162, 163
뇌진탕 · 162
뇌출혈 · 162
뉴스포츠 · 124

[ㄷ]

다요인적 접근 · 129
다운증후군(Down Syndrome) · · · · · · · · · · · · · 130
대그룹 방식 · 91
대상의 수준 · 47
데시벨(dB) · 151
도구 · 48
독립적 지도 · 92
동화 · 135
두개골 골절 · 162
두개골 손상 · 162
두정엽 · 163
듣기 특성 · 153
등간 기록법 · 95
또래교수(동료교수) 방식 · · · · · · · · · · · · · · · · · · · 91
또래 주도 전략 · 93

[ㅁ]

말초신경계 · 163
맹 · 148
명령형 지도 방식 · 92
모델링(Modelling) · 99
목표심박수 · 112
무정위운동형 뇌성마비(athetosis cerebral palsy) · · 161
문제 해결형 지도 방식 · 92
문제행동 · 95, 143, 148
문제행동의 동기 · 148
문화 요인 · 139
물체조작기술 · 62
미국 장애인 교육법(IDEA) · · · · · · · · · · · · · · · · · 137
미국지적장애협회 · 128

미만성축상 손상 · 162
민첩성 · 110
믿음 요소 · 12

[ㅂ]

박탈(deprivation) · 100
반복 연습의 법칙(law of exercise, repetition) · · · · · · · 20
반사운동 · 102
반사회적 행동 · 142
발달과정 · 101
발달과정 단계에서의 대근운동 영역 · · · · · · · · · 58
발달단계 · 102
발달장애 특성 · 53
발달적 접근법(bottom-up approach) · · · · · · · · · 93
발달체육(developmental) · · · · · · · · · · · · · · · · · · 31
발생율 · 157
방위체력 · 106
배치 · 49
버디시스템(buddy system) · · · · · · · · · · · · · · · · · 89
벌(punishment) · 100
범주적 접근 · 40
범주적 접근(categorical approach) · · · · · · · · · · · 11
변수간격(variable-interval schedule) · · · · · · · · · · 98
변수비율(variable-ratio schedule) · · · · · · · · · · · · 98
변형 등의 장애 · 157
보조지도자 · 121
복잡성의 범위 · 48
부적 강화(negtivc reinforcement) · · · · · · · · · · · · 99
분류 · 140
불연속(혹은 계열적) 동작 · · · · · · · · · · · · · · · · · 148
불완전손상(Incomplete Lesion) · · · · · · · · · · · · · 159
비교대상 · 48
비형식적 검사 · 68
비형식적 방법 · 144
빈도 기록법 · 95

[ㅅ]

사고 · 157
사정 · 13, 14, 47, 48
사정 대상 · 48
사정도구 목록 · 51
사정의 구분 · 50

사정의 대상	51
사정의 도구	51
사정의 목적	49
사정절차	48
사회적 기술	129, 133
사회적 모델(social model)	26
사회적 참여(social engagement)	27
상동행동	147
생물학적 요인	138
생체역학적 과제분석	70
생태학적 과제분석	14, 69
생태학적 접근	66
선별	47
선별을 위한 사정	50
선별의 의미	50
선천적 원인	152
선호 물건·활동	148
설명성	24
성공적인 배치	50
소거(extinction)	100
소그룹 방식	91
수술	158
수중운동	124
수집하는 방법	47
수행결과	47
수행결과 평가	48
수화	153, 154
수화교육	153
순발력	109
스포츠	126, 158
스포츠 과제	134
스포츠 과제 변형	134
스포츠의 변형	158
스포츠 지도전략	133, 143, 147, 150, 154, 158, 162
스포츠 프로그램	159
스포츠 활동	47, 158
시각장애	148, 149
시간 표집법	95
시력(visual acuity)	148
시범(모델링)지도	134, 135
시야(visual field)	148
시행과정	50
신체상(body image)	17
신체조성	65, 110
신체질량지수(BMI)	65
신체활동	47
신체활동의 목표	53
실제적 기술	129
실천 요소	13
심동적 특성	149
심리·운동적 요소	12, 14
심폐지구력	65, 109

[ㅇ]

아동기 행동장애 협회(CCBD)	137
안전성	82
약체 X 증후군(Fragile X Syndrome)	131
언어지도	134
여가	158
역순연쇄법(backward chaining)	97
연속 동작	148
연속적인 프로그램 계획	50
염색체	131
완전손상(Complete Lesion)	159
완전통합(full inclusion)	44
외상성 뇌손상	160, 162, 163
외현화/내면화 분류	140
요구	48
용·기구의 변형	84
용암법(fading)	99
용어의 정의	47
운동 강도(intensity)	112
운동경기체력	106
운동 경험	48
운동과제	135
운동기능	54
운동기술	48
운동기술과 자세 및 체력	51
운동 목적	112
운동발달	101
운동 빈도(frequency)	114
운동시간(duration)	113
운동실조형 뇌성마비(ataxia cerebral palsy)	161
운동자각도(ratings of perceived exertion: RPE)	112
운동재활	158
운동종목	112
운동지도	151, 154

운동피질 · 160
운동학습 이론에서의 생태학적 접근 · · · · · · · · · · · · · · · 68
운동행동 · 147
운동 환경 · 150
움직임 패턴 · 54
원시반사(primitive reflex) · 103
윌리엄스 증후군(Williams Syndrome) · · · · · · · · · · · 131
유연성 · 65, 110
유전자 오류 · 131
의사결정 · 47
의사소통 · 153, 154
의학적 모델 · 11, 26, 28, 32
의학적 재활 · 158
이동기술 · 60
이완운동 · 123
인지적 능력 · 133
인지적 요소 · 12
일대일 방식 · 91
일반적 지능(general intelligence) · · · · · · · · · · · · · 132
일반화(generalization) · 97
읽기와 쓰기 · 154
임상적 분류 · 140
임파워먼트 · 27, 28

[ㅈ]

자기-결정(self-determination) · · · · · · · · · · · · · · · · 27
자기 주도 전략 · 93
자료 수집과정 · 47
자료 수집과 해석 · 49
자아개념 · 17, 19, 23
자원봉사자 · 121
자폐성장애 · 145, 147
장애 · 31
장애인교육법 · 19, 34
장애인 대상 검사도구 · 57
장애인 등에 대한 특수교육법 · · · · · · · · · · · · · · · · · · ·
· 128, 137, 149, 152, 156
장애인 복지법 · · · · · · · · 128, 137, 145, 149, 151, 156
장애인올림픽 · 48
장애인의 분류 · 127
장애인의 특성 및 특별한 요구 · · · · · · · · · · · · · · · · · · 49
장애인 출현율 · 157
장애 판정 기준 · 156

장점 · 48
재원의 조정(coordination of resources) · · · · · · · · · 13
재활 · 158
재활운동 · 126
재활체육(rehabilitative) · 31
저시력(저시각) · 148
적응 · 10, 32, 45, 135
적응이론 · 33
적응체육 · 10, 11, 17, 39, 46
적응행동 · 129, 133
적절한 배치의 준거 마련 · 49
적절한 평가방법 · 54
전두엽 · 163
전문적 운동 · 105
전반적 발달장애(Pervasive Developmental Disorder :
 PDD) · 145
전반적인 ADHD · 143
전반적인 능력 및 수준 · 49
전수기록 · 48
전음성 청각장애 · 155
전장애아교육법 · · · · · · · · · · · · · · · · · · · 11, 20, 38, 40
전진연쇄법(forward chaining) · · · · · · · · · · · · · · · · 97
전체 과제형 연쇄법 · 97
전통적인 평가방법 · 55
전환(transition) · 80
접근성 · 82
정보처리적 관점 · 133
정서 · 154
정서 및 행동장애 · 136, 139, 140
정서 및 행동장애인 · 143
정서 상태 · 50
정신지체 · 128, 136
정의적 요소 · 12
정의적 특성 · 150
정적 강화(positive reinforcement) · · · · · · · · · · · · · 98
제로-리젝션(zero-rejection) · · · · · · · · · · · · · · · · 107
제한적(limited) · 136
조절 · 135
조직화 · 135
종합적인 과정 · 49
주의력 결핍 과잉행동장애(ADHD) · · · · · · · · · · · · · · 139
주의력 결핍 장애(ADD) · 143
준거지향검사 · 52, 54, 108
준거지향-규준지향검사 · 52

준거지향도구 · 48
준비성의 법칙(law of readiness) · · · · · · · · · · · · · · · 20
중심 시력 장애 · 149
중추성 시각 장애 · 149
중추신경계 · 163
지도자 중심의 지도 · 90
지속시간 기록법 · 95
지식 요소 · 12
지적 기능성 · 128
지적장애 · · · · · · · · · · · · · · · · · · 127, 128, 129, 132, 136
지적장애의 운동발달 · 133
지적장애의 원인 · 130
지적장애의 인지적 능력 · 132
지적장애 진단 기준 · 129
지지활동(advocacy) · 13
지체기능장애 · 157
지체장애(physical disability) · · · · · · · · · · · · · · · · · 156
지체장애인의 출현율 · 157
직접 관찰 · 144
직접 서비스 · 23
직접지도 · 134
진단 · 47
진단과 평가의 이해 · 53
진단을 위한 사정 · 50
진단의 정의 · 53
질환 · 157

[ㅊ]

차별 없는 교육적 결정 · 49
차원적/통계적 분류 · 140
참가자의 성취 수준 · 49
참여자 중심의 지도 · 91
책무성 · 24
처방-배치 · 13
척수손상 · 158, 159, 160
척추장애 · 157
척추측만증 · 158
척추후만증 · 158
청각장애 · 151, 152
청각장애 유형 · 155
청력손실 · 151
청력 수준 · 153
체계적 관찰 · 48

체계적 둔감법 · 100
체계적인 지도 · 47
체력 · 106
체력 관련 검사도구 · 53
체력육성 · 111
체력의 주요 요소 · 48
체력 측정평가 · 107
체력활동 · 117
체크리스트 · 50
초기 작업과정 · 49
촉각 탐색 · 151
촉진(prompting) · 99
총괄평가 형식 · 48
최소로 제한된 환경 · 40, 44
출현율 · 157
출혈성 뇌졸중(hemorrhagic stroke) · · · · · · · · · · · · 162
측두엽 · 163
측정 · 14, 47
측정장비 · 48
치료체육(remedial · 31
칭찬(praise) · 98

[ㅌ]

타당한 도구 · 54
타임아웃(time-out) · 99
탐색 · 49, 51
탐색 과정 · 50
터너 증후군(Turner Syndrome) · · · · · · · · · · · · · · · 131
토큰강화(token enforcement) · · · · · · · · · · · · · · · · · · 98
통합교육 · 50
통합지도(inclusion) · 44
특별한 요구 · 49
특성 진단 · 49
특수교육(Special Education) · · · · · · · · · · · · · · · · · · 45
특수교육진흥법 · 34, 38, 40, 41
특수체육 · 10, 31, 34, 39

[ㅍ]

편의성 · 83
평가 · 47
평가(evaluating) · 14
평가를 목적으로 하는 사정 · 50

평가를 수행하는 조건	48
평가 목적	54
평가의 개념	47
평가의 요구와 가치	54
평가의 종류	54
평형력	110
평형성 수준	54
평형성 향상 프로그램	54
포괄적 용어	47
포화(saturation)	101
표준화 검사	48, 55
표준화된 기준	48
품행장애(CD)	141, 143
품행장애 진단 기준	142
프래더-윌리 증후군(Prader-Willi Syndrome)	132
프로그램 평가	13
프리맥의 원리(Premack principle)	98
피교육자의 수준	49
피부 두께 측정법	65

[ㅎ]

학교 요인	138
학교체육	126
학문-교호적 접근	20
학생의 신체 기능	50
학습장애(LD)	143
항목	48
해결하는 과정	49
행동계약	99
행동관리	94
행동연쇄법(chaining)	97
행동적 특성	53
행동주의적 접근	143, 148
행동체력	106
행동특성	50
행동형성	96
행동형성법	96, 97
허혈성 뇌졸중(ischemic stroke)	162
협응성	110
형식적·비형식적 전략	49
형태측정	111
혼합 방식	91
혼합성 청각장애	155

확장적(extensive)	136
환경적 원인	152
활동 변형	82
회피	148
효과(보상)의 법칙(law of effect, reward)	20
후두엽	163
휠체어농구 기술	48

[A~Z]

AAIDD	128, 129, 136
AAMR	127, 128, 136
ADHD	143
ADHD 진단 기준	141
Assessment of Motor and Process Skills	52
BPFT(Brockport Physical Fitness Test)	53, 63
Council for Children Behavioral Disorder(CCBD)	136
crossdisciplinary	20
Denver II	52
DSM-IV-TR	145, 146
Evaluating Movement and posture Disorganization in Dyspraxic Children	52
Fisher(1995)	52
Fitness gram	53
Gross Motor Performance Measure	52
ICF	126
IDEA	149, 152
IEP	77, 81
Individuals with Disabilities Education Act(IDEA)	136
interdisciplinary	20
IQ	128
Motivation Assessment Scale(MAS)	148
Motor Development Checklist	52
Movement Assessment Battery for children Test	52
multidisciplinary	20
Test of Gross Motor Development	52
TGMD의 검사요인과 종목	59
TGMD의 측정결과와 사용 목적	59
therapeutic	31
Transdisciplinary Play-Based Assessment	52
YMCA Youth Fitness Test	53

저자소개

전혜자(PhD)
　　이화여자대학교 체육대학 체육학과
　　한국체육대학교 대학원
　　순천향대학교 스포츠과학과 교수

최승오(PhD)
　　Texas Woman's University 체육학과
　　한남대학교 생활체육학과 교수

조재훈(PhD)
　　한국체육대학교 사회체육학과
　　한국체육대학교 대학원
　　나사렛대학교 특수체육학과 교수

김태형(PhD)
　　한국체육대학교 사회체육학과
　　한국체육대학교 대학원
　　나사렛대학교 특수체육학과 교수